Mirian Cristina dos Santos

Intelectuais Negras:
Prosa Negro-Brasileira Contemporânea

Copyright © 2018 Editora Malê Todos os direitos reservados.
ISBN: 978-85-92736-36-1

Capa: Dandarra Santana
Editoração: Agnaldo Ferreira
Editor: Vagner Amaro
Projeto Gráfico: Vagner Amaro

Texto revisado segundo o novo Acordo Ortográfico da Língua Portuguesa.
Proibida a reprodução, no todo, ou em parte, através de quaisquer meios.
Dados internacionais de catalogação na publicação (CIP) Vagner Amaro
CRB-7/5224

S237i   Santos, Mirian Cristina
            Intelectuais negras: prosa negro-brasileira contemporânea /
            Mirian Cristina Santos. - Rio de Janeiro: Malê, 2018.
            260 p.; 21 cm.
            ISBN: 978-85-92736-36-1

        1.   Literatura brasileira - História e crítica II. Título
                                            CDD – B869.09

Índice para catálogo sistemático: Literatura brasileira: História e crítica B869.09

Todos os direitos reservados à Malê Editora e Produtora Cultural Ltda.
www.editoramale.com.br
contato@editoramale.com.br

Mirian Cristina dos Santos

Intelectuais Negras:
Prosa Negro-Brasileira Contemporânea

Às meninas lá de casa,
dedico!

"Toda vez que eu escrevo, mesmo que eu não esteja falando diretamente, frontalmente, sobre as questões relativas ao racismo, de alguma maneira, meu texto é um texto racialmente marcado pelo lugar de fala. É uma mulher negra falando, antes de tudo. É uma filha negra falando. É uma amante negra falando. O tempo inteiro o "negra" está colado a tudo que faço, ao meu gesto, ao modo como me visto, ao modo como penso, ao ser intelectual"

(SOUZA, 2017, p. 282).

SUMÁRIO

INTRODUÇÃO 11

CAPÍTULO I: POLÍTICAS DA AFETIVIDADE
NA PROSA DE MIRIAN ALVES 39

    1.1 – Outras Violências 43

        1.1.1 – Cultura do estupro: inaceitável diferença de gênero 43

        1.1.2 – Suicídio e assassinato: a morte seria a solução? 55

    1.2 – Solidão, mesmo que acompanhada 68

        1.2.1 – "Não, não tenho ninguém!": mulheres
negras – homens brancos 68

        1.2.2 – "Fazer o quê da competição sorrateira instalada
em nosso relacionamento?": mulheres
negras - homens negros 74

    1.3 – Políticas da Afetividade 82

        1.3.1 – "Lembro-me do solene destino das mulheres.
Parir. Procriar.": mulheres negras – maternidade
em xeque 82

        1.3.2 – Mulheres negras – maternidade e ancestralidade 89

CAPÍTULO II: "POLÍTICAS DO COTIDIANO"
NA PROSA DE CONCEIÇÃO EVARISTO 99

    2.1 – Educação: mulheres negras "fora do lugar" 103

        2.1.1 – "É preciso ter os ouvidos, os olhos e o coração
abertos!" 103

        2.1.2 – É preciso lembrar e "retomar sonhos e desejos de
tantos outros que já se foram" 113

2.1.3 – "Trabalho, trabalho, trabalho. O dia entupido de obrigações" 116

2.2 – Violências cotidianas 119

2.2.1 – Espelho invertido: Reflexos da violência racial 119

2.2.2 – É preciso lembrar: Violência sexual, física e de gênero 125

2.2.3 – "Morrer de não viver": prostitutas e doentes 132

2.3 – Emancipação e autonomia 143

2.3.1 – Corpos não-estéreis: a maternidade como escolha 143

2.3.2 – Luamanda e Salinda: resistência e liberdade de escolha 151

CAPÍTULO III - POLÍTICAS DO CORPO NA PROSA DE CRISTIANE SOBRAL 159

3.1 – Revisitando violências: corpo feminino negro violado 164

3.1.1 – Amores roubados 164

3.1.2 – Infância e maternidade violadas 171

3.1.3 – Conflito fraternal: racismo 177

3.2 – Resistência: corpo negro político 185

3.2.1 – Corpos negros combatem 185

3.2.2 – "Vivendo o amor": corpos negros que se amam 201

3.2.3 – Corpo político: resistência 211

A LITERATURA ENQUANTO ESPAÇO DE LUTA: À GUISA DE CONCLUSÃO 227

REFERÊNCIAS 237

PREFÁCIO

Conheci Mirian Cristina dos Santos, ao ser convidada para sua Banca de Doutorado, por ela e sua Orientadora, a querida Márcia de Almeida. Verifiquei agenda e aceitei, feliz por mais um retorno ao *Programa de Pós-Graduação em Letras: Estudos Literários*, da Universidade Federal de Juiz de Fora, que tanta gente boa tem formado. Ao iniciar a leitura da Tese, logo me emocionei e entendi que, naquele momento, encontrava-me diante de texto potente, sólido e autoral de jovem intelectual negra, prestes a se doutorar, sobre três de nossas grandes Autoras Literárias negras contemporâneas, e que, este, sem dúvida, se destacava entre tantos trabalhos terminais que sigo acostumada a ler sobre Literaturas afro-diaspóricas, em minha lide de docente e pesquisadora, em Programas de Pós-Graduação no Brasil e no exterior. No desenrolar da leitura até sua finalização, a potência, a originalidade e a fluência do texto em torno da escrita negro-feminina no Brasil de hoje, só viriam a confirmar as impressões iniciais.

Partindo de um lugar de fala claro e explícito – o da mulher negra – a Autora, de saída, enuncia que se propõe a discutir o papel da mulher negra enquanto intelectual engajada na luta pela transformação da sociedade brasileira, a partir de narrativas negro-femininas contemporâneas. Tal clareza de objetivo norteia o trabalho como um todo, seja na discussão das relações raciais, das 'políticas do cotidiano' (nos termos de bell hooks), seja no questionamento do processo de constituição da identidade cultural do Brasil, em meio a uma Abolição inconclusa. Situando as Autoras escolhidas como *corpus* literário de sua obra – a saber, Miriam Alves, Conceição Evaristo e Cristiane Sobral – parte para conceituação teórica, colocando-as como verdadeiras intelectuais, na medida em que, em seus livros, "abordam as principais demandas da mulher negra na contemporaneidade, dão visibilidade às culturas africanas e afro-brasileiras, denunciam a condição marginalizada e subalternizada do negro e fazem dessa literatura escrita por mulheres local de força, resistência, afirmação e denúncia".

Desta forma, além de analisar peculiaridades da escrita feminina negra, e se debruçar com rara sensibilidade sobre textos específicos das Autoras selecionadas, o presente livro parte para discussão sobre o papel da escritora negra enquanto expressiva e valorosa intelectual contemporânea, alcançando seu objetivo inicial, sempre a partir de enunciação sólida, partindo de aspectos teóricos e conceituais vindos de outros Autores e Autoras, também intelectuais negros. Nesse sentido, a obra de Mirian Cristina dos Santos chama atenção e consolida escritos esparsos de toda uma produção **negro-brasileira** (termo trabalhado por um de nossos mais destacados intelectuais negros contemporâneos – o poeta, ficcionista, dramaturgo e ensaísta, Cuti). Nossa Autora opta pelo termo, assim como por outros, claramente definidos ao longo da obra, com originalidade, ao identificar a intelectual negra que vem à esfera pública para construir um espaço de intervenção na realidade social e, que atua para transformar as relações sociais e culturais assimétricas que têm perpetuado divisões étnico-raciais ao longo da História do Brasil.

Na divisão dos capítulos, dentro do foco escolhido e delineado para a obra, títulos organizados em torno de aspectos da escrita das Autoras: "Políticas da Afetividade na Prosa de Miriam Alves", "Políticas do Cotidiano' na Prosa de Conceição Evaristo" e "Políticas do Corpo em Cristiane Sobral". Ao longo de toda a obra, a *aderência sujeito/objeto*, entre pesquisadora e seu objeto de estudo.

Pela expressividade, significado, força e representatividade do tema trabalhado, e pela originalidade com que foi tratado, o presente livro, significa um marco para o Programa de Pós-Graduação onde foi engendrado, para a produção científica da recém doutora, e para os estudos da Literatura Brasileira negro-feminina contemporânea. Parabenizo a Malê por mais esta publicação em prol da discussão e desconstrução de lugares solidificados para a mulher negra na sociedade brasileira. Não poderia deixar de afirmar nestas linhas finais que, por todo o exposto, foi com enorme prazer que aceitei o convite de escrever o Prefácio do livro de Mirian Cristina: é/era mais uma daquelas pessoas que não estão/estavam visíveis, mas que precisam ser lidas. É com realizações como esta que cresce a pesquisadora e avança e mostra força a Universidade Pública Brasileira.

Maria Aparecida Andrade Salgueiro
(UERJ/FAPERJ/CNPq)

INTRODUÇÃO

"A mulher intellectual!... do que vale? qual a sua missão? que papel representa e representará na literatura do nosso paiz? que utilidade tem?"[1] (SABINO, 1987, p. 59). Mais de um século atrás, essas questões de Inez Sabino guiaram minhas pesquisas nos rastros da escrita de mulheres. Na época, a invisibilidade de escritoras oitocentistas, principalmente considerando seu contexto de produção, norteou minhas análises em prol do resgate de textos de mulheres que escreveram em periódicos do final do século XIX e início do século XX.

Ainda naquele momento de pesquisa, somando aos questionamentos de Sabino (op. cit.), outras questões passaram a nortear meu campo de análise. Ao trazer os incômodos da pesquisadora oitocentista para a atualidade, percebe-se ainda hoje que a produção literária das mulheres resiste em um território de tensão, uma vez que pesquisas demonstram que o perfil do escritor brasileiro na contemporaneidade constitui-se de "homem, branco, aproximando-se ou já entrado na meia idade, com diploma superior, morando no eixo Rio-São Paulo" (DALCASTAGNÈ, 2012, p. 162). A partir desse cenário, a pouca visibilidade de escritoras negras na Literatura Brasileira na atualidade se estabelece também enquanto questão.

Em sua reflexão acerca da Literatura Brasileira contemporânea produzida por escritores negros, Miriam Alves (2010) declara a necessidade de estudar, pesquisar e analisar a produção literária de escritoras negras, "dando visibilidade às inquietações relegadas ao silêncio até então" (ALVES, 2010, p.

---

[1] Texto originalmente publicado no nº 4, vol. II, da revista *A Mensageira* (1897-1900), em 30 de novembro de 1897, por isso optei por usar a grafia original. "Na Thebaida", Inez Sabino faz referência ao surgimento da revista *A Mensageira*, enaltecendo-a juntamente com os periódicos *A Família* (1888-1897), *O Corymbo* (1884-1944) e *A Estação* (1879-1904), todos voltados para o público feminino (Cf. DUARTE, 2016).

67), uma vez que, mediante esses estudos "surgem produções de textos teóricos e ficcionais significativos, que colocam em pauta a discussão das questões raciais e de gênero, elemento visceral da identidade da mulher negra" (op. cit.). Isto é, além de trazer à luz produções de escritoras negras brasileiras, esses estudos poderão possibilitar análises e reflexões críticas acerca de produções literárias e teóricas sobre a literatura nacional, principalmente atendendo ao questionamento do processo de constituição da identidade cultural no Brasil.

À luz de tais apontamentos, o objetivo desta pesquisa é discutir o papel da mulher negra enquanto intelectual engajada na luta pela transformação da sociedade brasileira, a partir de narrativas negro-brasileiras[2] contemporâneas. Embora haja algumas pesquisas em torno da escrita feminina negra, muito ainda se tem a falar acerca da contribuição dessas escritoras para a construção da cidadania na sociedade brasileira, em termos étnico-raciais. Isso, principalmente, para levar o cidadão em geral, não apenas o cidadão negro, a refletir acerca de processos histórico-sociais que permeiam o cotidiano de marginalização e subalternização da população negra.

Nesse processo, ao longo da pesquisa, analisarei textos em prosa das escritoras Miriam Alves, Conceição Evaristo e Cristiane Sobral, principalmente a partir de teorias sobre "o papel

---

[2] Opto por, ao longo do texto, usar o termo Literatura negro-brasileira ao invés de Literatura afro-brasileira, nomenclatura usada por pesquisadores dos estudos literários. Minha opção vai ao encontro de Cuti, 2010, que aponta que: "Denominar de afro a produção literária negro-brasileira (dos que se assumem como negros em seus textos) é projetá-la à origem continental de seus autores, deixando-a à margem da literatura brasileira, atribuindo-lhe, principalmente, uma desqualificação com base nos viés da hierarquização das culturas [...]. 'Afro-brasileiro' e 'afrodescendente' são expressões que induzem a discreto retorno à África, afastamento silencioso do âmbito da literatura brasileira para se fazer de sua vertente negra um mero apêndice da literatura africana [...]. Atrelar a literatura negro-brasileira à literatura africana teria um efeito de referendar o não questionamento da realidade brasileira por esta última" (CUTI, p. 35/36). Ademais, "quanto aos autores, um afro-brasileiro ou afrodescendente não é necessariamente um negro-brasileiro" (op. cit., p. 38), já que o prefixo afro abriga também outros brasileiros, que não partilham da experiência da discriminação racial.

do intelectual" (SAID, 2005) e, mais especificamente, sobre a intelectual negra (hooks, 1995), bem como questões relativas às peculiaridades da literatura negrofeminina[3] (FIGUEIREDO, 2009), associadas às "políticas do cotidiano" (hooks, 1995) e ao feminismo negro (CARNEIRO, 2003b). Para isso, considerarei também a fortuna crítica quanto às escritoras negro-brasileiras, em geral, e às escritoras supracitadas, em particular. Isso será empreendido para analisar quais as principais reivindicações, questionamentos e propostas de intervenção social dessas intelectuais. Este livro, assim sendo, almeja trazer para a discussão produções que reinserem, ressignificam e desconstroem os lugares de classe, raça e gênero da mulher negra na sociedade brasileira atual, por meio dos livros *Mulher Mat(r)iz*[4], *Bará na trilha do Vento* (ALVES, 2011; 2015), *Becos da Memória, Olhos d'água* (EVARISTO, 2006; 2014a); *Espelhos, Miradouros, Dialéticas da Percepção* e *O Tapete Voador* (SOBRAL, 2011; 2016b); considerando entrevistas, reflexões e também ensaios produzidos pelas escritoras, acerca de suas próprias obras.

Para pensar a mulher negra intelectual na contemporaneidade através da literatura negro-brasileira, a escolha das escritoras e de suas obras constitui um aspecto relevante, uma vez que reivindicações, questionamentos e denúncias presentes nos textos de mulheres negras escritoras na década de 1970, com o surgimento dos *Cadernos Negros*, ainda estão presentes nos textos negrofemininos contemporâneos. De fato, em torno de 1980, no início da carreira, Miriam Alves já problematizava estética negra, violência, racismo e afetividade em suas produções; na década de 1990, Conceição Evaristo também recorreu e ainda recorre a questões semelhantes como objetos de suas narrativas; e por volta dos anos 2000, Cristiane Sobral retoma essas mesmas

---

[3] Em relação à grafia das palavras literatura negro-brasileira e negrofeminina, segui a mesma regra gramatical das palavras afro-brasileira e afrodescendente.
[4] Título grafado conforme indicado na obra.

discussões[5]. Dessa forma, a escolha das escritoras trilhou o seguinte questionamento: por que na atualidade escritoras negras ainda necessitam discutir as várias violências que atravessam o corpo feminino negro? Nesse processo, a opção por Miriam Alves, Conceição Evaristo e Cristiane Sobral adveio do aparente recorte cronológico que a produção das mesmas permite-me enquanto material analítico, pelo conteúdo e acesso às suas produções, bem como suas autorreflexões sobre o fazer literário. Já no tocante à escolha das obras, considerei os aspectos temáticos. Nesse processo, a opção pelo texto em prosa foi essencial, já que as narrativas trazem uma diversidade de questões que norteiam as análises.

Em entrevistas, palestras, assim como em sua produção literária, Miriam Alves traz na sua escrita vivências da mulher negra. "As angústias, tensões, felicidades, desencontros, revoltas, possibilidades, próprios do ato de viver, são assuntos nos poemas de Miriam" (FONSECA; SOUZA, 2006, p. 161), e igualmente em suas narrativas. Além disso, a condição e o espaço ocupado por essas mulheres negras também são explorados em outras produções e entrevistas.

Na mesma vertente, a escritora e pesquisadora Conceição Evaristo apresenta uma visão crítica da contemporaneidade, principalmente no que tange à condição e representações da população negra. Em um dos seus artigos, por exemplo, ao fazer a releitura de algumas obras canônicas da literatura brasileira, a escritora e pesquisadora reconhece que em hipótese nenhuma o negro é associado à gênese brasileira, constituindo-se apenas como "um corpo escravo" (EVARISTO, 2009, p. 21). Evaristo ainda aponta a referência constante dos negros enquanto analfabetos e destituídos de linguagem, em muitas das obras, como fator complicador para o não reconhecimento do texto literário escrito por negros.

---

[5] Conforme levantamentos bibliográficos das três escritoras negras e outras, em Figueiredo, 2009.

Já a carioca Cristiane Sobral – atriz, escritora e professora – apresenta na sua produção literária a autoviolência física e mental sofrida pelas mulheres negras. Assim, racismo e machismo constantemente atravessam seu texto como estruturas a serem combatidas. Seus livros, *Só por hoje vou deixar o meu cabelo em paz* (2014) e *Não vou mais lavar os pratos* (2010), por exemplo, já no título, demonstram a força do texto de Sobral

Dessa forma, as escritoras Miriam Alves, Conceição Evaristo e Cristiane Sobral trazem para o espaço literário as principais questões que assolam a mulher negra na contemporaneidade, dão visibilidade às culturas africanas e afro-brasileira, denunciam a condição marginalizada e subalternizada do negro e fazem da literatura negro-brasileira escrita por mulheres local de força, resistência, afirmação e denúncia. Sendo assim, mais do que analisar as peculiaridades da escrita feminina negra – aspecto que tem sido o foco principal da produção crítica acerca da literatura feminina negro-brasileira –, esta pesquisa propõe empreender uma discussão sobre o papel da escritora negra enquanto intelectual contemporânea. Intelectual que vem à esfera pública procurando construir um espaço de intervenção na realidade social. Assim, tenho como hipótese que essas intelectuais trazem para a discussão questões relativas às "políticas do cotidiano" (hooks, 1995), enquanto demandas norteadoras para discutir as relações sociais.

Somando-se a isso, fazem-se necessárias algumas considerações teóricas. Não é de hoje que a literatura negro-brasileira circula pelo cenário cultural nacional. Desde o século passado os jornais publicados por negros traziam poemas e contos produzidos pelos mesmos, a exemplo dos jornais *O Menelick* (1915), *Kosmos* (1922), *O Clarim da Alvorada* (1924) e *A Voz da Raça* (1932). "Essa imprensa negra ativa e combativa, além de divulgar as atividades e eventos, abria espaço para a produção literária do negro" (ALVES, 2010, p. 34). No entanto, somente no final da década de 1970, com o surgimento dos *Cadernos Negros*, a produção literária negra ganhou um espaço reservado para a compilação de suas produções.

Os *Cadernos Negros* surgiram em 1978, em São Paulo, no Festival Comunitário Negro Zumbi, idealizado pelo escritor Luiz Silva, o Cuti. Aos poucos, aquela incipiente produção coletiva foi reunida em um periódico que contemplou textos de escritores negros de várias regiões do país. Com mais de trinta anos de publicação contínua, essa coletânea literária funcionou como uma espécie de rede, uma vez que "os escritores que publicaram ou não em Cadernos Negros deixam de estar isolados no panorama da literatura brasileira" (ALVES, 2010, p. 56). Nesse sentido, aqueles Cadernos – que surgiram como proposta experimental de um pequeno grupo que publicava poesias em um jornal – ultrapassaram barreiras e tornaram-se espaço de resistência, de trocas e de difusão de narrativas negro-brasileiras.

Esse periódico com textos escritos por negros foi também importante para dar visibilidade à literatura produzida por mulheres negras, no entanto, trazendo uma produção muito menor do que aquela produzida por homens. Segundo Fernanda Figueiredo (2009), em análise da produção feminina nos *Cadernos Negros*, há um número reduzido de textos escritos por mulheres nas primeiras publicações: "nos números 2 (três escritoras), 4 (três escritoras) e 6 (apenas uma) [...]. Esta diferença pode indicar tanto a dificuldade para se dedicar à produção literária, como para publicar, ou seja: um problema de ordem social e financeiro, ou de gênero" (FIGUEIREDO, 2009, p. 10).

Consoante Figueiredo (op. cit.), certamente a questão de gênero tem influenciado as reflexões acerca da literatura negrofeminina, uma vez que a história das mulheres negras é marcada por uma série de violências: racial, social e de gênero. Sendo assim, a militância dessas mulheres, pertencentes a três grupos historicamente subalternizados – mulheres, negras e pobres –, no sentido de Spivak (2010), distancia-se do movimento feminista das mulheres brancas, já que "as mulheres negras tinham (ou têm) que se desvencilhar de uma variedade de estigmas que correlacionam a cor e a trajetória histórica com inferioridade" (ALVES, 2010, p. 61).

Ao analisar a produção literária de mulheres negras, o questionamento de Spivak, "Quem reivindica a alteridade?" (1994), passa, então, a ser pertinente. Isso ao considerarmos que, na luta pela igualdade de gênero, a mulher negra ainda não conseguiu se equiparar nem mesmo com outras mulheres, uma vez que as relações senhora-escrava são atualizadas na relação patroa-empregada-doméstica. Nesse sentido, quem reivindicaria a alteridade do ser mulher? Abre-se, assim, uma possibilidade de discutir e problematizar as diferenças dentro da categoria "mulher", na perspectiva dos estudos feministas.

Como as mulheres negras possuem demandas diferentes, o feminismo negro se torna necessário e coerente na reivindicação de sua alteridade. Sueli Carneiro, atentando para a realidade multirracial e multicultural brasileira, sugere "enegrecer o feminismo" (2003b). Nessa agenda encontra-se a tentativa de visibilizar "uma perspectiva feminista negra que emerge da condição específica do ser mulher, negra e, em geral, pobre" (op. cit., p. 118). Sendo assim, além das questões de gênero, as demandas específicas das experiências de classe e de raça de mulheres negras seriam enfatizadas.

A partir de tais reflexões, na atualidade, pesquisas têm sido feitas traçando as peculiaridades da literatura produzida por mulheres negras, pois, considera-se que esse texto difere da escrita de outras mulheres e, por sua vez, da de homens negros. "Escrever para essas mulheres, é 'ultrapassar' uma percepção única da vida, é construir mundos e neles apreender, discutir, apontar, enfim, serem agentes imprescindíveis à vida" (FIGUEIREDO, 2009, p. 105). Diria mais: devido a questões socioculturais e de formação, suas produções são marcadas por sentimentos, questionamentos, violências, o que a escritora Conceição Evaristo (2007) apontou como "escrevivência", visto que a escrita dessas mulheres é marcada por experiências da vida cotidiana.

Em *Literatura Afro-brasileira*, Maria Nazareth Soares Fonseca e Florentina da Silva Souza (2006) fazem um levantamento de uma série de escritores representantes dessa literatura e, dentre vários homens, o nome de algumas mulheres é lembrado, como o de Carolina Maria de Jesus. A escritora, que influenciou várias escritoras e escritores negros, nasceu em Minas Gerais em 1914 e faleceu em São Paulo em 1977. Além de *Quarto de Despejo*, grande sucesso traduzido para treze idiomas, Carolina é autora de *Casa de Alvenaria* (1961), *Pedaços de Fome* (1963), *Provérbios* (1963) e do livro póstumo, *Diários de Bitita* (1982), além de músicas e poesias. "O certo é que a obra de Carolina não é fruto de uma refinada elaboração estética. Pode-se dizer que é 'literatura em estado bruto', resultado contundente da ação de viver. É a experiência da vida transformada em mensagem literária" (FONSECA; SOUZA, 2006, p. 146). Sendo assim, a produção textual de Carolina teria feito sucesso devido à autenticidade e verossimilhança com a realidade, como comenta Regina Dalcastagnè:

> Ler Carolina Maria de Jesus como literatura, colocá-la ao lado de nomes consagrados, como Guimarães Rosa e Clarice Lispector, em vez de relegá-la ao limbo do "testemunho" e do "documento", significa aceitar como legítima sua dicção, que é capaz de criar envolvimento e beleza, por mais que se afaste do padrão estabelecido pelos escritores da elite (DALCASTAGNÈ, 2012, p. 21).

Nesse processo, a professora e pesquisadora Regina Dalcastagnè ressalta a diferença das produções da autora para a de escritores brancos e de elite: "Quando Carolina Maria de Jesus dizia que não entrou no mundo pela sala de visitas, mas pelo quintal

(JESUS, 1986, p. 198), ela expunha sua diferença em relação a outras experiências de vida" (DALCASTAGNÈ, 2014, p. 296), logo, essa diferença marca um deslocamento importante e necessário para a leitura e compreensão desses romances, já que a transposição da oralidade para a literatura não condiz com as narrativas canônicas.

Ao tratar das peculiaridades do texto negrofeminino, a pesquisadora e professora Lívia Maria Natália de Souza observa que "instrumentos e paradigmas de análise que comumente são acionados nos estudos de literatura não seriam suficientes para abarcar a complexidade das representações e das opções éticas e estéticas oferecidas pelos textos destas mulheres" (SOUZA, 2015, p. 91) uma vez que tais textos trazem uma "teorização própria" ainda pouco considerada na teoria literária brasileira. Dessa forma, "a construção da dicção estética destas escritas passa pelo estabelecimento de prioridades éticas e políticas que constam na agenda do dia de muitas mulheres negras brasileiras" (SOUZA, 2015, p. 91).

Nessa discussão acerca de luta por participação e transformação político-social, lembro o mote da luta feminista por emancipação de que "o pessoal é político". Conforme apontado por Stuart Hall, a partir dessa problematização feita pelo movimento feminista da década de 1970, houve "a expansão radical da noção de poder, que até então tinha sido fortemente desenvolvida dentro do arcabouço da noção do público" (HALL, 2003, p. 208). Diante dessa ampliação da discussão sobre o público e o privado, "política passava a envolver qualquer relação de poder, independentemente de estar, ou não, relacionada com a esfera pública" (PISCITELLI, 2005, p. 47).

Discutindo também essa relação, Michelle Perrot (2005) reconstrói a distinção entre espaço público e privado, apontando para esses enquanto fronteiras variáveis. Nessa abordagem, a pesquisadora faz um histórico das relações entre os sexos e suas possíveis esferas de atuação ao longo dos tempos. Ao analisar um contexto em que diversos discursos relegariam às mulheres o espaço doméstico e aos homens o espaço público, Perrot aponta haver uma necessidade de se discutir a articulação e compreender os deslocamentos das relações público e privado, sendo essa uma forma de observar o funcionamento da sociedade moderna.

Para compreender tais deslocamentos, os estudos de Joan Scott (1995) são de suma importância, pois quando se considera "gênero como uma categoria útil para análise histórica", há uma ampliação também da categoria "mulher", em que se observa a diferença, e não apenas a semelhança, nos modos de atuação e enfrentamento de preconceitos e estereótipos quanto ao que seria ser "mulher". Isso permite observar as relações de poder de forma mais ampla, principalmente na intersecção dos eixos de classe, raça e gênero, o que possibilita uma melhor compreensão das desigualdades e assimetrias presentes nas relações de poder. Nesse processo de desessencialização do que seria "a mulher", a partir de uma perspectiva interseccional, e atentando para a problematização de concepções do que seria a ação política, não apenas limitada a discussões sobre a esfera pública, mas também enfatizando a esfera privada, abrem-se fronteiras para que se considere os espaços ocupados pelas mulheres negras brasileiras.

Diante disso, a partir de problematizações da concepção tradicional de "mulher" (vinculada ao espaço privado e sofrendo restrições ao participar do espaço público), da política (enquanto poder) e das noções de público e de privado (como fronteiras móveis), em minhas análises proponho – na perspectiva de que "o pessoal é político" – que as vivências das mulheres negras também sejam mapeadas/observadas por meio da análise da representação de seu cotidiano, uma vez que perpassaria a vida dessas mulheres uma multiplicidade de situações de desigualdades de poder, tanto na esfera pública quanto na esfera privada.

Assim, para realizar a reflexão aqui proposta, nas análises considerarei a importância de repensar também os espaços privados, juntamente com suas implicações nos comportamentos de mulheres negras. Isso, porque acredito que dentro de seus lares, em meio a suas comunidades, no espaço privado, nas relações interpessoais e familiares, mulheres negras sofrem uma opressão de gênero e de raça constante, intensa e insidiosa, o que interferiria sobremaneira nas suas formas de atuação e busca de transformação do espaço público e da sociedade brasileira.

A partir de tais discussões, considerar a produção de escritoras negro-brasileiras, na fronteira entre o público e o privado, permite observar e problematizar não apenas construções dicotômicas dos gêneros – homens *versus* mulheres –, mas também a forma como dentro da própria categoria mulher há uma grande quantidade de perspectivas que se tornam mais complexas, ao se considerar não "a mulher", mas "as mulheres" – uma concepção não una e não homogênea. Mediante essa proposta de desessencialização da "mulher", infere-se que haja um questionamento de como muitas vezes a categoria "mulher" foi utilizada apenas para favorecer um feminismo em que a voz feminina é limitada à voz das mulheres brancas, letradas e de classe média alta. Nesse processo, considera-se que as representações literárias produzidas por intelectuais negras possibilitariam a observação de uma grande luta para questionar privilégios não apenas de gênero, mas também étnico-raciais e de classe.

Observando-se que "é também por meio da representação que a identidade e a diferença se ligam a sistemas de poder" (SILVA,T., 2011, p. 91), a representação constante do negro de forma pejorativa provoca a invisibilidade de especificidades de gênero e de raça, sustentando de certa forma um *status quo* que ajuda a manter "conceitos pretensamente universais – qual seja o lugar da cultura branca, masculina, ocidental e cristã, da qual provêm os fundamentos que ainda hoje sustentam o cânone" (DUARTE, E., 2010a, p. 76). Diante disso, conforme apontado por Dalcastagnè (2014), analisar e interpretar obras literárias negro-brasileiras também é de suma importância "porque a literatura pode dar a ver situações que são tornadas 'invisíveis' e, assim, contribuir minimamente para a sua discussão, [sendo] importante que sejam inseridas novas vozes, provenientes de outros espaços sociais, em nosso campo literário" (2014, p. 299). Dessa forma, leituras e análises de obras de escritoras negras possibilitarão um novo olhar sobre a literatura e a sociedade brasileiras, uma vez que "ser mulher e ser negra marca um espaço de interseccionalidade[6] – onde atuam diferentes modos de discriminação – que ainda é pouco reconhecido" (op. cit.).

Visto que as narrativas produzidas por mulheres negras têm seu ponto de convergência na vivência, observar essa literatura, bem como seus reflexos na sociedade atual, traz para a discussão o registro do presente da trajetória de um segmento populacional relegado ao subemprego, considerado como formado por analfabetos e destituídos de capacidade de utilizar adequadamente a linguagem e, por conseguinte, de produzir cultura. Nessa interface, perpassa essa discussão o questionamento dos processos de formação do cânone literário e o estudo de construções identitárias.

---

[6] De acordo com a professora e pesquisadora Cláudia Pons Cardoso, "este conceito foi forjado, nos anos 1980, por feministas negras norte-americanas preocupadas em entender os sistemas de dominação formados a partir do modo como raça, classe, sexualidade e gênero se interligam. Estas pesquisadoras partilham do entendimento, como sublinha Hill Collins (1986, p. 21), de que 'implicitamente, neste ponto de vista, está uma visão humanista alternativa de organização da sociedade' e defendem que a abordagem interseccional tem dupla função: permite o enfrentamento das discriminações de forma mais eficiente e, ao mesmo tempo, pode orientar as demandas por políticas públicas inclusivas baseadas nas necessidades reais das mulheres a serem por elas beneficiadas" (CARDOSO, 2012, p. 54-55). Ainda de acordo com a professora, a partir dos estudos de Assata Zerai (2000), "a interseccionalidade é a base conceitual da teoria feminista negra e evidencia a impossibilidade de entendermos os processos de dominação e de resistência, a desigualdade social e o mundo social sem considerarmos o modo pelo qual raça, classe e gênero operam interligando os sistemas de dominação" (op. cit., p. 55).

Para esse fim, o suporte teórico dos estudos culturais será de suma importância. De acordo com Jonathan Culler (1999), "o trabalho nos estudos culturais se harmoniza particularmente com o caráter problemático da identidade e com as múltiplas maneiras pelas quais as identidades se formam, são vividas e transmitidas" (p. 51-52). Sendo assim, considerando o caráter dinâmico e mutável das identidades, de acordo com o teórico, é importante considerar "o estudo das culturas e identidades culturais instáveis que se colocam para grupos – minorias étnicas, imigrantes e mulheres – que podem ter problemas em identificar-se com a cultura mais ampla" (p. 52). Diante disso, ao considerarmos, em contos negro-brasileiros escritos por mulheres, uma multiplicidade de olhares e modos de conceber a mulher negra, essa proposta de heterogeneidade questiona noções de identidades tradicionais fixas e estáveis, estereotipadas, bem como coloca em discussão a instabilidade das identidades negras dentro de um projeto nacional. Essa sugestão de fragmentação da nação permite-nos perceber os problemas e as tentativas de constituição da identidade cultural contemporânea, baseada no mito sempre presente da democracia racial.

Uma vez que essa discussão aponta para uma luta por território, os estudos de Stuart Hall (2000) podem colaborar com a discussão, afinal, ao darmos visibilidade aos conflitos presentes nas obras citadas, o questionamento do teórico, "Quem precisa de identidade?", passa a ser válido. Em seus estudos, Hall parte do conceito geral de identidade – a união de pessoas com características comuns –, para ampliá-lo, de modo a entendê-lo como "algo que estaria sempre em processo". Em vertente semelhante, Kabengele Munanga (2003a), ao atribuir a essa discussão aspectos políticos, problematiza a construção da identidade brasileira baseada na mestiçagem, "que seria uma espécie de identidade legitimadora, ideologicamente projetada para recuperar o mito de democracia racial" (MUNANGA, 2003a, p. 46), isto é, sendo construída a partir de exclusões, uma vez que "negros, índios, mulheres, homossexuais, classes sociais e outras diversidades regionais produzem identidades diversas e não mestiças" (op. cit., p. 47). Dessa forma, a partir da noção de identidades múltiplas, em movimento, observarei as questões propostas.

Para refletir sobre a escrita da mulher negra, tornam-se necessários alguns apontamentos sobre questões de raça no Brasil. Em "O saber do Negro" (2015), Joel Rufino dos Santos discute o mito de democracia racial, considerando principalmente as peculiaridades da "problemática" negra no Brasil. Para o autor, "a crença na democracia racial aparece, assim, visivelmente como um pacto entre familiares: denunciá-lo, ainda que parcialmente, equivale a pôr em risco o equilíbrio da grande família em que historicamente nos estruturamos" (SANTOS, 2015, p. 18). Isso porque brasileiros tendem a perceber o racismo a partir de conflitos de segregação e diferença, como acontece nos Estados Unidos (SANTOS, 2015), e, consequentemente, consideram o Brasil como um lugar de "iguais oportunidades para todos e ausência de conflitos" (op. cit., p. 24), desconsiderando as múltiplas vertentes da discriminação racial.

No que tange à raça e etnicidade, Munanga (2003b) problematiza o uso das categorias raça, etnia e racismo. A partir de uma abordagem científica, segundo o teórico, nos séculos XVIII e XIX, a categoria raça foi usada para classificar animais e vegetais. No entanto, de acordo com o mesmo, caso os naturalistas encerrassem seus trabalhos a apenas isso "eles não teriam certamente causado nenhum problema à humanidade [...]. Infelizmente, desde o início, eles se deram o direito de hierarquizar, isto é, de estabelecer uma escala de valores entre as chamadas raças" (MUNANGA, 2003b, S/N). Assim, a partir da cor da pele, a espécie humana foi dividida em três raças estanques: branca, negra e amarela. E ainda mais, fizeram a divisão "erigindo uma relação intrínseca entre o biológico (cor da pele, traços morfológicos) e as qualidades psicológicas, morais, intelectuais e culturais" (op. cit.). Isso de forma que os indivíduos de cor branca fossem considerados superiores às outras duas raças. Contudo, no século XX, a partir dos progressos da ciência, descobriu-se que "a raça não é uma realidade biológica, mas sim apenas um conceito, aliás, cientificamente inoperante, para explicar a diversidade humana [...]. Ou seja, biológica e cientificamente, as raças não existem" (op. cit.). Isso, não querendo dizer que todos os indivíduos são geneticamente iguais.

Porém, apesar das considerações acerca da categoria raça serem rejeitadas pelos cientistas, essa discussão ganhou outros estratos da sociedade, servindo de justificativa para a prática do racismo, a exemplo do nazismo e da escravidão. "Podemos observar que o conceito de raça tal qual empregamos hoje, nada tem de biológico. É um conceito carregado de ideologia, pois como todas as ideologias, ele esconde uma coisa não proclamada: a relação de poder e de dominação" (op. cit., S/N). Apesar disso, ainda sim, de acordo com Munanga, o conceito de raça é habitual no senso comum e em estudos das Ciências Sociais, a partir da justificativa do "conceito como realidade social e política, considerando a raça como uma construção sociológica e uma categoria social de dominação e de exclusão" (op. cit.).

Appiah, ao discutir a questão das classificações raciais, declara: "Tentar classificar as pessoas num pequeno número de raças é como tentar classificar livros numa biblioteca: pode-se usar uma única propriedade – ou tamanho, digamos –, mas o que se obterá é uma classificação inútil" (APPIAH, 1997, p. 66). Em virtude do caráter hierárquico e classificatório de raça, alguns pesquisadores das Ciências Humanas optaram pelo uso da categoria etnia como forma substitutiva, uma vez que o consideram "um léxico mais cômodo que o de raça, em termos de 'fala politicamente correta'" (MUNANGA, 2003b, S/N). No entanto, de acordo com Munanga, entende-se por etnia "um conjunto de indivíduos que, histórica ou mitologicamente, têm um ancestral comum, tem uma língua em comum, uma religião ou cosmovisão, uma mesma cultura e moram geograficamente num mesmo território" (op. cit.). Preferências à parte, o fato é que o racismo se manifesta baseando-se nos conceitos de raça ou etnia, ambos "ideologicamente manipulados" (op. cit.). Dessa forma, o pesquisador em seus trabalhos adere o uso das categorias "negros" e "brancos", já que "as vítimas de hoje são as mesmas de ontem e as raças de ontem são as etnias de hoje" (op. cit.). Sendo assim, semelhante ao teórico e professor Kabengele Munanga, opto pelo uso das categorias "negro" e "branco" ao longo das abordagens, e utilizo o termo "raça"[7] como uma categoria socialmente construída[8].

O professor João Baptista Borges Pereira (2011), ao refletir sobre a sociedade brasileira, muito mais que repensar a condição do negro, faz considerações sobre a formação da consciência do negro nessa sociedade. A partir de seus apontamentos, é certo afirmar, considerando também o contexto histórico, que desde sempre essa consciência negra foi marcada e demarcada pela ideologia dominante. Historicamente, o ato de ser negro foi assinalado pelo "não ser branco". Esse "não ser" retirou do negro a condição de sujeito histórico e de cidadão, arrancando-lhe direitos e impingindo-lhe deveres. Assim, a constante estereotipização da população negra marcou manifestações de consciência, com um forte ideal de branqueamento, naturalizando os ideais racistas, pregando um ideal de mestiçagem enquanto modelo identitário (Cf. SANTOS, G., 2006). Nesse propósito, conforme problematizado por Munanga (1999), tal pensamento permitiria "[às] elites dominantes dissimular as desigualdades e impe[diria] os membros das comunidades não-

---

[7] "Raça é um dos eixos prioritários sobre os quais as [escritoras negras] brasileiras se debruçam para elaborar um ponto de vista feminista, colocando, entretanto, como mote de investigação, as experiências das mulheres negras com o racismo" (CARDOSO, 2012, p. 54, grifo da autora).

[8] "Cabe ressaltar, no entanto, que o simples fato de reconhecermos a categoria raça como socialmente construída não põe fim ao racismo e às desigualdades sociais produzidas pelo seu contexto" (CARDOSO, 2012, p. 52-53).

brancas de terem consciência dos sutis mecanismos de exclusão da qual são vítimas na sociedade" (MUNANGA, 1999, p. 80).

A discussão sobre uma consciência negra requer ponderações, uma vez que, segundo Gislene Aparecida dos Santos, "consciência é conhecer a si e ao entorno, mas é também saber que esse conhecimento é delimitado pelo próprio entorno" (SANTOS, 2004, p. 78). Diante dessa definição, a pesquisadora afirma que, para que a população negra tivesse uma "consciência de si" ou uma "consciência negra", "seria necessário que os indivíduos negros pudessem produzir conhecimento sobre seu ser e sobre como pertencem e estão inseridos na sociedade, ou melhor, pudessem expressar a forma como pensam o mundo e são pensados nele" (op. cit., p. 79). Consoante tais ponderações, é possível afirmar que, graças à divulgação e troca de produções literárias e teóricas escritas por intelectuais negros, e também à acessibilidade a essas produções possibilitadas pela internet, uma consciência negra já perpassa o discurso de uma parcela considerável da população negra brasileira.

No entanto, essa divulgação e esse acesso ainda não se fazem consolidados, já que publicar ainda é um grande desafio para os autores negros, que, para trazer a público suas produções ainda recorrem, na maioria das vezes, a financiamentos próprios, contando com o apoio de amigos e divulgação nos canais de internet, ou ainda, a publicações coletivas, na esperança de baratear custos e romper as barreiras da publicação (Cf. SILVA, F., 2011). Apoiando tais produtores, existem no país algumas pequenas editoras e livrarias trabalhando especificamente com a temática étnico-racial. Sendo assim, escritores independentes e editoras menores "cientes das barreiras comerciais junto a grandes redes, têm nesses espaços, não só uma oportunidade de divulgar as suas marcas, assim como os nomes que fazem parte de seus catálogos que dificilmente conseguem ser lançados em outros espaços"

(SILVA, F., 2011, p. 51), em virtude de um mercado editorial racista e sexista (Cf. DALCASTAGNÈ, 2012).

    Diante disso, assim como em outros setores da sociedade, a população negra não se vê representada na cultura, na arte, na intelectualidade ou no campo literário. Consequentemente, em um país que sustenta até a atualidade o mito da democracia racial, o termo literatura negra incomoda e suscita questionamentos. "Por exemplo, quando nos referimos à literatura brasileira, não precisamos usar a expressão 'literatura branca', porém, é fácil perceber que, entre os textos consagrados pelo 'cânone literário', o autor e autora negros aparecem muito pouco" (FONSECA; SOUZA, 2006, p. 13) e quando aparecem, há um ocultamento do ser-negro e das questões e problemas dos negros na sociedade brasileira. Além do mais, conforme apontado por Cuti, o próprio termo literatura negra é passível de rejeição, uma vez que "no Brasil, a ideologia da democracia racial prefere palavras mais amenas" (CUTI, 2011, p. 60). Sendo assim, de acordo com Ricardo Silva Ramos de Souza, "a substituição da palavra 'negro' pelo prefixo 'afro' (afro-brasileiro ou afrodescendente) contribui para 'harmonizar' as relações raciais na nossa sociedade" (SOUZA, 2014, p. 37).

    Ainda o termo literatura negra constantemente é alvo de críticas, pois designa mais que narrativas escritas por negros. Zilá Bernd (1988), ao problematizar essa conceituação, aponta que "o conceito de literatura negra não se atrela nem à cor da pele do autor nem apenas à temática por ele utilizada, mas emerge da própria evidência textual cuja consistência é dada pelo surgimento de um *eu* enunciador que se quer negro" (p. 22, grifo da autora), ou seja, evidencia um sujeito enunciador que assume sua condição de negro na sociedade. Assim, há no uso do termo literatura negro-brasileira um processo reivindicatório, em que homens e mulheres negros requerem uma escrita particular, com temáticas e linguagem próprias, ou seja, "uma literatura cujos valores fundadores repousam sobre a ruptura com contratos de fala e escrita ditados pelo mundo branco e sobre a busca de novas formas de expressão dentro do contexto literário brasileiro" (BERND, 1988, p. 22). Percebe-se, então, que esse texto literário reivindica um lugar de enunciação, possuindo algumas particularidades.

De acordo com Eduardo de Assis Duarte (2008), em seus estudos sobre narrativas negra, cinco quesitos devem ser observados nessa literatura. São eles: temática, autoria, ponto de vista, linguagem e público-leitor. No entanto, o professor ressalva que "nenhum desses elementos isoladamente propicia o pertencimento à literatura afro-brasileira[9], mas sim sua interação" (p. 12). Assim, consoante Bernd (1988) e Duarte (2008), enfatizo que o simples fato de uma obra ser escrita por um negro não a faz parte da literatura negra, pois esse texto requer engajamento teórico e temático constantes, uma vez que "a subjetividade e experiências do eu-enunciador negro devem ser consideradas" (CUTI, 2010; EVARISTO, 2007). Diante do exposto, nota-se que "a pesquisa não pode se reduzir a simplesmente verificar a cor da pele do escritor, mas deve investigar, em seus textos, as marcas discursivas que indicam (ou não) o estabelecimento de elos com esse contingente de história e cultura" (DUARTE, E., 2010b, p. 80).

A partir de tais reflexões, a escritora e pesquisadora Miriam Alves (2010) ressalta que essa escrita "consiste numa prática existencial para os seus produtores, que ressignifica a palavra **negro**, retirando-a de sua conotação negativa, construída desde os tempos coloniais, e que permanece até hoje" (ALVES, 2010, p. 42, grifo da autora). Esse texto, mediante particularidades das experiências vividas por mulheres e homens negros, questiona o lugar ocupado por essa população no Brasil, a partir de narrativas de suas vivências, desconstruindo o mito de democracia racial e realçando os apagamentos propostos pela mestiçagem.

---

[9] Como percebe-se, o professor e pesquisador adota a nomenclatura "afro-brasileira".

Aprofundando a questão, Maria Nazareth Soares Fonseca e Florentina da Silva Souza (2006) apontam que muitos autores e teóricos problematizam o termo literatura afro-brasileira ou literatura negra, uma vez que o termo restringiria esse texto a algumas particularidades de determinado grupo identitário, não à cultura do povo brasileiro em geral. Porém, de acordo com as mesmas autoras, outros pesquisadores observam que a restrição é necessária, já que Literatura Brasileira torna homogêneas as formas literárias produzidas no Brasil, minimizando as diferenças.

Nesse sentido, na escrita negro-brasileira "a relação entre cor e exclusão passa a ser recorrente" (FONSECA; SOUZA, 2006, p. 17), pois o escritor considera o negro como sujeito da história e como produtor cultural. Assim,

> os objetivos são considerados como estratégia de reversão da imagem do negro visto como "máquina-de-trabalho", como "coisa-ruim" ou como "objeto sexual". Desse modo, é incentivada uma visão crítica sobre os preconceitos disseminados na sociedade e são apontadas as possibilidades de apresentar o escritor negro como consciente de seu papel transformador (FONSECA; SOUZA, 2006, p. 16).

Somando-se a isso, o questionamento de Cuti torna-se válido: "Qual é a contribuição de uma literatura de autores negros, que reivindicam essa característica, para leitores negros, mestiços e brancos?" (CUTI, 2012, p. 22). Diante do exposto, um dos compromissos desse escritor seria desconstruir a imagem do negro como vítima ou criminoso, representação divulgada e sustentada durante anos pela história e pelas narrativas canônicas. Por meio desse propósito, tem-se acesso a uma narrativa outra, através de uma escrita própria, que de certa forma questiona a história ensinada nas escolas ou veiculada nas mídias.

Regina Dalcastagnè (2014), em análise de produções de Carolina Maria de Jesus e Conceição Evaristo, discute a importância da escrita para aqueles que recém a adquirem, uma vez que seu domínio simboliza novas possibilidades ou até mesmo a capacidade de existência: "Colocar-se em palavras seria, nesse caso, uma forma de ser alguém, de participar de uma coletividade marcada pela escrita e, ao mesmo tempo, ser reconhecido como indivíduo, portanto, único" (DALCASTAGNÈ, 2014, p. 295). Considerar tal poder proporcionado pela escrita é importante, já que estamos diante de um eu-enunciador que, como representação, existe na literatura ou nos grandes noticiários através do senso comum, inserido na coletividade, quase sempre, com marcas de uma estereotipização negativa, e a "ausência" do negro letrado corrobora essa construção.

Ao falar das peculiaridades da escrita da mulher negra, Figueiredo (2009) aponta três grandes temas: violência, relações afetivas e história e memória ancestral. No entanto, conforme assinalado pela pesquisadora, tais discussões não aparecem isoladamente ou de forma estanque, uma vez que os temas se relacionam entre si, dentro e fora das narrativas. Da mesma forma, Miriam Alves (2010) afirma que tais temas são recorrentes nas obras dos autores negro-brasileiros, de forma geral, e lembra a autoviolência física e mental sofrida pelas mulheres negras, mediante tentativas constantes de adequar-se a padrões estéticos. Há que se considerar "a dura realidade das discriminações, segregações e preconceitos que elencam um número de sensações experimentadas e expressas de forma única" (ALVES, 2010, p. 43). Apesar da dita individualidade dessas sensações, há nos textos de mulheres negras uma tentativa de compartilhamento da violência das experiências do cotidiano através da escrita. Nesse processo "ela é, portanto, não apenas testemunha daquilo que relata, mas também depositária da experiência dos seus – e a sua escrita se faz, então, mais uma vez, espaço de luta e de empoderamento" (DALCASTAGNÈ, 2014, p. 296).

Isso posto, finalmente, para pensar a intelectual negra a partir de contos de escritoras negro-brasileiras, há que se considerar reflexões acerca da noção de intelectual. Sabe-se que o termo "intelectual", na atualidade, designa muito mais do que pessoas que exercem atividades ligadas ao intelecto. Para Isabel Travancas (2001), depois do caso Dreyfus (1894), "o termo [...] passou a identificar um grupo que se definia por uma visão de mundo social particular, baseada em valores universais" (p. 122). A partir daquele momento, em que o escritor francês Émile Zolá (1840-1902), através de uma carta aberta (1898), expôs ao público a injustiça da condenação por alta traição – sem julgamento – de Alfred Dreyfus, o termo "intelectual" passou a designar, principalmente, aquele sujeito letrado que vai para a esfera pública discutir questões sociais relevantes, isto é, uma preocupação em prol do bem estar comum passou a ser fator norteador, permeando as discussões em torno da noção de intelectual.

Edward Said (2005), refletindo um pouco mais acerca das facetas do intelectual, observa: "A questão central para mim, penso, é o fato de o intelectual ser um indivíduo dotado de uma vocação para representar, dar corpo e articular uma mensagem, um ponto de vista, uma atitude, filosofia ou opinião para (e também por) um público" (SAID, 2005, p. 25). Sendo assim, em ambas as reflexões, o intelectual pode ser considerado um sujeito que assume para si responsabilidades para com os outros, a partir da produção de conhecimentos. No entanto, embora as reflexões basilares em torno do intelectual aqui exploradas atravessem contextos fora do Brasil, Travancas ressalta que ao abordar a noção de intelectual "é fundamental se levar em conta o contexto, assim como a tradição intelectual de cada país estudado" (TRAVANCAS, 2001, p. 121). Sendo assim, é a partir dessas reflexões que atualizo tais questões para a contemporaneidade, considerando o contexto brasileiro em que a mulher negra se insere.

Atualmente há alguns trabalhos esparsos sobre os intelectuais negros no Brasil. Em proporção ainda menor, algumas considerações acerca da intelectual negra já começam a ser observadas. Nessas análises são pontuadas reivindicações desse grupo para a sua inserção na sociedade brasileira: "Desejam produzir, circular e legitimar-se no campo dos saberes ligados à tradição ocidental e, por outro lado, produzir, fazer circular pensamentos que evidenciem uma visão crítica desses saberes" (SOUZA, 2010, p. 184). Ainda de acordo com Florentina da Silva Souza, essa luta por um lugar no espaço cultural brasileiro leva a uma necessidade de "investir contra um dos principais móveis ideológicos do pensamento ocidental: a discriminação e a exclusão" (op. cit.), observando "o compromisso de criar um discurso que manifeste as marcas das experiências históricas e cotidianas dos afrodescendentes no país" (SOUZA, 2005, p. 61). Tal questionamento necessário e legítimo dos intelectuais negros, de forma geral, certamente leva a discussão para questões mais amplas, uma vez que o espaço restrito ocupado e reservado ao negro na sociedade brasileira fica em evidência. Assim, em torno dessa questão, temas como alfabetização, emprego, moradia, representação e autorrepresentação afloram na literatura negro-brasileira.

Tratando-se especificamente da mulher intelectual negra, bell hooks[10] afirma que os trabalhos das mulheres são raramente reconhecidos como atividades intelectuais, uma vez que, quando se pensa em intelectuais negros, quase sempre vida e obras de homens são lembradas, embora as mulheres negras tenham tido um papel importante em suas comunidades, enquanto professoras, críticas, entre outros (hooks, 1995). A pensadora norte-americana também,

---

[10] bell hooks (grafado em letras minúsculas, opção da autora) é o pseudônimo de Glória Jean Watkins. Adotou esse pseudônimo em homenagem à avó materna, como um ato político, uma vez que esse nome garantiria um direito de expressão autônomo, que o nome Glória Watkins não permitiria (Cf. RIBEIRO, 2012).

a partir dos estudos de Terry Eagleton, observa que o "intelectual é alguém que lida com ideias transgredindo fronteiras" (hooks, 1995, p. 468). Sendo assim, o anseio por mudanças faz-se necessário, já que transpor barreiras exigiria a demarcação de um território e um posicionamento político.

Mediante estudos de hooks (1995), é importante também apontar a associação entre o trabalho intelectual e "política do cotidiano", pois seria por meio do conhecimento que a intelectual entenderia a sua realidade e o mundo a sua volta (hooks, 1995, p. 466). Essa aproximação entre a atividade intelectual e a realidade do seu grupo é condizente com análises da produção de mulheres negras brasileiras, aproximando-se do conceito de "escrevivência" apontado por Conceição Evaristo.

Nessa mesma perspectiva, a princípio, "escrevivência" parece dispensar definição, uma vez que essa escrita que se quer comprometida com experiências vividas aparenta exigir de escritoras negras uma consciência do seu lugar e suas especificidades na sociedade enquanto mulheres e negras: "creio que a gênese de minha escrita está no acúmulo de tudo que ouvi desde a infância. O acúmulo das palavras, das histórias que habitavam em nossa casa e adjacências" (EVARISTO, 2007, S/N). Relacionando "escrevivência" com literatura, percebe-se que uma aproximação entre literatura e vida real propicia uma confusão entre ficção e realidade, desconsiderando as nuances do fazer literário. Sobre isso, Evaristo alerta: "nenhum episódio pode ser lido tal como aconteceu; na escrita tudo se modificou. Quem conta um conto inventa um ponto e quem recria uma história a partir do real cria outra realidade para a história recriada" (EVARISTO, 2014b, p. 31).

Dessa forma, o diálogo entre o texto literário e a experiência de vida requer mais que uma mera repetição da realidade, conforme apontado pela pesquisadora Cristiane Côrtes:

> A perspectiva da "escrevivência" alcança uma dimensão cultural e política, mas sem recair nas armadilhas da literatura puramente engajada, preservando a potência da realidade social na ficção. É uma literatura que suplementa aquela habitual, não deseja golpeá-la, mas sabotá-la, repetir para transformá-la (CÔRTES, 2016, p. 54).

Nesse sentido, a escrita dessas mulheres negras aparece articulada com experiências vividas, aspirando trazer para a discussão as experiências da população negra, que esteve à margem da literatura oficial. Assim, "suas experiências pessoais são convertidas numa perspectiva comunitária. O seu discurso sabota o oficial porque cria um devir mais justo e coerente com o povo que quer representar" (CÔRTES, 2016, p. 56), aspecto esse que aproxima a "escrevivência", de Evaristo (2007), das "políticas cotidianas", de hooks (1995). Dessa forma, essa aproximação entre trabalho intelectual e experiências vividas não abrange uma mera transposição de realidades ou de trocas de papéis entre personagens brancas e negras em suas representações. Essas narrativas, a partir da compreensão da realidade experiencializada pela população negra, trazem a dor, a falta e a violência no âmago da fruição. Ou seja, conforme apontamentos de Edimilson de Almeida Pereira, "é justamente nesse cenário que, de nossa parte, detectamos um dilema da Literatura Negra e/ou Afro-brasileira, que se articula como poética de ação política ao mesmo tempo em que reclama para si as características do texto criativo" (PEREIRA, 2010, p. 32).

Como tratei até o momento, há um embate ocasionado por questões críticas e teóricas que permeiam as obras de pensadores acerca da questão negra na literatura e na cultura brasileira atual, quer sejam teóricos, críticos, prosadores ou produtores culturais. Ao analisar e interpretar aspectos específicos de textos literários e ensaísticos de algumas dessas pensadoras (Alves, Evaristo, Sobral), bem como discutir seus posicionamentos no campo cultural e intelectual brasileiro atual, almejo demonstrar, a partir do livro, modos como tais produções provocam um movimento na teoria e clamam por reflexões acerca dessas produções literárias e ensaísticas, que debatem de maneira engajada, a questão negro-brasileira face à permanência de preconceitos, exclusões, segregações e marginalizações.

Isso posto, no que tange à disposição dos capítulos do livro, os mesmos foram organizados seguindo uma "ordem cronológica" que atentou para o momento em que as escritoras Miriam Alves, Conceição Evaristo e Cristiane Sobral iniciaram suas carreiras literárias. Desse modo, no primeiro capítulo, intitulado "Políticas da afetividade na prosa de Miriam Alves", faço análises das obras *Mulher Mat(r)iz* e *Bará na trilha do vento*, da referida escritora, considerando particularidades das mesmas. Por exemplo, na prosa da autora, há uma recorrência a diversas nuances de relacionamentos afetivos. Dessa forma, nesse capítulo, os temas violência e afetividade são centrais. Ademais, em diálogo com os temas maiores, reflexões sobre o espaço ocupado pela mulher negra na sociedade também são observadas, considerando entrevistas, fortuna crítica da produção negro-brasileira e textos teóricos que se fizeram necessários.

O segundo capítulo segue metodologia semelhante ao primeiro. Intitulado "'Políticas do cotidiano' na prosa de Conceição Evaristo", nele analiso, nas obras *Becos da Memória* e *Olhos d'água*, a personagem feminina transitando nos espaços públicos e privados. Para isso, o capítulo é recortado em três grandes temas: educação, violência e emancipação. Opto também por uma análise contrastiva entre os textos literários aqui discutidos e os diversos textos da fortuna crítica relacionados à produção negro-brasileira, além de entrevistas de escritoras.

Já no terceiro e último capítulo, "Políticas do corpo em Cristiane Sobral", as diversas vivências da mulher negra são observadas a partir dos livros *Espelhos, Miradouros, dialéticas da Percepção* e *O Tapete Voador*, da jovem escritora. Para isso, o corpo feminino negro político é pensado dentro de um contexto histórico-cultural, a partir de dois grandes temas: violência e resistência, associados a discussões sobre a violência estética e suas consequências para a autoestima da mulher negra. Dessa forma, mais uma vez, entrevistas e fortuna crítica embasam as discussões.

Enfim, a partir de análises da escrita em prosa de Miriam Alves, Conceição Evaristo e Cristine Sobral, observo os temas mais recorrentes nas obras supracitadas, refletindo acerca da escrita negrofeminina contemporânea, atentando para o papel da escritora negra enquanto intelectual engajada na luta por transformação social.

CAPÍTULO I:
POLÍTICAS DA AFETIVIDADE NA PROSA DE MIRIAM ALVES

Carregadores

Carregamos nos ombros
feito fardos
a luta, a dor dum passado
Carregamos nos ombros
feito fardo
a vergonha que não é nossa
Carregamos nos ombros
feito carga
o ferro da marca do feitor
Carregamos na mão
feito lança
as esperanças
o que virá.
(ALVES, 1985, p. 30)

Ao aproximar a produção literária de Miriam Alves do feminismo negro, os estudos da pesquisadora americana Kia Lilly Caldwell (2000) corroboram as reflexões que serão aqui delineadas. Ao tratar do enegrecimento do feminismo no Brasil, Caldwell ressalta divergências de experiências entre mulheres negras e brancas. Para sua análise, a pesquisadora destaca, ainda, a agenda do manifesto das Mulheres Negras, de julho de 1975, que frisou "as especificidades das experiências de vida, das representações e das identidades sociais das mulheres negras e sublinhou o impacto da dominação racial em suas vidas" (p. 98).

Em seus apontamentos, algumas peculiaridades do feminismo negro foram traçadas, principalmente considerando o papel da raça na formação das relações entre mulheres. Dentre elas, ao pensar no texto literário de Miriam Alves, ressalto algumas: diferenças entre mulheres em termos de experiências e lugares sociais; problemas presumidamente comuns, como sexualidade, saúde reprodutiva e trabalho remunerado, com significados diferentes para mulheres negras e brancas; foco em assuntos como controle de natalidade e preocupação com taxas altas de esterilização entre mulheres negras e pobres; exploração sexual das mulheres negras, entre outros.

Além disso, Miriam Alves, em entrevista, ao refletir sobre o impacto do feminismo no Brasil dos anos 1970 e 1980 em sua escrita, ressalta o distanciamento das questões prementes do movimento da época com a agenda das mulheres negras: "A bandeira do Feminismo desconsiderou outras vivências de mulher bem como todo o efeito secular deixado pelo escravismo, tornando aquelas reivindicações que representavam o desejo de uma parcela de mulheres num manifesto universal" (ALVES, 2016, p. 172). Somando-se a isso, na mesma entrevista, a autora ressalta a influência do seu ativismo no movimento negro instigando a sua escrita.

Afim a essas considerações, para uma reflexão acerca da "política do cotidiano" associada às nuances do feminismo negro, na prosa da escritora Miriam Alves, o tema violência não pode ser desconsiderado, tendo em vista que, tanto no espaço público, quanto no privado, em seu livro de contos *Mulher Mat(r)iz* (2011), diversos tipos de violências que assolam a vida de negros brasileiros na contemporaneidade atravessam as narrativas. Em análise dos contos da escritora publicados nos *Cadernos Negros,* alguns desses republicados na coletânea de contos aqui pesquisada, Fernanda Figueiredo (2009) ressalta a recorrência da temática da violência na obra da escritora e de outras mulheres negras. De acordo com a pesquisadora,

A escrita de autoras negras tem uma trama própria; como uma de suas faces apresenta o que chamo de 'dialética da violência', podendo ser, assim, engajada com a situação histórico-social da mulher negra no Brasil. Compreendo "dialética da violência" como este movimento de dissecar a história nas palavras, cenas, contextos e personagens demonstrando a dor e as marcas das arbitrariedades sofridas, seja por uma memória individual contemporânea, seja pela memória coletiva ligada ao passado de um determinado grupo social (FIGUEIREDO, 2009, p. 44).

Essa "dialética da violência" faz-se recorrente e atravessa o cotidiano de inúmeras mulheres, nas formas das violências física, sexual, psicológica e, até mesmo, patrimonial[11]. No entanto, especificamente em Miriam Alves, nota-se que as agressões não atingem somente as mulheres pobres, elas também se fazem realidade na vida de mulheres negras de outros estratos sociais, uma vez que "as personagens femininas de **Mulher ma-t(r)iz** são mulheres com bons empregos e bons salários, com uma situação financeira e social estáveis" (AUGEL, 2011, p. 14, grifos da autora).

Nessa coletânea de contos, das onze narrativas reunidas, a violência atravessa pelo menos nove delas. Mesmo quando não aparece enquanto principal elemento ou de forma explícita, ela tangencia temas centrais e se insere no desenrolar das

---

[11] De acordo com a Lei 11.340, popularmente conhecida como Lei Maria da Penha, de 07 de agosto de 2006, norma jurídica que objetiva coibir a violência doméstica e familiar contra a mulher, em seu Artigo 7º: "I - a violência física, entendida como qualquer conduta que ofenda sua integridade ou saúde corporal; II - a violência psicológica, entendida como qualquer conduta que lhe cause dano emocional e diminuição da auto-estima ou que lhe prejudique e perturbe o pleno desenvolvimento ou que vise degradar ou controlar suas ações, comportamentos, crenças e decisões, mediante ameaça, constrangimento, humilhação, manipulação, isolamento, vigilância constante, perseguição contumaz, insulto, chantagem, ridicularização, exploração e limitação do direito de ir e vir ou qualquer outro meio que lhe cause prejuízo à saúde psicológica e à autodeterminação; III - a violência sexual, entendida como qualquer conduta que a constranja a presenciar, a manter ou a participar de relação sexual não desejada, mediante intimidação, ameaça, coação ou uso da força [...]; IV - a violência patrimonial, entendida como qualquer conduta que configure retenção, subtração, destruição parcial ou total de seus objetos, instrumentos de trabalho, documentos pessoais, bens, valores e direitos ou recursos econômicos, incluindo os destinados a satisfazer suas necessidades" (BRASIL, Lei 11.340, 2006).

histórias. Assim, em narrativas que aparentemente privilegiariam relacionamentos afetivos, os diversos questionamentos e reflexões acerca das relações sociais não constituem um fim em si mesmo, uma vez que o olhar ou ponto de vista negrofeminino abarca a multiplicidade de violências sofridas por mulheres de diferentes camadas sociais.

Já em *Bará na trilha do vento* (2015) o foco da narrativa volta-se para as relações familiares da menina Bárbara. No romance, a questão da memória, a herança ancestral e a ascensão social de uma família negra constituem-se como temas centrais. Nele é representada uma família negra brasileira da classe média baixa, que alcançou uma relativa independência econômica. Nas relações dessa família são enfatizados "tanto os valores éticos de honradez, dignidade e solidariedade como as tradições africanas e religiosas" (AUGEL, 2015, p. 6). Valores esses consolidados principalmente através de uma família de mulheres fortes: a menina, a mãe e a avó.

Diferentemente das narrativas de *Mulher Mat(r)iz*, em *Bará*, a representação "das políticas do cotidiano" traz majoritariamente uma imagem positiva de personagens negras, o que também torna-se importante para que o público leitor tenha contato com ideias positivas (tão raras) de negros brasileiros. Nesse sentido, essa narrativa de Alves vai além da representação de afrodescendentes no papel de vítimas ou algozes (modelos reiterados no passado e no presente, cf. Dalcastagnè, 2012), para apresentar outras possibilidades e experiências do ser negro no Brasil atual.

No entanto, nesse romance, apesar de protagonistas negros serem realçados favoravelmente, vez ou outra, mesmo que de forma sutil, diferentes formas de violência cotidiana perpassam a narrativa e se fazem presentes nas experiências do dia a dia de algumas personagens negras, como, por exemplo, o casamento conflituoso da matriarca Patrocina, vítima constante da violência moral, ou a submissão insidiosa vivenciada por Danaide, amiga da família. Nesse sentido, os dois livros se complementam para uma abordagem que visa a refletir sobre o papel de Miriam Alves como intelectual engajada na luta pela transformação social, a partir de seu fazer literário.

1.1 – Outras Violências

1.1.1 – Cultura do estupro: inaceitável diferença de gênero

Fernanda Figueiredo (2009), ao analisar contos dos *Cadernos Negros*, observa como a violência, em suas diferentes nuances, se faz recorrente nas narrativas. De acordo com a pesquisadora, "as cenas, personagens e enredos carregam a dor e a amargura entrelaçadas às malhas do texto, num movimento constante, revelando as marcas que o preconceito deixa na história individual" (p. 44). Tais fatos, bastante pertinentes também nas narrativas de *Mulher Mat(r)iz*, revelam, através do texto literário, a realidade vivida por milhares de brasileiros, que carregam a mancha de séculos de escravidão. Dessa forma, "a exclusão é uma das violências que nestes contos são descritas como feridas abertas. As vozes narrativas dissecam seus enredos deixando à mostra as vísceras da sociedade" (op. cit.). Dado que a violência do racismo, assim como as demais, geralmente não se apresenta sozinha, constantemente nas narrativas, ela vem seguida de agressões emocional, moral, física, sexual e simbólica – conforme representado n'"Os Olhos Verdes de Esmeralda", de Miriam Alves.

Na coletânea *Mulher Mat(r)iz*, como mencionado anteriormente, diversos tipos de violência se fazem presentes. No conto supracitado, duas mulheres são agredidas e violentadas sexualmente em virtude de sua cor e orientação sexual. Na narrativa, Julita e Marina, mesmo sendo mulheres independentes, mantêm secreto um relacionamento lesboafetivo desde a época da Universidade. Ao longo do texto, aos poucos, um narrador onisciente desenrola a história através de uma riqueza descritiva que denuncia estereótipos[12] e preconceitos que ameaçam e violam o corpo negro das duas mulheres.

Sobre isso, alguns apontamentos de Kia Lilly Caldwell (2007) são pertinentes. Ao discutir o lugar da mulher negra na sociedade brasileira, a pesquisadora observa que a cor da pele serve como "determinante primária da identidade social de mulheres afro-brasileiras, que são classificadas nos termos de sensualidade ou associadas ao seu trabalho físico"[13] (p. 51). Além disso, a teórica dos estudos afro-americanos destaca que,

> desde que as construções dominantes da identidade de gênero feminina estão intimamente ligadas a visões hegemônicas de que a negritude deve ser evitada ou diluída, as mulheres afro-brasileiras de ascendência racial mista ou com características físicas europeias são tipicamente consideradas como mais atraentes. Em contraste, mulheres de ascendência africana visível são tipicamente construídas como trabalhadoras não-sexualizadas e, às vezes, assexuadas (CALDWELL, 2007, p. 51)[14].

No entanto, essa espécie de "hierarquia baseada em cores" é explorada constantemente a partir de outras nuances na literatura negro-brasileira e, no início do conto "Os olhos verdes de Esmeralda", a descrição minuciosa já aponta as moças – Esmeralda,

---

[12] Ao refletir sobre a questão do estereótipo, utilizo predominantemente a conceituação de Homi K. Bhabha: "o estereótipo não é uma simplificação porque é uma falsa representação de uma dada realidade. É uma simplificação porque é uma forma presa, fixa, de representação que, ao negar o jogo da diferença (que a negação através do Outro permite), constitui um problema para a representação do sujeito em significações de relações psíquicas e sociais" (BHABHA, 2014, 130).

[13] Todas as traduções do inglês são minhas. No original: "Skin Color serves as the primary determinant of whether Afro-Brazilian women's social identities are classified in terms of sensuality or associated with physical labor".

[14] "Since dominant constructions of female gender identity are closely tied to hegemonic views that blackness should be avoided and diluted, Afro-Brazilian women of mixed racial ancestry or with more European physical features are typically considered to be more attractive. In contrast, women of visible African ancestry are typically constructed as non-sexualized, and at times asexual, laborers".

negra de "traços finos", e Marina, de pele escura – enquanto mulheres sensuais, que não passam despercebidas, nem mesmo aos primos.

Vejamos a apresentação de Esmeralda:

> Tipo raro de mulher. Esmeralda: alta, farta das pernas, bunda e coxas, cabelos alisados e pintados em acaju escuro. Na pele, uma singular tonalidade ocre amainado que exposto ao sol, adquiria um dourado inquietante. Os grandes olhos verdes de esmeraldas, um detalhe físico que, com o passar do tempo, atribui-lhe o codinome que tomou lugar de Julita, seu nome de registro, que nem ela, às vezes, lembrava (ALVES, 2011, p. 62)[15].

Se Esmeralda é descrita com riqueza de detalhes próximos dos estereótipos da "mulata exportação", a outra traz os "traços negroides" enquanto elementos de desejo.

> Marina, mineira de Diamantina, corpo alto, esguio, busto pequeno, cintura bem acentuada, quadril médio, pernas e mãos longas, cílios longos emoldurando duas pérolas negras de luz hipnóticas que fitavam o mundo com arrogância, melancolia, e com o mistério de alguém que conhece segredos que não ousa contar. Mas o que mais atraía nela eram seus lábios contornados pelo cinzel esmerado da natureza, evidenciando as formas carnudas e densas (MM, p. 63).

Percebe-se que ambas as personagens são descritas como mulheres bonitas, sensuais e independentes, "donas, cada uma, de apartamento equipado" (MM, p. 62). Logo, as características dessas mulheres enquanto femininas e sensuais fogem do estereótipo de mulheres lésbicas com trejeitos masculinizados, bastante explorado pela mídia e pelo senso comum: "Imaginamos a lésbica com um chapéu de feltro, de cabelos curtos e gravata" (BEAUVOIR, 1990, p. 161).

---

[15] Foram respeitadas as escolhas estéticas da autora, que nem sempre seguem a norma padrão de uso da língua. Doravante o texto será referenciado como MM, seguido do número da página.

Apesar de a "sensualidade" de Esmeralda parecer em um primeiro momento responder a um dos quesitos da imagem da mulher negra de pele clara enquanto "mulata sensual", discutido por Caldwell (2007), essa imagem é positivada na desconstrução do estereótipo de mulheres lésbicas, conforme mencionado, e também no fato de a narrativa apresentar Marina, negra de pele escura, fora do "modelo" da mulher negra, que é enquadrada geralmente nas categorias mulata, doméstica e mãe preta (Cf. GONZALEZ, 1984).

Conforme dito anteriormente, Esmeralda e Marina, para se preservar de possíveis violências advindas de suas orientações sexuais, mantêm o relacionamento em sigilo: "Mantinham-se discretas, não moravam juntas para evitar constrangimentos. Quando a saudade aumentava, inventavam uma viagem por qualquer motivo" (MM, p. 63). No entanto, em uma noite em que as duas vinham de uma festa na casa de parentes de Esmeralda, pequenas carícias foram o suficiente para que elas fossem vítimas de vários tipos de violência, como vemos no excerto:

> Perdida em pensamentos, engatou, desajeitada, a primeira e fez cantar os pneus no asfalto molhado. Viu-se seguida por uma viatura policial, sinalizando para que se encostasse e parasse. Pensou: "Droga, logo hoje!". Parou. Distração ou instinto, segurou a mão de Marina, acariciando-lhe a perna com carinho protetor. O sargento percebeu o gesto ao acercar-se do carro. Ela recolheu rapidamente a mão, retraindo-se. "Temos dois machos aqui. Hei este aqui está com lentes de contato verdes. Metida a americana, heim?", falou, apertando rudemente o rosto de Esmeralda entre o indicativo e o polegar (MM, p. 65).

A partir desse momento inicia-se um ciclo de violência. Primeiramente, elas são vítimas das violências verbal e moral, em virtude de suas condições de raça e de gênero. Ao perceber a orientação sexual das mulheres, o sargento, por meio de um discurso claramente machista, trata-as no masculino, retirando-lhes suas condições de gênero feminino. A partir da fala do sargento, que mais de uma vez trata Esmeralda no masculino, infere-se que, na concepção dele, uma relação seria composta pelos dois sexos, logo uma das duas deveria equivaler ao homem da relação.

Na sequência, elas também são vítimas do racismo, uma vez que a fala do sargento sobre os olhos de Esmeralda aponta para a descrença de haver uma negra brasileira de olhos verdes. A partir deste momento, Esmeralda já começa a sofrer agressões simbólicas e físicas, que antecedem a violência sexual.

A narrativa segue denunciando uma série de preconceitos na fala da autoridade: "'Por que ele não conseguia pegar mulher? Estas duas sapatas filhas da puta ali na sua frente. Não eram feias, apesar de negras'. Ele odiava as sapatas, estavam sempre com uma gostosa ao lado. Odiava negros também" (MM, p. 65). Além do racismo, já pontuado na primeira abordagem, a autoridade policial é ainda mais incisiva na propagação do preconceito. Percebe-se que para ele todas as negras seriam feias em virtude da cor. A não aceitação da diferença parece ser o estopim do problema. Nesse excerto, as diferenças de gênero, de raça, e de orientação sexual incomodam o sargento e afloram o discurso de ódio, sustentado por uma falácia de supremacia racial e de gênero, tendo o homem, branco e heterossexual como superior, já que o narrador onisciente já denunciara a autoridade como branco e alto. A violência de gênero também se faz presente na aproximação que o sargento faz das mulheres com termos referentes à comida, ao usar os verbos "pegar" e "gostosa". Dessa forma, seus corpos negros são percebidos como meros objetos de prazer e saciedade, antecipando o que estava por vir.

O ápice da agressão acontece com a violência física e sexual: "Retirou-a do carro, colocou-a no camburão e, ali mesmo, passou a violentá-la. 'Não gosta de homem, não é ... ? Você vai sentir o que é bom!' Gritava ele, brutalmente. Espancou-a, desfechando golpes no rosto, na altura dos olhos" (MM, p. 65). Acerca do "estupro corretivo", Rachel Duarte ressalta que a violência é usada "como um castigo pela negação da mulher à masculinidade do homem. Uma espécie doentia de 'cura' por meio do ato sexual à força. A característica desse tipo de prática é a pregação do agressor ao violentar a vítima" (2017, p. S/N). Assim, compreende-se que o "estupro corretivo", além de englobar a violência sexual, envolve também a violência de gênero, uma vez que essa é induzida pelo ódio ou preconceito à orientação sexual da vítima, "como se o agressor quisesse impor a sua compreensão sobre sexualidade como a ideal" (op. cit., S/N). Além disso, conforme apontado por Regina Coeli Benedito dos Santos e João Bôsco Hora Góis, uma cultura machista "pressupõe que o lesbianismo é algo temporário; que pode ser revertido uma vez superadas as causas – geralmente supõem-se, associadas a relações heterossexuais mal-sucedidas – que levaram uma dada mulher a buscar a companhia e gratificação sexual com outras mulheres" (2007, p. 80). Nesse sentido, caberia ao homem "corrigir" essa má impressão.

Como se não bastasse a sequência de agressões, o sargento ainda vai além:

> Marina, imobilizada por outros dois policiais, chorava em desespero, obrigada a assistir ao seu grande amor ser barbaramente possuído, violentado. Chorava, impotente, sem poder fazer nada. A autoridade gritava: "Veja o que um homem faz com uma mulher. Sapata de merda! Chore não, vai chegar sua vez. Não vou gastar tudo com ela não, pode esperar". Saiu de cima de Esmeralda. Olhando para os policiais que seguravam Marina, ordenou: "Comam também! Depois tem essa aí de sobremesa". Agora, era a vez de ele segurar Marina, enquanto Esmeralda, já sem forças, era novamente molestada pelos outros (MM, p. 66).

A princípio parece incalculável a quantidade de violências contidas neste conto. Isso pode ser mais bem entendido a partir de observações de Heleieth Saffioti (2015) acerca da violência contra as mulheres: "As violências física, sexual, emocional e moral não ocorrem isoladamente. Qualquer que seja a forma assumida pela agressão, a violência emocional está sempre presente. Certamente, se pode afirmar o mesmo para a moral" (p. 79). Observa-se, a partir de tais apontamentos, que todas essas violências perpassam a situação vivenciada por Marina e Esmeralda, personagens do conto em análise.

Ademais, as violências simbólica e de gênero não podem deixar de ser pontuadas, visto que ambas parecem acompanhar todas as outras ocorridas no conto. "A violência de gênero, [...] não ocorre aleatoriamente, mas deriva de uma organização social, que privilegia o masculino" (SAFFIOTI, 2015, p. 85). Sendo assim, as agressões de homens contra mulheres advêm de uma "organização social de gênero baseada na virilidade como força-potência-dominação" (op. cit.), "uma relação de dominação e controle típica da nossa cultura machista" (DUARTE, 2017, S/N). É baseado nesse controle que o sargento violenta as duas mulheres e tem certeza da impunidade: "não gostaram? Vão reclamar no inferno!" (MM, p. 66), já que ele estava duplamente imunizado, enquanto homem e figura de autoridade.

Nessa discussão, a violência simbólica também é sintomática, uma vez que ela causa danos morais e psicológicos, e é constantemente retroalimentada pelas estruturas simbólicas do poder (Cf. BOURDIEU, 2012). Primeiramente, é importante ressaltar a imagem do sargento enquanto representação simbólica do abuso policial contra a população negra. Esse modelo também, além de sustentar o ápice do abuso do poder, ainda representa uma alegoria do sistema de desigualdade, que restringe o lugar de homens e mulheres na pirâmide social, considerando-se que Marina e Esmeralda são mulheres, negras e lésbicas, o que as distancia ainda mais do homem, branco e heterossexual.

Ao discutir nuances da violência simbólica, Pierre Bourdieu (2012) afirma que,

> a dominação masculina encontra, assim, reunidas todas as condições de seu pleno exercício. A primazia universalmente concedida aos homens se afirma na objetividade de estruturas sociais e de atividades produtivas e reprodutivas, baseadas em uma divisão sexual do trabalho de produção e de reprodução biológica e social (p. 45).

Sendo assim, a partir de uma construção cultural que reforça constantemente uma hierarquia entre homens e mulheres, a violência de gênero se perpetua valendo-se também da violência simbólica, já que as estruturas de dominação são *"produtos de um trabalho incessante (e, como tal, histórico) de reprodução,* para o qual contribuem agentes específicos (entre os quais os homens, com suas armas como a violência física e a violência simbólica) e instituições, famílias, Igreja, Escola, Estado" (BOURDIEU, 2012, p. 46, grifo do autor). E, no caso do conto aqui analisado, a família, através da intimidação, e o Estado, por meio da repressão policial e violência, garantem as estruturas de dominação. Por isso, como afirmado anteriormente, elas "mantinham-se discretas, não moravam juntas para evitar constrangimento" (MM, p. 63). Ademais, outros agentes sociais consolidam a vigilância: "Neste horário, o edifício está silencioso, os condôminos recolhidos, os porteiros dominados pelo sono e as câmeras de vigilâncias desligadas" (MM, p. 64). Assim, sob um constante e insidioso controle no espaço público, somente no espaço privado e restrito, as duas iguais podem aparentemente vivenciar o amor.

Sobre dominação masculina, é possível algumas reflexões. No início do século XX, Virginia Wolf (1985), em *Um teto todo seu,* reivindicava um quarto próprio e a independência financeira para que as mulheres pudessem escrever. Pensando nesse espaço próprio não apenas como um lugar para escrita, "um teto todo seu" e independência financeira possibilitariam às mulheres acesso aos bens tangíveis e intangíveis. No entanto, ao aproximar tal reflexão da realidade vivida pelas mulheres, observa-se, com os apontamentos de Beauvoir (1990), que "a mulher que se liberta economicamente do homem nem por isso alcança uma situação moral, social e psicológica idêntica à do homem" (p. 505), uma vez que ela continua dominada pelo poder simbólico, pois "ela não tem atrás de si o mesmo passado de um rapaz" (Op. cit., 505). Dessa forma, ao retomarmos o conto em análise, percebe-se que Marina e Esmeralda, embora sejam independentes e possuam apartamento próprio, estarão sobre constante vigilância, em quaisquer ambientes ocupados, devido às suas condições de gênero.

Dentro desse universo de dominação, também cabe comentar a reação de Esmeralda no momento da abordagem policial: por "distração ou instinto, segurou a mão de Marina" (MM, p. 65). Acerca da violência simbólica, Bourdieu sinaliza a chamada "intuição feminina" nesse universo: "o que chamamos de 'intuição feminina' é, em nosso universo mesmo, inseparável da submissão objetiva e subjetiva que estimula, ou obriga, à atenção, e às atenções, à observação e à vigilância necessárias para prever os desejos ou pressentir os desacordos" (2012, p. 42). Sendo assim, a insegurança demonstrada pela jovem é bastante sintomática, já que ambas se precaviam constantemente de uma possível violência, escondendo o relacionamento lesboafetivo até mesmo de seus familiares. Assim, "prever desejos ou pressentir desacordos" para aquelas duas mulheres, negras e lésbicas, se consolida como tarefa diária.

Sobre os espaços ocupados por mulheres negras e lésbicas, a narrativa possibilita também outra leitura desses lugares. Aqui, os espaços públicos e privados aparecem enquanto ambientes violentos e controlados, sobretudo, pelo poder simbólico. Essa representação aproxima-se bastante da realidade social quando constatado o alto índice de violência contra mulheres negras e o silenciamento dos números de agressões contra negras lésbicas. Sendo assim, pode-se considerar que a intelectual Miriam Alves traz a representação dessa realidade hostil para a literatura como forma de denúncia, alerta e cobrança.

A violência sexual voltará a aparecer em *Mulher Mat(r) iz*, na forma de estupro, no conto "Cinco Cartas para Rael". Em umas das Cartas, a personagem-narradora relembra o caso de uma das clientes do psicólogo que foi estuprada na saída de um baile: "Fiquei calada, pensamento girando, tentando imaginar relação sexual forçada, violenta. Revoltei-me ao saber que tinha lhe sobrado um feto sífilis e muito a pensar, reformular na vida" (MM, p. 73). Aqui, se não bastasse a violência sexual, o estupro ainda deixa consequências emocionais e físicas. Diante da brutalidade, a narradora indaga: "Questionava-me se a indignação baseava-se no estupro, ou no fato de o estuprador ser branco, de boa aparência, gentil que ofereceu uma carona para ela" (MM, p. 73). Realmente, como afirmado pela narradora, isso não importa. O que fica é o incômodo de uma situação que facilmente aproxima-se da realidade social extremamente perversa, principalmente para as mulheres.

Ainda sobre agressões contra mulheres, a violência de gênero, permeada pela violência sexual, foi também tema de outro conto da coleção: em "Xeque-Mate", três amigas, ao se reencontrarem, revivem na sala de embarque de um aeroporto o drama de um passado violento. A culpa por ter sido assediada na adolescência tortura Irene por mais de vinte anos: "Depois daquele final de semana que mudou o rumo de sua vida, se culpava por seu jeito de ser e agir. Esforçava-se, todos estes anos, para apagar a marca da sensualidade [...]. Acusava-se pelo ocorrido naquele domingo" (MM, p. 59-60). Na ocasião, as outras duas amigas salvam Irene das mãos de Carlos, golpeando-o na cabeça. Como se não bastasse isso, as três jovens, ao se sentirem intimidadas pelo assediador, aceitam dinheiro em troca do silêncio sobre o ocorrido: "Ao concordarem, comprometeram a dignidade" (MM, p. 61). Dinheiro dividido e amizade rompida, Irene, Verônica e Cláudia carregam, cada uma a seu modo, a responsabilidade pelo ocorrido. Observa-se que a violência de gênero permeia a narrativa através da culpa carregada pelas jovens. A violência de outrora é rememorada a partir das roupas, da beleza, do comportamento da mulher, aproximando-se do senso comum, que responsabiliza a vítima pelo assédio sofrido, e, mais uma vez, o verdadeiro culpado fica ileso. Aqui, o problema vai mais longe, pois, além de sua condição de gênero favorável, Carlos ainda é rico, o que permite a negociação. No entanto, não se pode desconsiderar a violência simbólica que envolve a narrativa. É fato que elas só aceitam o dinheiro porque se sentem culpadas pelo ocorrido, ou seja, o poder simbólico direciona o comportamento das vítimas.

Retomando "Os olhos verdes de Esmeralda", a escritora Miriam Alves traz para a literatura a temática da violência em suas diferentes nuances. Conforme afirmado anteriormente, a não aceitação da diferença parece ser o estopim para uma infinidade de agressões. Nesse sentido, as violências moral, verbal e física perpassam o conto de forma brutal, consolidando o ápice do preconceito de gênero também no uso do "estupro corretivo". No conto, racismo e machismo também sustentam o discurso da não aceitação da diferença, de forma que Esmeralda e Marina ficam feridas e humilhadas. Sensação semelhante à sentida pelas três jovens de "Xeque-Mate", que sofrem na pele consequências e traumas de uma cultura machista.

Em texto recente, Miriam Alves, ao ser questionada sobre literatura e realismo social, ressalta que "o negro ainda é visto – nesse imaginário da literatura que eu lia naquela época e, ainda hoje, até nos programas de televisão – como o antifamília, o antibrasileiro, o anticidadão. E quando não é assim, é tratado como coitado, o eterno pobre que necessita da caridade alheia"

(ALVES, 2016, p. 173-174). Sobre isso, no conto "Olhos Verdes de Esmeralda", a representação da mulher negra é bastante subversiva. Embora a violência seja o assunto central, conforme mencionado anteriormente, no conto também perpassa a desconstrução de estereótipos de gênero, de raça e de classe. As mulheres negras da narrativa têm família, profissão, curso superior e apartamento próprio. Ademais, a descrição de ambas como bonitas e sensuais escapa de "percepções negativas sobre as lésbicas – degeneradas, pecadoras, loucas, imorais, etc. – [que] foram construídas ao longo do tempo por vários agentes – religiosos, médicos e jurídicos, principalmente – e amplamente disseminadas entre a população por intermédio de diferentes instrumentos" (SANTOS; GÓIS; 2007, p. 74). Mas, ainda que não carreguem os estereótipos de gênero, étnico e de classe, mesmo assim, as mulheres negras da narrativa são estupradas, o que se aproxima da realidade social que aponta as mulheres negras, independentemente de classe social, como estatísticas dessa violência – conforme relatório do Dossiê Mulher 2015, do Instituto de Segurança Pública do Rio de Janeiro, que assinala que 56,8% das vítimas de estupro registrados no estado foram mulheres negras[16]. Sobre o preconceito racial vivenciado pelas personagens, a representação é importante, pois mostra que a manifestação do racismo independe de classe social, uma representação bem próxima da realidade, quando consideramos denúncias de racismo sofrido por artistas televisivos nos últimos dois anos.

Sobre a desconstrução de estereótipos pela literatura negro-brasileira, de acordo com Luiz Silva, o Cuti, "à literatura negra brasileira não cabe a idealização fácil. Pelo contrário, é seu papel fundamental desidealizar o 'negro' e o 'branco', investindo contra os estereótipos" (CUTI, 2012, p. 34). Dessa forma, observa-

---

[16] Conforme Dossiê Mulher 2015, disponível em: <http://arquivos.proderj.rj.gov.br/isp_imagens/uploads/Dossie Mulher2014.pdf>. Não foi usado o relatório 2016, porque o mesmo não faz referência à cor das vítimas.

se que Miriam Alves quebra elementos ideológicos, que legitimam estereótipos, por meio da sua produção literária, como analisado nos contos supracitados. Conforme afirmado por ela: "Os grandes desafios para mim, como escritora, é ficcionar essas coisas, tirá-las das entranhas sociais e tomar cuidado com os condicionamentos frequentes de nos ver através de imagens negativas" (ALVES, 2016, p. 174). Para isso, a intelectual traz para seus textos personagens negras e brancas ocupando espaços díspares, observando principalmente a desconstrução de rótulos.

Ainda nessa perspectiva, ao refletir sobre a produção literária negrofeminina contemporânea, a intelectual Miriam Alves chama a atenção para a percepção das "agruras do povo negro" e a importância de "perceber que, a singularidade e a subjetividade da experiência única de ser mulher negra no Brasil, em seus vários aspectos, são contempladas pela criação dos textos literários, enfocando os mais diferentes aspectos" (ALVES, 2002, p. 72). Nesse sentido, pode-se considerar que a produção literária da autora é atravessada por experiências de identidades femininas negras que se querem diversas, múltiplas e fluidas.

1.1.2 – Suicídio e assassinato: a morte seria a solução?

No prefácio do livro de Neuza Santos Souza, *Tornar-se Negro*, Jurandir Freire Costa, ao refletir sobre a violência do racismo, afirma que "ser negro é ser violentado de forma constante, contínua e cruel, sem pausa ou repouso, por uma dupla injunção: a de encarnar o corpo e os ideais de Ego do sujeito branco e de recusar, negar e anular a presença do corpo negro" (COSTA, 1983, p. 2). Nesse sentido, o sujeito negro se vê constantemente impelido a recusar os traços negroides e adequar-se a uma estética que se aproxime de um ideal branco. E esse processo racista, extremamente agressivo, se perpetua de forma contínua por meio da violência física, emocional ou simbólica.

Conforme afirmado anteriormente, a violência atravessa as narrativas de Miriam Alves, mesmo que seja de forma sutil. No entanto, em algumas delas, a morte se faz personagem, de forma que suicídios e assassinatos passam a ser considerados como opções para sanar problemas, ou como sinônimos de resistência, conforme faziam homens e mulheres negros que foram escravizados outrora. No conto "Um só gole", através de um surto de consciência da narradora-personagem, tem-se acesso aos danos causados pelo racismo. Em meio a reflexões sobre suas angústias e pensamentos suicidas, a narradora relembra o racismo sofrido na infância, o que teria desencadeado a vontade do não-viver.

> Pela ocasião do Natal, Ergos faria representar o nascimento de Jesus. Na escolha das personagens, eu escolhi ser Maria. Foi um riso só. Ria Ergos. Riam os meus colegas, menos o Joãozinho, que queria ser José Carpinteiro. Fiquei olhando todos, magoada, sem entender. Ergos tentou convencer-me a fazer a camponesa "Não, dizia eu". Afinal, tinha me saído bem no papel anterior. Os risos aumentavam de intensidade. Diante de minha obstinação, Ergos disse: – "Maria não pode ser da sua cor". Chorei. Lágrimas corriam entrecortadas por soluços. Isto fazia a hilaridade da criançada que improvisava o coro: – "Maria não é preta, é Nossa Senhora. Maria não é preta, é mãe de Jesus" (MM, p. 82).

Nota-se na narrativa que Maria Pretinha, ao ocupar o espaço público, a escola, ainda criança, se depara com as consequências da escravidão, na forma de racismo. A menina negra, personagem ideal para representar a escrava humilhada, não se encaixa no papel de Maria, "mãe de Jesus". De acordo com as lembranças da moça, foi a partir daí que ela começou a "ausentar-se de [si]" (op. cit., p. 82). Assim, ferida pelo racismo, a narradora, ainda criança, já começa a sofrer os traumas advindos do preconceito. Trauma esse que a acompanhará, rumo à margem, ao longo de sua vida: "Afastei-me para nunca mais voltar" (op. cit., p. 82).

Dessa forma, será primordial na análise dessa narrativa realizar observações sobre o espaço ocupado pela narradora-personagem: "Os meus pés levam-me sem rumo, como sempre. O que importam os rumos? Num estalo de segundo, percebi que eu estava margeando o rio Mandaqui, andando numa marcha abobalhada, de lá para cá, daqui para lá" (MM, p. 80). "Um só gole" passa-se predominantemente nas margens do rio fétido. No entanto, esse (não)lugar[17] vivido por Maria Pretinha é bastante sintomático na narrativa, uma vez que, conforme observado pela professora Regina Dalcastagnè, ao observar o espaço urbano na literatura brasileira contemporânea, "para essas pessoas, ocupar um espaço é sinônimo de se contentar com os restos – as favelas, a periferia, os bairros decadentes, os prédios em ruínas. Mesmo o trânsito por determinados lugares e ruas lhes é vetado" (2012, p. 120). Sendo assim, de fato, o espaço da cidade acaba se consolidando enquanto "território de segregação" (op. cit., p. 120), onde a mulher negra é relegada à margem, à pobreza, à submissão.

Ao ser preterida no espaço público, o que se reflete também no seu comportamento no espaço privado, na imagem da mulher solitária, a personagem passa a viver à margem da sociedade em virtude de "suas ausências". Na tentativa de adequar-se, os cabelos foram (trans)formados: "Insanamente, me armei de pente-de-ferro-quente e, a todo vapor, tratei de amansar a rebeldia de meus cabelos. [...] Tentando apagar o vozerio, alisava os cabelos. Alisava-os. Esticava-os até não mais poder" (MM, p. 83). Sendo assim, observa-se uma tentativa de livrar-se do preconceito racial através da adequação de sua imagem a um padrão estético, nesse caso, o cabelo liso.

Sobre isso, alguns apontamentos de Bourdieu acerca da violência simbólica podem complementar as análises. De acordo

---
[17] Uso o termo (não)lugar de forma simbólica, sinalizando o ambiente de marginalização e exclusão ocupado por algumas personagens, não fazendo referência direta ao conceito cunhado por Marc Augé (1994), que relaciona não-lugar a espaços públicos, de circulação transitória.

com o teórico, "os dominados aplicam categorias construídas do ponto de vista dos dominantes às relações de dominação, fazendo-as assim ser vistas como naturais. O que pode levar a uma espécie de autodepreciação ou até de autodesprezo sistemáticos" (BOURDIEU, 2012, p. 46). Dessa forma, pode-se entender que o racismo se perpetua através da violência simbólica, já que Maria Pretinha tenta responder à discriminação racial através da adequação ao padrão de beleza vigente. No entanto, ainda assim se sente fora do lugar: "Cicatrizes e cabelos falsamente lisos complementavam a desfiguração. Eu sou uma triste caricatura borrada" (MM, p. 84). Nesse momento, marca a narrativa um campo de tensão: de um lado existe a tentativa da personagem de adequar-se ao padrão – movida pela vergonha de ser o que era –, de outro, em virtude de um acidente, o rosto, transfigurado por uma cicatriz branca, estampa a vergonha e culpa por tentar mudar sua aparência.

Nesta discussão é também importante lembrar as consequências da violência do racismo representadas no conto, para além dos espaços públicos e privados, mas na construção de uma subjetividade rasurada da narradora-personagem, que ao longo do texto mostra-se perturbada, fazendo do desejo de embranquecer a ânsia da própria extinção (Cf., SOUZA, 1983). Nesse sentido, a recorrência da zombaria dos colegas de escola de outrora marca os momentos de conflitos, da mesma maneira que a presença de palavras que indicam desamparo – margens, morte, sumir, náufraga, medo, imóvel, febre, arrastar, abandono, lágrimas, calos, sarjeta – marca um *locus horrendus*, emergido no "medo de viver".

No entanto, "em seu múltiplo papel de refletir e participar da cristalização de valores, a literatura age, também, no sentido de aprofundar, superar e contribuir para o engendramento de novas contradições sociais" (CUTI, 2012, p. 21). Assim, no final da narrativa, apesar das cicatrizes físicas e psicológicas, a narradora-personagem, prestes a se suicidar, descobre-se bonita ao ver sua imagem refletida no lodo do rio. Aqui, Maria Pretinha também se livra das amarras da violência simbólica, uma vez que não se reconhece mais no padrão imposto. Nesse processo, a tríade de cores escuras que se intensifica e se sobrepõe – o lodo, o asfalto e a cor preta da personagem – revela o reflexo de uma mulher bela e com vontade de viver. Por conseguinte, a chuva, mera expectativa no início do conto, molha o corpo da mulher, e, numa espécie de ritual místico, traz dinamicidade à narrativa, de forma que o rio, antes inerte feito asfalto, volta a mover-se, e viver passa a ser uma opção: "Em pé, olhei-me novamente no espelho: não rastejava mais, não portava mais inconvenientes corcundas. Soltei-me em emoções. Abracei-me à vida. Caminhei" (MM, p. 85).

Apesar da densidade da temática do conto, que traz consequências traumáticas do racismo, o texto termina com a solução do conflito da personagem. Sobre isso, Augel (2016) observa que:

> Um tal final feliz como foi o de "Um só gole" é compreensível se pensado no caráter de exemplo e de incentivo da literatura afro-brasileira. Acreditando na força da sua palavra, que pode mudar as circunstâncias do presente, denunciando os aspectos negativos do momento atual, abrindo ao mesmo tempo uma alternativa para um futuro melhor, Miriam Alves, tal como os demais autores e autoras afro-brasileiros, convencidos do seu papel como mentores intelectuais e representantes de uma vanguarda, vê a literatura também como possuidora da função didática de formar a personalidade dos seus concidadãos, levando-os a uma maior auto segurança, fazendo-os orgulhosos de si mesmos e das suas origens (AUGEL, 2016, p. 10).

Conforme apontado pela pesquisadora, a mudança de perspectiva de Maria Pretinha no final da narrativa pode ser entendida a partir do compromisso da literatura negro-brasileira na busca de transformar a realidade. Ou seja, Miriam Alves, através do seu papel enquanto intelectual, por meio da literatura, traz a representação da mulher negra superando os obstáculos do racismo enquanto exemplo para outras mulheres negras. "Escritores negros que, produzindo no Brasil, optaram pelo rompimento com o silêncio ideológico do racismo, aportaram ao leitor que se permite 'perder-se' no ato da leitura inúmeras respostas acerca da convivência inter-racial" (CUTI, p. 2012, p. 34). Sendo assim, a superação da narradora-personagem fornece ao leitor um novo olhar sobre a chamada democracia racial, uma vez que o racismo aparece como denúncia e as consequências deste são danosas.

Nessa perspectiva, o título, "Um só gole", permite um duplo sentido: pode estar relacionado aos pingos de chuva, no final da narrativa, que serão o suficiente para que a moça (re)viva, (re)nasça da sarjeta em que se encontrava, ou ainda à possibilidade de morrer com um só gole da água do rio fétido, uma vez que o suicídio também pode ser uma forma de resistência, conforme apontado anteriormente: "Atirar-me? Não me atirar??? Aonde? No rio? Da minha vida? Do Mandaqui?" (MM, p. 81).

A violência do racismo, respaldada por um racismo à brasileira[18], atravessa outros contos de *Mulher Mat(r)iz*, por exemplo, o próprio "Os Olhos verdes de Esmeralda", analisado anteriormente. Nessa narrativa, as personagens são agredidas física e emocionalmente também em virtude de sua condição racial. Nesse sentido, o trecho "um processo correndo sem testemunhas" (MM, p. 69), fechamento do texto, denuncia a fragilidade da lei: "só são consideradas discriminatórias atitudes preconceituosas tomadas em público. Atos privados ou ofensas de caráter pessoal não são imputáveis, mesmo porque precisariam de testemunha para a confirmação" (SCHWARCZ, 2012, p. 209). Salvo ressalva que as moças foram agredidas no espaço público, esse aspecto

---

[18] De acordo com a pesquisadora Lilia Moritz Schwarcz (1998), "Tudo indica que estamos diante de um tipo particular de racismo, um racismo silencioso e sem cara que se esconde por trás de uma suposta garantia da universalidade e da igualdade das leis, e que lança para o terreno do privado o jogo da discriminação" (p. 182).

também se aproxima de "Um só gole". Contudo, testemunhas não são suficientes para denunciar a violência sofrida, uma vez que essas também são coniventes com o racismo.

Em "A cega e a negra – uma fábula", Miriam Alves apresenta a mesma denúncia. Aqui, o racismo à brasileira é mais arguicioso, não confronta o sujeito negro diretamente, mas se vale de estratégias sutis para selecionar ou restringir o acesso desse a determinados espaços. É justamente a partir da percepção de tais restrições que a personagem Cecília questiona: "Não entendia por que as portas giratórias não giravam na sua vez de adentrar o recinto. Passou a não portar mais bolsa, somente o necessário nos bolsos. Mesmo assim, lá vinha a voz do segurança: 'Tem chave? Guarda-chuva? Celular? Moedas? Objetos metálicos?" (MM, p. 33). No conto, a união de Cecília, mulher negra, com Flora, deficiente visual, faz-se potente no combate ao racismo, sobretudo, porque se subentende que Flora seja rica, logo, "Cecília livrava-se das travas das portas do mundo. Os porteiros e seguranças, com salamaleques, abriam as portas, envoltos em sentimentos de piedade e puxa-saquismo" (MM, p. 35).

Fechando a coletânea, o conto "Brincadeira" volta a trazer a violência do racismo como foco. Nessa narrativa, diferentemente das demais, a vítima reage à "brincadeira racista" e faz justiça com as próprias mãos.

> Zinho resolveu ignorar e seguir em frente. Não queria se atrasar para a aula. Os maiores cercaram-lhe o caminho, derrubando-o. Livros e cadernos espalhados no chão da rua enlameada. O esforço do seu Raimundo coberto de lama vermelha. Zinho não mediu tamanho nem idade. Atingiu um deles na perna, derrubando-o. Continuou fazendo justiça. Empunhava a lei. Batia. Batia. Batia, ignorando os gritos vindos do chão. Os outros tentaram apaziguá-lo: "Ei, menino, é brincadeira" (MM, p. 87).

"Brincadeira", texto curto, de longo fôlego, incomoda e denuncia a violência das brincadeiras racistas. João, o menino inteligente, que sabia o peso das responsabilidades em relação aos sonhos da família, bate e mata, cobrando de seus agressores o suor do pai para comprar o material escolar. Mas, ao mesmo tempo, o sangue de seu algoz "tingia o material escolar novinho, melando o sonho de João, Raimundo e Josefa" (MM, p. 87), e impingindo João, o Zinho, garoto aplicado, rosto negro e miúdo, sorriso brilhante, portador de uma felicidade infantil, a uma espécie de "morte social" (Cf., Cruz, 2010).

É bastante sintomático observar que o último conto da coleção apresenta a violência do racismo levada às últimas consequências. Uma leitura possível denuncia o quanto o racismo é perverso, roubando sonhos e transformando vítimas em algozes. Nesse sentido, ao aproximar essa representação do realismo social, questiona-se quantos meninos negros, menores infratores, não carregam consigo as consequências de uma brincadeira racista, sendo condenados pela sociedade mesmo antes de crescerem plenamente.

Logo, percebe-se que nos contos supracitados o preconceito racial atravessa as narrativas negro-brasileiras que trazem a representação das possíveis consequências advindas dessa violência. "A escrita será, portanto, um espaço de resistência, a literatura afro-brasileira abrirá caminhos dantes obliterados pelos preconceitos, lançando mão da crítica e reflexão como substratos" (FIGUEIREDO, 2009, p. 103). Para isso, a escritora e intelectual Miriam Alves faz da escrita negra instrumento de denúncia, afinal, conforme afirmado pela autora em entrevista, "a ação de militante maior de um escritor é escrever, produzir textos [...]. Escrever é uma ação política" (ALVES, 2016, p. 175).

Já em outro texto da coletânea, "Alice está morta", a mulher negra nela representada não consegue livrar-se dos percalços cotidianos: "tomava grandes porres de esperanças que a deixava aturdida quando a bebedeira passava" (MM, p. 37). Nessa narrativa, diferentemente das demais, o então companheiro de Alice é quem narra seus descompassos.

A moça, que "se embriagava de esperança, fumando estranhos cigarros de crença [,] dopava-se" (MM, p. 38) mesmo antes de ir morar com o narrador. Ele, "desquitado há anos, com mulher e filhos espalhados neste mundo de Deus, tratava-a como amiga" (op. cit., p. 38). Ambos trabalhavam fora e tentavam lidar com a nova relação. Relação essa que Miriam Alves, através do uso de imagens poéticas, descreve como uma relação de mútua dependência.

O conto fala de amor, dor, cuidado e morte. A narrativa começa e termina da mesma forma, o narrador com Alice, semelhante "boneca negra de pano" (MM, p. 37), no chão, nos braços, no colo. Assim, através da técnica de *flashback*, o narrador faz reflexões do seu relacionamento com Alice ao carregá-la durante a madrugada. "Crescia entre nós algo sem nome, mas tinha cara de ciúmes. E, noutras oportunidades, tinha caras de medo" (MM, p. 38). No entanto, descobertas são feitas naquela ação habitual: "De repente entendi: eu amava Alice. Eu a amava. Monótono e cotidiano. Amava-a. Estava sempre por perto. Forcei lembranças. Revivi o jeito gracioso como ela tirava os anéis, um de cada vez" (MM, p. 39).

Ao discutir as principais nuances desse texto, o reconhecimento do próprio narrador da adoração que ele sente pela moça faz-se importante, uma vez que naquela mesma noite ele mata-a. Sobre esse aspecto, considerações de Maria Odila Dias sobre morte e resistência de mulheres negras que foram escravizadas são pertinentes, já que esse texto parece ficcionalizar a história: "Seguir vivendo em ambiente tão hostil exigiu força, inteligência, capacidade de adaptação e, sempre que possível, rebeldia. É como se, a todo momento, fosse preciso inventar formas de não morrer, não adoecer e não enlouquecer" (DIAS, 2012, p. 360). No entanto, por vezes, resistir aos castigos excessivos torna-se impossível em vida e matar a pessoa amada e/ou suicidar-se passa a ser uma forma de confrontar as adversidades. Por exemplo, na atualidade, temos relatos de mulheres cativas que mataram suas filhas para não vê-las escravas: "Matou a própria filha e tentou se matar. [...] 'Assim ela nunca saberá o que uma mulher sofre como escrava'" (DAVIS, 2016, p. 34-35).

Nesse processo, considerando que a literatura escrita por mulheres negras constantemente revisita a história – ficcionalizando as vivências da população negra, principalmente –, o assassinato do ente querido pode ser interpretado enquanto "prova de amor" ou empatia pela situação vivida, visto que a morte pode ser interpretada como privação do martírio. É apegado a isso que o narrador-personagem justifica o assassinato de Alice:

> Começou a esmurrar-me. Exigia suas alegrias de volta. Arranhou-me o rosto na altura da barba recém escanhoada. Doeu. Doeu mais não ter o que ela pedia. Não havia nem pra mim. O poço estava seco. Tinha apenas para continuar acordando, dormindo, trabalhando, tomando cerveja nos dias de pagamento (MM, p. 40).

No entanto, embora haja a possibilidade por mim escolhida de aproximar literatura e alusão histórica para "justificar" a escolha do narrador, não se pode deixar de destacar o comportamento machista do narrador ao decidir o destino da moça, mesmo considerando uma dita "intenção boa" de acabar com o sofrimento da mesma. Nota-se que a relação é saudável e ideal enquanto Alice não impõe nenhuma condição: "era o meu par perfeito. Não exigia nada" (MM, p. 38). Nesse sentido, a escolha do título, "Alice está morta", aponta para uma corrente interpretativa que já estabelece o (não)lugar da moça na história: "Ela resmungava e choramingava. Queria vida. Será que ela sabia o que isto significava?" (MM, p. 39). Mais uma vez, a fala do homem paternal vem indicar um caminho, nesse caso, apontando a morte como opção.

Nessa corrente interpretativa, o título do conto, "Alice está morta", também é bastante sintomático, uma vez que os leitores não têm acesso às percepções de Alice. Dessa forma, desde o princípio, ao seguir o foco narrativo, infere-se que a moça já estaria morta em vida. Será? A dúvida faz-se coerente já que em determinado momento o narrador diz que Alice "queria esperança" (MM, p. 40), "queria vida" (MM, p. 39) e "exigia suas alegrias de volta" (MM, p. 40), quereres próprios de uma pessoa que anseia por viver.

Sobre esse relacionamento, há que se considerar que a narrativa gira em torno de uma união prestes a terminar. Monotonia, brigas, discussões marcam o quase fim. No entanto, é oportuno destacar que parece perpassar o conto uma tentativa do narrador relegar Alice, mulher negra, ao espaço privado: "Raramente saímos. Para quebrar a rotina, aceitamos um convite para festa. [...] Ela arregalou decididamente a órbita, abriu desmedidamente a boca. Cambaleou. Adiantei-me para apanhá-la. Não queria vexames em público" (MM, p. 39). Aliados a isso, notam-se aspectos da violência moral e simbólica na construção da imagem de Alice pelo narrador, uma vez que em diversos momentos do conto ele desqualifica a personagem feminina, por meio de um discurso protetor. Os pesquisadores Rubenil da Silva Oliveira e Elio Ferreira de Souza (2015), ao discutirem o conto supracitado afirmam que,

> a personagem feminina é inferiorizada a partir do uso dos termos "bebê", "leve" e dos cuidados e proteção que ele [o narrador] conta nas situações em que cuidava de Alice. Esse conjunto de marcas leva o leitor a perceber a construção da fragilidade feminina como um mito reforçado pelas ideias do narrador (OLIVEIRA; SOUZA, 2015, p. 235).

Ademais, a fragilidade de Alice, como dito anteriormente, é construída também através do uso da bebida alcóolica e dos cigarros, o que exigiria os cuidados constantes do narrador. Enfim, a exposição pública dá outro rumo a história:

> O vexame diante dos amigos, o safanão dado e o desvencilhamento causam no narrador a irritação fazendo-o

> pensar na convivência sem nenhum encanto dos dois, na falta de notícias dos filhos e isso faz com que ele odeie Alice e a culpe por seu infortúnio. Porém, mesmo que se confessasse amando-a, ele resolve matá-la e lançar o seu corpo sob os dejetos, oferecendo-a a Exu e saudando a Omolu. Mais uma vez, retoma-se a presença da religiosidade de matriz africana (OLIVEIRA; SOUZA, 2015, p. 238).

Dessa forma, a escritora Miriam Alves, mediante nuances do suicídio e assassinato, denuncia a situação precária vivida por mulheres negras através da literatura. Assim, nos contos supracitados, a violência atravessa os espaços públicos e privados ocupados por mulheres negras. De forma que o racismo aparece enquanto causa e elemento desencadeador da narrativa, como no texto "Um só gole", ou tangenciando-a, como em "Alice está morta", quando nos deparamos com a violência simbólica vivenciada no cotidiano de mulheres negras, que procuram recursos em bebidas alcoólicas, nos cigarros ou nas drogas como forma de suprir a carência, a depressão ou o preterimento.

Somando-se a isso, retomando alguns contos discutidos neste tópico – "Olhos Verdes de Esmeralda", "Um só gole", "Xeque-mate", "A cega e a Negra", "Alice está morta" – é sintomático o espaço predestinado às mulheres: Maria Pretinha passa a maior parte da narrativa às margens de um rio fétido; Alice é jogada ainda viva em uma "ribanceira usada como lixão e desova de presunto de polícia" (MM, p. 40); Irene, Marina e Esmeralda têm seus corpos violados, enquanto Cecília luta para "destravar todas as portas" do preconceito. Nessas representações é possível empreender a denúncia do corpo negro, principalmente o feminino, tido como sujo e violado, por isso ocupando o espaço das margens ou da submissão, o que denuncia uma (des)ordem social que enquadra o (não)lugar da mulher negra na sociedade.

Ao analisar três visões literárias da violência, o professor e pesquisador Adélcio de Souza Cruz (2010) traz reflexões bastante oportunas acerca da aproximação entre o real e a ficção:

> Essa comparação entre textos que transitam pelo real e [...] entre outros que se baseiam nele para criar personagens pode não ser vista com bons olhos por parte da crítica literária mais afeita ao "sublime" ou à supremacia do "gênero" romance sobre outras formas narrativas. [...] Em tempos de naturalização do genocídio, não se pode apenas se esconder atrás do argumento de que tudo publicado sob o label "literatura" é "apenas ficção" (CRUZ, 2010, p. 3, grifo do autor).

Embora em sua pesquisa o professor compare romance, crônica e conto de três escritoras brasileiras diferentes, suas observações podem ser consideradas na análise da coletânea aqui analisada. Miriam Alves, na apresentação do livro *Mulher Mat(r)iz*, destaca: "os contos aqui reunidos revelam o universo da mulher afro-brasileira em suas várias possibilidades vivencial-afetivas" (ALVES, 2011, p. 21). Dessa forma, agressões contra as mulheres, em suas múltiplas nuances, ao fazerem-se presença constante na realidade de mulheres negras, também atravessam a ficção contística negrofeminina. Por isso, os pesquisadores Rubenil da Silva Oliveira e Elio Ferreira de Souza (2015), ao fazerem considerações sobre a produção contística de Alves, apontam a escritora como "uma voz que se levanta contra as formas de violência a que estão sujeitas as mulheres" (p. 238). Atuação essa que se aproxima da proposta do feminismo negro.

Ao observar os contos de Miriam Alves a partir de uma ficcionalização da realidade, considerando reflexões acerca das consequências do racismo e sexismo na vida de mulheres negras, é possível aproximar essa literatura negrofeminina da agenda do feminismo negro. De acordo com Sueli Carneiro, "pensar a contribuição do feminismo negro na luta anti-racista é trazer à tona as implicações do racismo e do sexismo que condenaram as mulheres negras a uma situação perversa e cruel de exclusão e marginalização sociais" (CARNEIRO, 2003b, p. 129). Dessa forma, considero que a literatura de Alves também perpassa esse caminho, no sentido de trazer a violência racial e de gênero para a discussão buscando "o reconhecimento da necessidade de políticas específicas para as mulheres negras para a equalização das oportunidades sociais" (op. cit., p. 130). Além disso, seus contos "também formulam questões para uma nova ordem de maior autoestima, tolerância e solidariedade" (CUTI, p. 2012, p. 34).

1.2 – Solidão, mesmo que acompanhada

1.2.1 – "Não, não tenho ninguém!": mulheres negras – homens brancos

bell hooks (2006), ao discutir a questão da afetividade, ressalta que "muitas mulheres negras sentem que em suas vidas existe pouco ou nenhum amor. Essa é uma de nossas verdades privadas que raramente é discutida em público. Essa realidade é tão dolorosa que as mulheres negras raramente falam abertamente sobre isso" (p. 188). Sendo assim, trazer peculiaridades das relações amorosas da mulher negra para o espaço literário é de extrema importância para dar visibilidade a questões aparentemente privadas que, na verdade, estão entrelaçadas a demandas públicas, na medida em que, de acordo com a pesquisadora, as dificuldades de amar, permeadas pelo sentimento de inferioridade nutrido por mulheres negras, advêm do contexto escravocrata: um momento em que seus familiares, amores ou pessoas próximas eram mortos, vendidos ou apanhavam sem motivo.

E é justamente essa ausência da consolidação amorosa que perpassa a maioria dos contos de *Mulher Mat(r)iz*. Em "Minha flor, minha paixão", por exemplo, a voz narrativa feminina e negra relata para uma ouvinte desconhecida as desilusões vividas em um relacionamento afetivo. A mulher, que possui um companheiro e um filho, constantemente declara-se sozinha: "Não, não tenho ninguém. Sim, moro com um homem alto, olhos claros, cabelos castanhos lisinhos, lisinhos. Ele foi meu galã, minha flor, minha paixão. Agora está velho, moro com ele há mais de vinte anos... Mas não tenho ninguém, não" (MM, p. 44). Aqui, a violência psicológica se faz presente, e a mulher, já sem saúde, carrega a dor e a debilidade física como consequências de um relacionamento mal sucedido.

À medida que a narrativa prossegue, percebe-se que a narradora está respondendo constantemente questões feitas por uma interlocutora que a socorre enquanto ela vai ao hospital e tenta entender os motivos do seu desamparo. "Tem dias, como hoje, que não consigo chegar, passo mal no ônibus e tenho que descer. É raro alguém como a senhora me ajudar, ficando ao meu lado até eu recuperar o fôlego e esta tonteira passar" (MM, p. 44). No entanto, o texto é narrado em primeira pessoa, não havendo um deslocamento do foco narrativo, e a assertiva "Não tenho ninguém, não" torna-se recorrente, e instaura-se uma tentativa constante de esclarecer os motivos da solidão da mulher, apesar de ela ter companheiro e filho.

Ao longo do texto, com certa frequência, o depoimento é silenciado por um dos sintomas da doença, uma tonteira, que a impede de transitar ou de prosseguir com o "diálogo". Nessa conversa sobre solidão, a narradora também fala a respeito do filho:

> Tenho um filho de vinte anos, peguei para criar. Sabe? Um mulatinho que salvei ainda bebê de sua mãe loira bêbada, que engravidou de um negro muito bonito. Ela tentou jogá-lo em um bueiro num dia de chuva forte... Eu o salvei! Sobreviveu, é um rapagão forte, faz até judô, mora comigo também. Mas eu não tenho ninguém (MM, p. 44).

Acerca do relacionamento da narradora com o filho adotivo, a narrativa não explora as nuances desse desencontro, já que em linhas adiante será empreendida uma atenção especial ao relacionamento amoroso mal sucedido. No entanto, o texto mostra-se rico ao problematizar, mesmo que de forma sutil, a relação mãe e filho, já que se espera, em virtude de uma espécie de consenso social que, uma vez que a personagem impediu que a mãe legítima do menino o jogasse no bueiro, ele deveria, ao menos, cuidar dela na velhice. No entanto, sabe-se que o abandono da mulher negra também está associado ao desamparo de outras pessoas do grupo familiar. A representação constante da mulher negra sozinha e estéril ao longo da literatura brasileira, estudada pelo professor Eduardo de Assis Duarte (2010), dialoga com essa rejeição (Cf. DUARTE, E., 2010b).

Outra questão que merece atenção é a problemática em torno de relacionamentos inter-raciais que atravessa o texto. Aqui, na representação do espaço privado, temos dois relacionamentos frustrados, o da narradora e seu companheiro, foco central do texto, e aquele que existiria entre os pais e o filho adotivo. Embora os dois relacionamentos sejam fracassados, não atravessa a narrativa um discurso contrário à união inter-racial, mesmo porque, em outros textos de Miriam Alves, temos acesso à união inter-racial bem sucedida, a exemplo de Flora e Cecília, nessa mesma coletânea. Contudo, nota-se uma idealização por parte da personagem-narradora em relação ao seu companheiro, que ao longo do conto é tido como "sua flor, sua vida".

Frantz Fanon (2008), ao discutir o encontro entre negros e brancos, atenta para a relação entre mulher negra e homem branco, questionando em que medida essa aproximação torna-se (im) possível enquanto não se elimina um sentimento de inferioridade que perpassa essas relações (FANON, 2008, p. 54). Em vertente semelhante, a pesquisadora Gislene Aparecida dos Santos (2004) problematiza comportamentos de "mulheres negras que buscam no homem branco a forma de sua aceitação e promoção social"

(p. 39), visando questionar "um relacionamento em que uma das partes é identificada (social, cultural e psicologicamente) com os valores positivos e a outra com os valores negativos" (p. 34). Fato esse representado no conto em estudo, onde o companheiro da personagem-narradora é identificado de forma positiva, já que sua descrição física aproxima-se do padrão ocidental de beleza: "alto, olhos claros, cabelos castanhos lisinhos, lisinhos" (MM, p. 44), em contraste com a descrição psicológica da narradora, que se mostra frágil, dependente e solitária.

Em relação à possibilidade de promoção social devido à união inter-racial, enfatizada por Santos (2004), Miriam Alves também explora essa abordagem. No entanto, aqui é a mulher negra quem literalmente financia o companheiro e garante o seu *status* social favorável:

> já trabalhei duro. Sustentei aquele homem, a flor da minha vida, pelo qual me apaixonei. Lindo, arrumado, de unhas aparadas, cabelo cortado e sempre de terno, sempre alinhado. Meu galã inteligente, estudado, até hoje no emprego que arrumei para ele. [...] Minha vida era ele. Trabalhava e entregava tudo para ele. Um prazer muito grande eu tinha ao vê-lo sair todo arrumadinho, dirigindo o meu carro, para trabalhar (MM, p. 44-45).

Ao longo da narrativa, conforme dito anteriormente, é possível uma leitura em torno da problemática apontada por Fanon (2008) sobre a complexidade de relacionamentos em que uma das partes sente-se inferior. Assim, como que fadada ao fracasso, a relação amorosa da narradora não se sustenta, uma vez que é amparada apenas pela mulher, que tenta garantir o relacionamento através da concessão de bens materiais: "Eu achava normal, nunca tive homem antes" (MM, p. 45). Uma justificativa para tal comportamento da personagem pode estar relacionada à solidão e ao sentimento de inferioridade constantemente alimentado por uma cultura que desvaloriza as mulheres negras – "identificadas com os valores do branco, [elas] não podem amar a si mesmas" (SANTOS, 2004, p. 34) –, sustentando uma dinâmica onde a "categoria cor é um elemento que diferencia o estado conjugal das mulheres" (SOUZA, 2008, p. 58), conforme apontado também por Lilia Moritz Schwarcz (2012), ao considerar as relações matrimonias brasileiras.

Sobre isso, a pesquisadora Claudete Souza aponta que

> manifestações populares artísticas denotam uma faceta jocosa e ao mesmo tempo impiedosa, reforçando os estereótipos negativos criados, que refletem os costumes das classes dominantes e funcionam como vaticídio quanto ao destino conjugal da mulher negra (SOUZA, 2008, p. 58).

Sendo assim, pode-se afirmar que, carentes de afetividade, e inseridas em um sistema racista que constantemente se retroalimenta, mulheres negras, a exemplo da personagem de "Minha flor, minha vida", sentem-se inferiorizadas e, consequentemente, transferem para o outro valores positivos, criando assim uma dependência emocional. Isso pode ser observado no conto, ao atentar para os adjetivos positivos que a personagem atribui ao companheiro, mesmo depois da decepção amorosa. Nesse sentido, o uso do pronome possessivo "meu", seguido dos adjetivos flor, vida, galã, paixão, inteligente, estudado, alto, aponta para a necessidade de marcação de pertencimento e enaltecimento do companheiro.

A pesquisadora Ana Cláudia Lemos Pacheco (2013), ao pesquisar sobre a solidão e afetividade da mulher negra, reflete sobre como as escolhas afetivas, por vezes, são atravessadas pela solidão e determinadas por racismo, sexismo e desigualdades. Reflexão que se mostra bastante pertinente na análise do conto de Miriam Alves, visto que a mulher negra aqui depoente parece fazer opções afetivas baseadas em sua exclusão: "Já tive muito dinheiro com meu trabalho; além dos presentes dados pelos meus patrões, eu entregava tudo a ele. Hoje moro mal, com ele e meu filho numa casa de aluguel" (MM, p. 45). Percebe-se, nesse extrato, associada à informação de que a narradora nunca teve ninguém, uma postura passiva e submissa em relação ao companheiro.

Ao atentar para o papel de intelectual da escritora Miriam Alves através de uma análise de sua prosa ficcional, percebe-se nesse conto a importância de a autora trazer questões ditas "privadas" para o espaço público. Nesse processo, há que se ressaltar a contundente estratégia de Miriam Alves, mulher e escritora negra, ao usar uma mulher negra como narradora-personagem-depoente do texto; além do mais, essa história da vida privada, no contexto do conto, é narrada no espaço público (na rua e no ônibus) para uma interlocutora estranha do seu convívio afetivo. Nota-se que a violência sofrida pela mulher ao longo de vinte anos interfere em suas escolhas, e consequentemente na sua saúde, inclusive dificultando sua capacidade de locomoção. Ficção essa que se aproxima bastante de um realismo social tão presente na prosa de Alves.

O conto "termina" com a revelação de que o companheiro da narradora mantinha uma relação extraconjugal homoafetiva e havia montado casa com o dinheiro dela para o amante. No entanto, a interlocutora parece ficar com a mesma questão do leitor: "A senhora não entendeu? [...] A senhora quer saber aonde eu vou chegar com esta história? É que esta história não acabou" (MM, p. 46). Assim, a questão que envolve os motivos pelos quais o relacionamento não acabou depois da descoberta dos fatos reascende discussões sobre a afetividade e a solidão da mulher negra e problematiza a utópica democracia racial brasileira. Nesse processo, a assertiva "essa história não acabou" aponta tanto para o final em aberto do conto como também possibilita uma aproximação com a realidade vivida por mulheres negras ainda na contemporaneidade.

1.2.2 – "Fazer o quê da competição sorrateira instalada em nosso relacionamento?": mulheres negras – homens negros

Acerca da mulher negra, enquanto narradora-personagem, trazendo questões entendidas como privadas para discussões, Miriam Alves explora mais uma vez essa estratégia em "Cinco cartas para Rael". No entanto, a narradora aqui, por meio do gênero textual apontado no título, pressupõe um ouvinte específico: Rael. No conto, narrado em primeira pessoa e organizado em cartas, a protagonista, mulher negra, secretária e fotógrafa nas horas vagas, conta peculiaridades sobre seu relacionamento conturbado com Rael, homem negro e psicólogo. No entanto, essa narrativa de desilusões amorosas serve de pano de fundo para uma crítica bastante pontual sobre as relações raciais na sociedade contemporânea. Segundo Figueiredo (2009):

> A narradora faz retrospectivas da própria história, focando nas críticas ao abandono da identidade étnica, ao envolvimento amoroso por dinheiro e aos comportamentos hipócritas em ambientes sociais. Questionadora, a voz narrativa aponta erros mais comuns na sociedade onde prevalece a política de favores e o mito da democracia racial (FIGUEIREDO, 2009, p. 72).

Sendo assim, em suas cartas-desabafo, a narradora problematiza diversas questões que atravessam o relacionamento afrocentrado, tão idealizado na contemporaneidade. Um dos aspectos apontados por ela é uma acirrada disputa que existe entre ambos: "Fazer o quê da competição sorrateira instalada em nosso relacionamento? Cada um querendo ser mais, competindo. Competindo nas festas a que comparecíamos juntos. Esforçávamo-nos, cada um ao seu modo, a sorrir mais. Ser mais agradável. Ter mais charme" (MM, p. 72).

Sobre isso, as considerações de Cláudia Pons Cardoso (2014) acerca das desigualdades de gênero em relação a homens e mulheres negros tornam-se imprescindíveis: "a subordinação de gênero foi o preço negociado pelos homens colonizados com seus colonizadores em troca da manutenção do poder em seu espaço social" (CARDOSO, 2014, p. 980). Sendo assim, conforme sublinhado pela pesquisadora, o sexismo se faz presente mesmo entre parceiros de luta contra o racismo, agravando ainda mais o machismo negro. Consoante isso, Luiza Bairros (1995) corrobora a discussão:

> A percepção de que o homem deve ser, por exemplo, o principal provedor do sustento da família, o ocupante das posições mais valorizadas do mercado de trabalho, o atleta sexual, o iniciador das relações amorosas, o agressivo, não significa que a condição masculina seja de superioridade incontestável. Essas mesmas imagens cruzadas com o racismo reconfiguram totalmente a forma como homens negros meneiam gênero. Assim o negro desempregado ou ganhando um salário minguado é visto como o preguiçoso, o fracassado, o incapaz. O atleta sexual é percebido como um estuprador em potencial, o agressivo torna-se o alvo preferido da brutalidade policial. Só que estes aspectos raramente são associados aos efeitos combinados de sexismo e racismo sobre os homens, que reforçam o primeiro na ilusão de poder compensar os efeitos devastadores do segundo (BAIRROS, 1995, p. 461).

Percebe-se que, uma vez que a condição de privilégio masculino não é inquestionável, homens negros reforçam o sexismo na tentativa de suprir as sequelas do racismo. Por conseguinte, quando intersecta gênero, classe e raça, o lugar de gênero ocupado pelo homem negro é controverso. Em "Cinco Cartas para Rael" é possível visualizar essa problemática, ao observar o triângulo amoroso entre a narradora, Rael e Marli:

> O que irão dizer seus amigos e clientes ao vê-lo entrar de braços comigo nalguma destas reuniões chatas? O que irão dizer? O psicólogo negro caído por uma mulher que só fez o curso de secretariado e mal fala algumas palavras em inglês. Irão, certamente, perguntar da Marli. E você pensará na sua loirinha sozinha na França. O cartão postal de sua ascensão (MM, p. 76).

Embora seja importante lembrar que nessa narrativa temos acesso apenas ao ponto de vista da narradora, o conflito amoroso entre Rael e a psicóloga Marli não passa despercebido. Ainda mais quando as aspirações de sucesso do jovem-negro-psicólogo relacionam-se com a sonhada ascensão social, e a ex-namorada branca e bem educada parece combinar com os planos para o futuro, conforme acusação da narradora-personagem. Ao problematizar o relacionamento do homem negro com a mulher branca na contemporaneidade, a pesquisadora Sueli Carneiro lembra o "desejo de pertencimento e aliança com um mundo restrito aos homens brancos" (CARNEIRO, 1995, p. 546). Sendo assim, a ascensão social validada por um casamento inter-racial possibilitaria o sonhado acesso ao "mundo branco", ou suprir as sequelas do racismo, aquelas mencionadas anteriormente. Observações que se mostram pertinentes na análise do conto, uma vez que a constante preocupação com a "imagem" do psicólogo é fator recorrente.

Rael, por vezes, é apontado como aquele que buscava: "[uma] escalada louca rumo à ascensão social" (p. 66); "ostentar a pose de consegui apesar de tudo" (p. 71); "expor o seu retrato de batalhador, bem sucedido, com consultório particular e tudo" (p. 72); "ser o melhor entre os melhores" (p. 75); "sair do limbo da nossa gente" (p. 78). Ao aproximar a personagem das particularidades supracitadas, os estudos de Fanon (2008) sobre negros de máscaras brancas podem contribuir com a análise. Ao tratar dos danos psicológicos causados pela relação entre colonizador e colonizado, o pesquisador atenta para as estruturas de dominação existentes nessa relação. Logo, pode-se considerar que o complexo de inferioridade de Rael em relação a Marli é sustentando por "imagens controladoras" (CALDWELL, 2000, p. 101) que sustentariam um ciclo de desigualdades: "o desejo de embranquecer (de 'limpar o sangue', como se diz no Brasil) é internalizado, com a simultânea negação da própria raça, da própria cultura" (GONZALEZ, 1988, p. 73).

Ainda na mesma vertente, no mesmo conto, Miriam Alves problematiza o conflituoso relacionamento entre a narradora-personagem com o patrão:

> Nojento, acha que mulher, principalmente mulher negra, está à disposição dos seus arroubos lascivos. Já aprontou boas. É desrespeito em cima de desrespeito. Só falta cantar: *'Aí, meu Deus, que bom seria se voltasse a escravidão/ eu pegava esta mulata e prendia...'*. Convenhamos, seria o coroamento do desacato. Tentou agarrar-me à força (MM, p. 71, grifos da autora).

Aqui, ao serem confrontadas relações trabalhistas, o machismo e o racismo aparecem enquanto denúncia. Nesse sentido, o texto desvela o racismo à brasileira que considera, na maioria das vezes, a mulher negra ainda enquanto um corpo feminino erotizado. Talvez os apontamentos de Gonzalez (1984) ainda se façam vigentes, quando denuncia que as mulheres negras são enquadradas nas categorias de mulatas, domésticas ou de mães pretas – todas vinculadas ao período escravista –, independentemente da função ocupada, "a nomeação vai depender da situação em que somos vistas" (GONZALEZ, 1984, p. 228). Reflexões que podem ser atualizadas, conforme excerto:

> o que poderia ser considerado como história ou reminiscências do período colonial [brasileiro] permanece, entretanto, vivo no imaginário social e adquire novos contornos e funções em uma ordem social supostamente democrática, que mantém intactas

as relações de gênero segundo a cor ou a raça instituídas no período da escravidão (CARNEIRO, 2003a, p. 50).

No entanto, enquanto no texto tais fatos podem ser lidos como denúncia explícita da situação vivenciada por milhares de mulheres negras, a narradora revela a sua estratégia de sobrevivência: "Vou fingindo que não vejo. Desvencilhando-me da melhor maneira" (MM, p. 71). Estratégia essa ainda bem próxima da realidade atual, uma vez que sabemos que "o critério racial [...] é suficientemente importante para determinar as trajetórias pessoais e profissionais dos distintos indivíduos em nosso país" (PAIXÃO, 2009, p. 75).

Outro dado importante a ser mencionado é que, mais uma vez, Miriam Alves apresenta uma narradora anônima fazendo denúncias das agruras cotidianas. Nesse sentido, a moça, não nomeada, se "identifica" em duas das cinco "cartas-confissões" de forma passiva. Fato bastante pertinente, já que aquela que "apesar de... e por tudo..., irá guardá-lo como boa lembrança" (MM, p. 76), em suas cartas demonstra o quanto se anulara na relação amorosa, em prol das perspectivas do amante. Para tais confissões, o gênero textual, Carta Pessoal, escolhido pela escritora Miriam Alves, passa a ser elemento fundamental, "na medida em que uma carta desvela a vida privada" (LEJEUNE, 2014, p. 294). Apesar de não ficar explícito se a narradora posta ou não todas as cartas no correio, em uma delas, ela menciona a necessidade de Rael guardar as cartas na caixa de totens, pois "gosta de guardar lembranças concretas" (MM, p. 78). Nessa perspectiva, o questionamento de Lejeune "A quem pertence uma carta?" (2014) é bastante pertinente, principalmente quando consideramos o momento em que a narradora, em sua última carta, vislumbra o desejo de recuperar os seus segredos.

Enfim, por meio dessa narrativa, como afirmei anteriormente, na representação do espaço privado da mulher negra, mais uma vez o sentimento de solidão é palavra de ordem, sendo enfocado em todas as cinco cartas. Afrânio Coutinho (2004), ao discorrer sobre cartas enquanto documentos literários, enfatiza que a carta "transita com facilidade da área estritamente privada e íntima [...] para o plano público" (COUTINHO, 2004, p. 137). Embora naquele momento o teórico privilegiasse correspondências entre escritores brasileiros, esse apontamento é condizente para pensar o deslocamento espacial permitido por esse gênero no conto "Cinco Cartas para Rael". Quando a escritora Miriam Alves opta por esse recurso para refletir sobre o relacionamento afrocentrado e a solidão da mulher negra, o trânsito entre os espaços público e privado do gênero carta possibilita revelações íntimas, uma vez que o uso desse gênero textual pressupõe um destinatário – como nos lembra Artières ao pressupor o papel central do destinatário para a leitura dos nossos arquivos (Cf. ARTIÈRES, 1998) –, o que restringiria seu conteúdo ao espaço privado. No entanto, ao utilizar o gênero carta enquanto texto literário, ela atinge o espaço público, e o leitor da literatura negro-brasileira interfere nesse trânsito de discussões, constituindo-se destinatário final.

Nesse processo, a literatura de Miriam Alves se faz potente na crítica à solidão da mulher negra e à violência ao ser preterida no mercado matrimonial. Corroborando as análises, as discussões da professora Fernanda Felisberto Silva sobre o amor em escritoras negras da diáspora são relevantes:

> não recolhemos a plenitude no amor, na maioria das vezes recolhemos frustrações. Vimos que existiu uma origem comum para a falta de habilidade com o amor por parte das personagens criadas pelas autoras ao longo desta pesquisa, mas o que fica para nós é que esta incapacidade de lidar com a questão da afetividade ainda assola o imaginário destas escritoras, pois em nenhuma das narrativas pesquisadas foi possível um final feliz (SILVA, 2011, p. 120).

Nessa mesma perspectiva, relembro que, nos dois contos escolhidos para análise, a frustração amorosa constitui-se aspecto relevante. Em "Minha flor, minha vida" e "Cinco Cartas para Rael", as duas personagens-narradoras, uma com um filho adotivo e a outra grávida, reivindicam companheirismo aliado a um amor romântico. Ademais, a origem comum da inabilidade amorosa, apontada pela professora Fernanda Felisberto da Silva, é consequência dos impedimentos emocionais oriundos da escravidão, assunto explorado por hooks (2006). De acordo com a pesquisadora americana,

> a prática de se reprimir os sentimentos como estratégia de sobrevivência continuou a ser um aspecto da vida dos negros, mesmo depois da escravidão. Como o racismo e a supremacia dos brancos não foram eliminados com a abolição da escravatura, os negros tiveram que manter certas barreiras emocionais. E, de uma maneira geral, muitos negros passaram a acreditar que a capacidade de se conter emoções era uma característica positiva. No decorrer dos anos, a habilidade de esconder e mascarar os sentimentos passou a ser considerada como sinal de uma personalidade forte (hooks, 2006, p. 190).

Embora em um primeiro momento as personagens-narradoras dos contos em análise pareçam ter bastante facilidade em falar sobre seus sentimentos amorosos, nota-se que ambas têm dificuldade em demonstrar isso. A narradora de "Cinco Cartas para Rael" em vários momentos enfatiza a necessidade de artifícios para disfarçar o sentimento. "Relutei ansiosa, imaginando a forma como me comportaria ao revê-lo. [...] Disfarcei emoções" (MM, p. 72). A capacidade de conter sentimentos como uma característica positiva também foi questionada: "Não despimos as máscaras quando estávamos juntos nos contatos íntimos. Despidos nos ajudaríamos" (MM, p. 72). Porém, no final da narrativa, a remetente volta a solicitar máscaras para disfarçar seus sentimentos e parecer forte para seguir o seu caminho.

Ainda sobre esse conto, é imprescindível observar a importância de Miriam Alves trazer para o texto literário personagens negras ocupando profissões diferentes daquelas enquadradas à população negra: a narradora-remetente é secretária e fotógrafa. Sueli Carneiro, ao falar sobre a naturalização do racismo e sexismo na mídia, aponta a necessidade de "a mulher negra se[r] representada levando-se em conta o espectro de funções e as habilidades que ela pode exercer, mesmo em condições econômicas adversas" (CARNEIRO, 2003b, p. 125). Dessa forma, Miriam Alves, atenta a esse movimento, traz para a literatura essa representação positiva de personagens negras.

Conforme afirmado anteriormente, os contos "Cinco Cartas para Rael" e "Minha Flor, minha paixão" são atravessados pelas questões que tratam de afetividade. Neles é possível uma leitura sobre amor, abandono, rejeição, violência, solidão, assim como outras nuances literárias da escritora negro-brasileira, que traz para a ficção gêneros textuais atravessados pela pessoalidade – carta pessoal e depoimento –, como estratégia literária. Reconhecendo essas nuances do fazer literário, optei também por ler essas narrativas a partir da junção entre racismo e sexismo para compreender como as facetas da intelectual Miriam Alves atravessam seu texto literário. Dessa forma, na leitura empreendida a partir desses dois contos negro-brasileiros é possível refletir como o "racismo rebaixa o status dos gêneros" (CARNEIRO, 2003b, p. 119), questão premente dentro do feminismo negro.

1.3 – Políticas da Afetividade

1.3.1 – "Lembro-me do solene destino das mulheres. Parir. Procriar.": mulheres negras – maternidade em xeque

Em "Mulheres marcadas: literatura, gênero e etnicidade", o professor Eduardo de Assis Duarte chama a atenção para a recorrência da esterilidade de personagens negras femininas na história da literatura brasileira. De acordo com o pesquisador, "chama a atenção, em especial, o fato dessa representação, tão centrada no corpo de pele escura esculpido em cada detalhe para o prazer carnal, deixar visível em muitas de suas edições um sutil aleijão biológico: a *infertilidade*" (DUARTE, E., 2010b, p. 25, grifo do autor)[19]. Em vertente semelhante, sobre a literatura brasileira, a escritora Conceição Evaristo aponta que "um aspecto a observar é a ausência de representação da mulher negra como mãe, matriz de uma família negra, perfil delineado para as mulheres brancas em geral. Mata-se no discurso literário a prole da mulher negra" (EVARISTO, 2005, p. 53). Sendo assim, a literatura negro-brasileira contemporânea, buscando desconstruir estereótipos, reinsere a personagem negra na literatura, não só trazendo mulheres negras mães, como também problematizando a maternidade.

Luiza Bairros, ao revisitar o feminismo, problematiza versões feministas que aproximariam as mulheres através do conceito de experiência. De acordo com a pesquisadora, uma delas colocaria "a maternidade como a experiência central na identidade das mulheres" (BAIRROS, 1995, p. 459), independentemente de classe ou raça. Apesar de a crítica feita a esse modelo baseado em experiências biológicas comuns das mulheres para pensar as

---

[19] Dentre outras narrativas, o professor destaca os romances *Memórias de um sargento de milícias* (1854), de Manoel Antônio de Almeida, *O Cortiço* (1890), de Aluísio Azevedo, e *Gabriela, cravo e canela* (1958), de Jorge Amado.

opressões de gênero – já que ao generalizar perdem-se experiências localizadas –, percebe-se que, ao considerar a infertilidade de mulheres negras proposta pela literatura hegemônica, rejeita-se a negra enquanto mulher, reforçando pensamento patriarcal e reduzindo-as à desumanização.

Em suas obras, Miriam Alves traz mães negras, bem como filhos negros rememorando suas geradoras, de forma que a mulher negra adquire esse aspecto humano que lhes foi negado na literatura brasileira canônica. Em *Mulher Mat(r)iz*, o conto "O retorno de Tatiana" apresenta essa discussão. A narrativa apresenta um narrador onisciente, que acompanha a trajetória de Tatiana e compartilha com o leitor dúvidas sobre possíveis causas e soluções para uma doença psíquica desenvolvida pela moça. Diz o narrador que Tatiana:

> Terminou o colégio e empregou-se como balconista numa grande papelaria ali mesmo no bairro. Os anos se passavam e Tatiana sonhava em deixar de ser balconista para ser caixa. Concretizou. Sonhou deixar de ser caixa para controlar o estoque. Concretizou. Depois, sonhou com a contabilidade da loja. Fez cursos técnicos de contabilidade e conseguiu. Passou a controlar a rede toda de lojas (MM, p. 48).

Assim, a protagonista, independente, solteira e sonhadora, aparentemente conseguia realizar aos poucos os seus sonhos. Porém, profissional competente e bem sucedida, Tatiana todo mês era acometida por delírios desconexos, que gradativamente prejudicavam-na no seu desempenho profissional:

> Ela delirava palavras desconexas, algo parecido a mágica, ou talvez alguma praga. Todo mês, antes da menstruação chegar, num filete tênue que ia aumentando gradativamente. Ela delirava. Procurou médicos, psicólogos, pai de santo. Tomou remédios antidepressivos, chás e banhos de folhas maceradas. Nada. Fez oferendas para Oxum. Nada! Mensalmente, lá estava ela em voz alta, a dizer palavras aparentemente desconexas sobre úteros e terra mãe (MM, p. 47-48).

Enfim, a "doença" progride e Tatiane "além de falar, começou a escrever em folhas de papel avulsas" (MM, p. 49) as palavras desconexas. Então, foi a partir desses manuscritos confusos que Laura, irmã da jovem, descobriu a possível causa da psicose: "Ela abortou, não falou a ninguém, na mesma época que Lau menstruou pela primeira vez. Provocou, com certeza, acreditou Lau. Luiz namorado de Tati sumiu" (MM, p. 52).

Nota-se que o aborto aparece vinculado à mulher solitária, sem apoio do parceiro ou da família. Nesse sentido, no conto em questão, essa prática surge enquanto violência emocional e simbólica, ao cobrar da mulher fértil o compromisso para com a maternidade. Nesse processo, Tatiana é torturada emocionalmente pelo rompimento do ciclo da vida. Tanto que os médicos não encontram o diagnóstico, mas a religião daria conta de uma possível explicação do transtorno: "a criança abortada não abandona a mãe, querendo nascer de qualquer jeito" (MM, p. 52). Observa-se que existe aqui a religião enquanto sistema de poder para evitar comportamentos fora do padrão, nesse caso, o aborto.

Nesse aspecto, também chama a atenção a figura da mãe, D. Gertrudes, uma vez que o narrador onisciente prevê a postura da matriarca, caso ficasse sabendo do aborto da filha. A mulher católica, que acredita nos rituais de religiões de matrizes africanas, também aparece enquanto figura controladora do corpo feminino. A postura da própria Tatiana vai a esse encontro: "E pensar que Tati era contra abortos. Vivia criticando o planejamento familiar, um nome para encobrir a esterilização em massa fomentada pelo governo, dizia. Ela chamava de castração do pobre. Eliminar a pobreza, eliminando o pobre" (MM, p. 52). Apesar do julgamento do narrador acerca da postura de Tatiana, percebe-se que a crítica da moça ao aborto parece contemplar uma situação restrita: a esterilização involuntária de mulheres pobres.

Sobre esse aspecto, é importante atentar ao papel da escritora Miriam Alves enquanto intelectual. A escritora, ao discutir a interrupção da gravidez no texto literário, traz também à luz o debate acerca dos direitos reprodutivos das mulheres negras. De acordo com Sueli Carneiro, "dentre as contribuições do feminismo negro, ocupa lugar privilegiado a incorporação da temática da saúde e dos direitos reprodutivos na agenda da luta anti-racista e o reconhecimento das diferenças étnicas e raciais nessa temática" (2003b, p. 123). Nesse sentido, a esterilização em massa de mulheres negras, principalmente nordestinas de baixa renda[20], durante a década de 1970, foi preocupação premente de ativistas negras.

Edna Roland, ao discutir os direitos reprodutivos no Brasil, afirma que "a ideia de que a queda da fecundidade pudesse reduzir a pobreza mostrou-se falsa, as mulheres estão tendo cada vez menos filhos, mas as mulheres pobres continuam pobres" (1995, p. 510). Dessa forma, vendia-se a ideia de que esterilização de mulheres negras e pobres estaria diretamente relacionada com a questão da desigualdade social, conforme aludido por Miriam Alves no conto em análise.

Retomando à narrativa, o conto "O retorno de Tatiana" traz uma protagonista negra em plena ascensão social. Em meio

---

[20] Acerca da história da esterilidade no país Cf. Dalsgaard, 2006. De acordo com a mesma "Em um encontro nacional realizado em 1965 no Rio de Janeiro, ginecologistas e obstetras brasileiros criaram a Bemfam (Sociedade Civil de Bem-Estar Familiar no Brasil) motivados pelo grande número de abortos induzidos, pelos riscos de saúde decorrentes do grande número e das condições dos partos e pelas altas taxas de mortalidade infantil [...]. Como, durante muitos anos, o objetivo dessa iniciativa era antes fazer o controle populacional que ajudar os indivíduos a tomar as decisões corretas no tocante ao planejamento familiar, a Bemfam sofreu críticas constantes do movimento feminista, que se tornava progressivamente mais forte" (DALSGAARD, 2006, p. 145-146). Na região Nordeste, por exemplo, a Organização limitava-se a distribuir contraceptivos, sem nenhuma orientação médica. Dessa forma, "no vazio originado da distribuição insatisfatória, e muitas vezes irregular, de pílula anticoncepcional e da prática de abortos induzidos clandestinos, as mulheres aceitavam a esterilização como alternativa para uma família menos numerosa" (op. cit., p. 147). Isso, através da "dobradinha cesariana-esterilização", pois, baseando-se na legislação vigente, o Conselho de Medicina na época "considerou a ligação de trompas ilegal e não recomendável do ponto de vista ético. Assim, todas as esterilizações foram realizadas não oficialmente e, com frequência, encobertas por operações cesarianas" (op. cit., p. 149). A esterilização só seria legalizada em novembro de 1997, através de ampliação do parágrafo sobre planejamento familiar da Constituição Federal.

aos seus delírios, em virtude de um aborto provocado, a moça retoma uma condição biológica feminina: "lembro-me do solene destino das mulheres. Parir, Procriar. Buscar... Parir. procriar. Manter o pulsar da vida" (MM, p. 47). Sobre isso, "com efeito, repetem à mulher desde a infância que ela é feita para gerar e cantam-lhe o esplendor da maternidade; os inconvenientes de sua condição – regras, doenças etc. –, o tédio das tarefas caseiras, tudo é justificado por esse maravilhoso privilégio de pôr filhos no mundo" (BEAUVOIR, 1990, p. 288). Sendo assim, a protagonista, mesmo que inconscientemente, retoma a pedagogia feminina e se autotortura pelo filho que não teve: "Talvez seja o meu destino. Talvez seja este o meu destino... Retornar à terra mãe... seca sem procriar" (MM, p. 52).

Em virtude da educação feminina voltada para a efetivação da maternidade, Simone de Beauvoir (1990) discute possíveis aflições sofridas por mulheres que provocam o aborto. "Sendo o aborto provocado, terá muitas vezes a mulher o sentimento de ter cometido um pecado. [...] Melancolias patológicas podem exprimir esse sentimento de culpa" (BEAUVOIR, 1990, p. 287). No conto, o corpo de Tatiana responde à culpa pela interrupção da gravidez através de uma psicose misteriosa que interrompe sua ascensão profissional e compromete sua saúde. O que pode ser mais bem compreendido pelos apontamentos da pesquisadora supracitada: "Dor, doença, morte assumem um aspecto de castigo: sabe-se que distância separa o sofrimento da tortura, o acidente da punição; através dos riscos que assume, a mulher sente-se culpada, é essa interpenetração da dor e do erro que é singularmente penosa" (op. cit., p. 286). Além do mais, conforme mencionado anteriormente, ainda existe a figura da mãe de Tatiana, enquanto representante dos valores morais e religiosos: "Tati tinha a cabeça no lugar, sabia se cuidar, cuidava até da irmã" (MM, p. 50). Também há o sumiço do namorado, pai da criança, e uma "estranha manchinha de semente depositada no centro da sala, no carpete" (MM, p. 50), para perturbar.

Nota-se que os aparelhos de controle feminino são muitos, e a escritora Miriam Alves traz para a literatura a representação de um drama que aflige milhares de mulheres na contemporaneidade. Tatiana, na ficção, ao praticar o aborto, solitária, renuncia ao trabalho, à sua saúde mental, à possibilidade de ter uma família. "Mesmo consentindo no aborto, desejando-o, a mulher o sente como um sacrifício de sua feminilidade" (BEAUVOIR, 1990, p. 288). Sendo assim, mais uma vez a violência de gênero se faz presente, nesse caso, sobretudo na forma da violência simbólica.

No conto negro-brasileiro de Miriam Alves, a possível solução para Tatiana encontra-se no retorno à tradição de religiões de matrizes africanas. "Neste quarto de pequenas dimensões, a luminosidade era mantida apenas por algumas velas brancas acesas. Lau reconheceu Tati deitada sobre uma esteira forrada com folhas. A irmã dormia coberta com folhas e terra até o pescoço" (MM, p. 55). Assim, a protagonista, que em seus últimos delírios recorria aos orixás, é acolhida em um terreiro próximo. Sobre a menção, no conto, à orixá Nanã, Fernanda Figueiredo explica

> Nanã, nas crenças africanas, é a mãe dona da Terra. Segundo a mitologia africana, foi a primeira Iyabá e a mais vaidosa, por isso desprezou o seu filho primogênito com Oxalá, Omolú, por ter nascido com várias doenças de pele. Abandonou Omulú no pântano, pois não aceitava cuidar de uma criança "deficiente". Oxalá, sabendo do fato, condenou-a a ter mais filhos, os quais nasceriam todos com alguma deformação física (Oxumaré, Ewá e Ossaim), e baniu-a do reino, ordenando-lhe que fosse viver no mesmo lugar onde abandonou o seu filho. Nanã é a força da natureza, a mais velha e mais poderosa orixá. Ela guarda o portal mágico, a passagem entre a vida e a morte, portanto seus cânticos são súplicas para que Iku (a morte) vá para longe permitindo que a vida seja mantida. A lama representa a junção entre a água, a chuva (o céu) e a terra (o mundo físico, a Terra). Tatiana escapa

da morte pelas mãos de Nanã. Somente a grande mãe Nanã poderia compreender o drama de Tatiana que, pelo aborto, havia desprezado um filho (FIGUEIREDO, 2009, p. 58-59).

Dessa forma, a aproximação no texto entre fertilidade feminina e "terra-mãe" é evidente: "é mulher-mãe e mãe-terra ampliando os significados do corpo feminino: de objeto de desejo e prazer à fertilidade fluida, parte da terra" (op. cit., p. 59). O que de certa forma recoloca a mulher no seu local tradicional de gênero. No entanto, há que se realçar a importância da maternidade na tradição africana. Nessa cultura, "a maternidade ocupa um lugar de honra e é a mais alta expressão da condição feminina" (RUIZ, 2017, S/N), "porque se acredita que a continuidade da humanidade depende delas" (AKINRULI, 2011, S/N). Nesse sentido, o título do conto, "O retorno de Tatiana", é emblemático ao sugerir algumas possibilidades, dentre elas, o retorno à ancestralidade negra, a partir da religião de matriz africana, para retomar a razão, conforme mencionado anteriormente; ou até mesmo o retorno à sua condição de gênero, uma vez que é possível inferir que Tatiana, após passar por esse processo de (re)equilíbrio entre si e a natureza, voltará a ser fértil.

Percebe-se que as discussões empreendidas pela intelectual Miriam Alves nesse conto envolvem a condição de gênero da mulher. Ao refletir sobre a questão do conflito da maternidade e da afetividade, que atravessam a narrativa, duas outras mulheres de *Mulher Mat(r)iz* também são lembradas, coincidência ou não, ambas, personagens-narradoras não nomeadas. De um lado, a protagonista de "Cinco Cartas para Rael", que, na ocasião do término de seu relacionamento amoroso, descobre-se sozinha e grávida; do outro, a narradora de "Minha flor, minha paixão" que acolhe o filho de uma outra. As duas mulheres negras, abandonadas por seus respectivos parceiros (a primeira ainda é recusada pelo filho adotivo), silenciadas até mesmo no nome, ao carregar a rasura da não-afetividade, colocam a maternidade em xeque.

Nesse processo, Tatiana, também solitária, leva o questionamento dessa maternidade negra às últimas consequências, ao optar pelo aborto. No entanto, a protagonista criou sua irmã Laura, merece a redenção, uma vez que numa aproximação com a cultura africana, "o comportamento individual é julgado em função do bem que uma pessoa proporciona à sua sociedade" (RUIZ, 2017, S/N), e as crianças constituem riqueza e continuidade do clã familiar.

1.3.2 – Mulheres negras – maternidade e ancestralidade

Seguindo a corrente interpretativa anterior, lembro que na literatura negro-brasileira escrita por mulheres, a questão da maternidade é um traço candente, tendo em vista que passado e presente dialogam na representação de ascendentes e descendentes negros nas diversas narrativas. Ao tratar das principais temáticas que atravessam os *Cadernos Negros*, Fernanda Figueiredo (2009) aponta memória e história ancestral como um dos temas recorrentes nessas narrativas, nas quais história dos negros e religiosidade seriam as características marcantes. Dessa forma, recorrer à ancestralidade será um recurso imprescindível para aproximar passado e presente, visando transformações futuras. Sobre isso, as reflexões de Maurice Halbwachs (2003) acerca da articulação entre memória coletiva e individual são pertinentes. De acordo com o teórico, memórias individuais estão sempre atravessadas pelas coletivas, uma vez que "jamais estamos sós" (p. 30). Reflexão apropriada para pensar o romance *Bará na trilha do vento*, de Miriam Alves, narrativa na qual passado, presente e futuro se entrecruzam a partir de correntes de energia de um tempo outro, fora do tempo real.

Cristian Souza de Sales, ao discutir pensamentos da mulher negra na diáspora a partir da poesia de Miriam Alves, faz a seguinte reflexão sobre a obra da autora:

> Nos dizeres poéticos de escritoras como Miriam Alves, as mulheres negras se ocupam em elaborar outras formas de escrita para o corpo feminino negro, à medida que o seu olhar reescreve a história e trajetória das mulheres negras na sociedade brasileira, levando em conta, nessa, outra forma de constituição corporal negra, as marcações sociais, históricas, estéticas e culturais que este traz consigo. São versos que projetam imagens de um corpo feminino negro carregando as dores do tempo (e de seu tempo), de onde ecoam as vozes de seus/suas antepassados(as) africanos(as), homens e mulheres que vivenciaram as agruras e as amarguras das experiências vivenciadas durante o escravismo colonial e a diáspora africana no Brasil (SALES, 2012, p. 96).

Nessa perspectiva, não somente a poesia, mas também a prosa de Alves é atravessada por esse caminho. Além das temáticas sobre violência e afetividade, história e memória ancestral igualmente perpassam as narrativas. Assim, acredito que tais temáticas na literatura negro-brasileira são importantes para que o passado violento e opressor sobre a população negra não se perca nas lacunas da história, narrada de forma homogeneizante, e que as agruras do presente, vivenciadas pelos descendentes negros, não se percam em um discurso vazio de democracia racial. Nesse aspecto, *Bará na trilha do vento* se faz premente, ao revisitar tradições de matrizes africanas.

Na narrativa, Bárbara adulta relembra histórias de sua meninice em um passado distante, mais precisamente em torno dos seus sete anos de idade. Do baú de lembranças, a jovem rememora histórias atravessadas por uma ancestralidade negra baseada em diversas gerações de mulheres que compactuam umas com as outras a missão de guardar e repassar as tradições familiares. Ao visitar a família, a matriarca Patrocina revela o segredo:

> Proferiu palavras de celebração da vida, aprendidas de mãe para filha, há tempos perdidas no tempo. Ela, a última guardiã a conhecê-las, se não as transmitisse perder-se-iam no mesmo tempo que as guardou. Deveriam ser passadas, oralmente,

> como um sopro de verdade, com a anuência das antepassadas e a força do vento. As energias das mulheres de várias gerações que se entrecruzaram na linha do destino vibravam naquelas poucas frases, misturadas em linguagem e sotaques de múltiplas origens e múltiplos lugares. Lugares distintos geograficamente dali, mas presentes na genealogia interna de cada descendente. Celeste não lhe quis ouvir. D. Cina acreditava que a neta, esperta e curiosa, certamente compreenderia o valor daquele tesouro. Ao abrir o baú, escancaravam-se as linhas de pertencimento de todas. Segredo, sabedoria franqueada a poucos, hora de o vento sussurrar histórias-verdades (ALVES, 2015, p. 116-117)[21].

A partir da revelação da matriarca, a memória coletiva de gerações de mulheres negras atravessa o romance, e Bará, a neta que completaria sete anos, passa a ser a nova guardiã das memórias. No entanto, além de Gertrudes, mãe da menina, a comadre Danaide também compartilha do ritual, "sem as determinações da consanguinidade, mas pauteada em afinidades e confiança e no compartilhamento da responsabilidade, dedicação e cuidados para com o apadrinhamento" (BNV, p. 113). Em um primeiro momento, o pacto de confiança entre as mulheres é ratificado na abertura do velho baú de família carregado de memórias e misticismo. Sobre isso, Cristian Souza de Sales afirma que:

> Na trilha dos ventos de Bará, a memória coletiva é uma das forças que move os destinos das personagens. A memória guia os quadros de referência das famílias e dos grupos sociais presentes no romance, liderados por mulheres negras que assumem a missão de transmitir conhecimentos e saberes. Assim, as experiências individuais alicerçam as memórias coletivas que são compartilhadas entre os mais velhos e os adultos, entre os mais velhos e os mais jovens, entre as mulheres e as crianças, construindo laços afetivos sólidos, bem como redes de solidariedade, de pertencimento e de identificação (SALES, 2015, p. 21).

---

[21] Doravante o texto será referenciado como BNV, seguido do número de página.

E serão essas redes, por vezes invisíveis, que amarrarão a história. Nesse quesito, elementos místicos e poéticos entrelaçam a narrativa até mesmo para tratar das dificuldades individuais vividas por cada personagem. Por exemplo, a aproximação que Bará faz da vizinha família de Desidério e os sete filhos bêbados com um monstro surreal: "ela vislumbrava um corpo grande com sete pares de pernas e braços e sete cabeças. [...]. Garrafas e mais garrafas, a criatura bebia tudo: a vida, a casa, a pensão do pai deles. Se um dia tiveram sonhos, não saberiam dizer, com certeza naufragaram dentro da barriga da besta" (BNV, p. 92). Tal conjectura é possível porque Bará é a senhora do tempo e consegue transitar entre o visível e o invisível.

Bará, filha de D. Trude e neta de D. Cina, ainda no seu nascimento "foi coroada ao vir ao mundo por espíritos ancestrais a que pertence" (BNV, p. 100). As famílias Severiano e Loureiro de Assis eram acometidas pelo fenômeno do "sonho vívido": Trude "saía do corpo quando dormia e se debatia, aparecendo para as pessoas. Fenômeno sem controle ou explicações, o qual tentou, em vão, ao longo de sua vida controlar" (BNV, p. 59). Fenômeno esse que possibilitava a Gertrudes ajudar as mulheres de Vila Esperança:

> Para aquela feira de sentimentos expostos, ela agia aconselhando, interferindo, receitando chás, ensinando simpatias, ajudando a solucionar as situações específicas de cada um. Envolvia-se tanto que, às vezes, preocupada, dormia sem descansar, agitava-se, sono povoado, com as histórias e todas aquelas mulheres, com vidas parecidas com a dela (BNV, p. 56).

Como se vê, enquanto a sina da menina Bárbara ainda estava por definir, Gertrudes cumpria, sem perceber, a sua, e as mulheres de Esperança agradeciam-lhe constantemente por ela ter estado em suas casas auxiliando-as nas mais difíceis aflições.

Percebe-se, também, que a oralidade é fator imprescindível para a conservação da história. As várias narrativas que interceptam entre si em *Bará na Trilha do Vento* são protagonizadas por mulheres que utilizam a narrativa oral na manutenção ou no repasse de experiências, cultuando uma ancestralidade feminina. "A experiência transmitida de boca a boca" (BENJAMIN, 1994, p. 198) e a "faculdade de intercambiar experiências" (op. cit.) norteiam o romance. Será através desse recurso que Patrocina repassará o segredo de família para suas descendentes, e também será por meio desse recurso que Gertrudes auxiliará as mulheres da região na solução de problemas familiares. "O texto narrativo reúne as energias das mulheres de várias gerações que se entrecruzam. [...] Unem-se as 'linhas de pertencimento de todas as gerações', fazendo da menina Bará uma de suas herdeiras" (SALES, 2015, p. 26).

No romance de Miriam Alves, embora as dificuldades vivenciadas pelas personagens sejam inúmeras, os filhos, quase sempre, sinalizam a continuidade da vida e esperança de dias melhores, fazendo do tempo real momento de busca. Na família de Patrocina e Zé Galdino, a filha Celeste é modista e dá aulas de cortes e costura, ampliando a profissão de costureira da mãe. Na de Gertrudes e Mauro, por exemplo, a filha do meio, Bará, pertencia a uma ciranda ancestral guardiã dos baús de memória compostos pela avó Patrocina, conforme citado anteriormente. Gertrudes, por sua vez, até pouco tempo depois de seu casamento, sem terminar o primário, trabalhava como empregada doméstica como muitas mulheres de sua família, quando Mauro montou uma quitanda. Já Danaide, comadre do casal, trabalhava como lavadeira e passadeira desde seus oito anos de idade, conforme suas ascendentes, mas desejava para a filha Suelma condição diferente.

Romance composto majoritariamente por famílias negras e pobres, aqui as mulheres negras não são estéreis como em muitas narrativas da literatura brasileira, conforme sinalizado por Evaristo (2005) e Duarte (2010b). Muito pelo contrário, a descendência negra faz-se presente e necessária para a manutenção e repasse da tradição familiar, que não deve se perder em caso de morte. Interpretação essa possível, visto que, no momento em que a matriarca Patrocina repassa para as mulheres as orientações em relação aos baús ancestrais, "apreensiva, Gertrudes, intuitivamente, adivinhava o significado da abertura dos baús para a sogra, para ela e para a filha Bará. Algo como: a sorte está lançada! Você está se despedindo da gente?" (BNV, p. 131). No entanto, a partir de uma aproximação com a cultura africana, a morte aqui aponta para uma continuidade, "o lugar onde o passado, o presente e o futuro se encontram" (BNV, p. 204).

É importante mencionar também que, como um romance que não se quer uma mera representação homogênea, a narrativa de Alves também traz um outro recorte pouco deleitável em relação ao universo infantil, como o exemplo de Zé Caniço, maqueiro do hospital e componente do grupo musical Esperança da Vila, que abandonou uma filha ainda bebê em Minas Gerais; ou ainda Elza, madrinha de Bará, que fora abusada sexualmente quando criança.

Nesse universo, o romance ainda trata de machismo, preconceito e violência contra as mulheres. Embora sejam assuntos densos, a intelectual Miriam Alves consegue trazê-los para a literatura em meio à fruição poética, através, muitas vezes, da técnica de *flashback*. É pelo fluxo de consciência que ficamos sabendo que Zé Galdino já tentou bater em Patrocina; também é por meio desse recurso que temos conhecimento das várias violências sofridas por Georgina, vizinha do casal: se não bastasse o marido transmitir-lhe doença venérea, pega na rua, e ainda bater-lhe culpando-a pela impotência, morre negligenciada pelos filhos, "mas acolhida pelos bichos peçonhentos, bernes e vermes" (BNV, p. 85). Desse círculo de mulheres agredidas, Danaide também não escapa: depois de sair das amarras agressivas do pai, casa-se com um homem intolerante e autoritário que exerce o poder mediante violência moral e simbólica. Além disso, Sargento Azeitona não deixa a mulher Dilma trabalhar, e lembro ainda que Gertrudes foi rechaçada pelo pai e pela irmã do marido por ser empregada doméstica.

Em meio a tantas repetições de violência, a mãe de Bárbara vislumbra um futuro melhor para a filha. A partir de uma consciência, que atravessa o romance, da educação de gênero enquanto construção cultural, Gertrudes incomoda-se com brincadeiras que selam o destino da menina, e a avó Patrocina leva carrinhos de madeira para a neta, que não gosta de bonecas:

> Talvez Bárbara se transformasse numa escritora, escreveria livros, faria sucesso, viajaria pelo mundo, seria o que, um dia, Gertrudes sonhou para si, na ilusão de menina que também imaginava fábulas. Temeu a realidade. Mesmo assim, entregava-se ao luxo de adentrar no mundo de Bará, sonhos e fantasias, talvez, quem sabe, verdades (BNV, p. 43).

De fato, os filhos de Gertrudes e Mauro prosperam e cumprem a expectativa dos pais. Ézio, pai de cinco filhos homens, mora com os pais e dá continuidade aos negócios da família; Velma torna-se uma estilista de moda bastante requisitada; e Bará, mãe de Acotirene, "a primeira menina do clã" (BNV, p. 211), vira uma arquiteta de sucesso. No romance, conforme dito anteriormente, Bará, assim como a avó Patrocina, será a responsável por girar a "ciranda ancestral", por isso, a menina Acotirene reabre o círculo ancestral em um tempo e espaço místicos.

Por fim, a pesquisadora Cristian Souza de Sales chama a atenção para a importância dos rituais na obra: "O ritual é frequentemente concebido como um recurso capaz de assegurar uma aliança com a ancestralidade africana. Através de sua materialização, sob a forma do encantamento, dos cânticos entoados por suas mais velhas, dos banhos de folha, Bará retoma às suas origens" (SALES, 2015, p. 25). Nesse sentido, a conservação e manutenção de artefatos africanos onde estariam depositados "em sua criação os valores étnicos, morais e religiosos" (op. cit., p. 25) também fazem parte desse processo. E é essa mistura de misticismo e realidade que possibilita que a menina-mulher Bará – herdeira de D. Cina, senhora dos ventos – atravesse a fronteira entre passado, presente e futuro, preservando a memória coletiva a partir de uma ancestralidade feminina.

Nesse processo, a história oral, como parte integrante desses rituais, também aqui não pode ser esquecida. Aspecto esse que se próxima das reflexões de Michael Pollak: "ao privilegiar a análise dos excluídos, dos marginalizados e das minorias, a história oral ressaltou a importância de memórias subterrâneas que, como parte integrante das culturas minoritárias e dominadas, se opõem à 'Memória oficial', no caso a memória nacional" (POLLAK, 1989, p. 2). Assim, a tradição de matriz africana e seus rituais e ensinamentos, que atravessam o texto, afloram, a partir de *Bará na trilha do vento*, uma "memória subterrânea", oriunda de um tempo e espaço outros, preservados pela oralidade. Reflexão essa que dialoga diretamente com Édouard Glissant (2005), ao pontuar a importância da memória ou "rastros/resíduos" para os povos africanos deportados. De fato, os rituais religiosos, juntamente com os cânticos, banhos de chás e manutenção de uma tradição, preservados e repassados através da oralidade, possibilitam que "os(as) leitores(as) observem que muitas histórias, orikis e memórias não se perderam nas águas salgadas e tristes do Atlântico Negro" (SALES, 2015, p. 27). Dessa forma, a figura da matriarca Patrocina é bastante pontual, funcionando como a figura de uma "griot": "aquela que transmite a tradição da memória, uma figura típica descrita como negra, idosa, sempre muito sábia e ligada à fé e à religiosidade ancestral (FIGUEIREDO, 2009, p. 70).

Diante do exposto, observa-se que, em *Bará na trilha do vento*, a intelectual Miriam Alves traz para o espaço literário a representação do negro a partir de outro ponto de vista, diferente daquele bastante explorado pela literatura oficial. No entanto, o romance de Alves extrapola o realismo social, trazendo a fruição literária a partir de uma linguagem poética, elementos místicos, canções e elementos do universo infantil. Efetivamente, dialogando com a proposta da literatura negro-brasileira, conforme afirmado pela autora:

> A Literatura afro-brasileira funciona como catalisador de histórias as quais transforma em registro ficcional e poético para transmiti-las não só como anais de fatos, mas, sobretudo, como a grafia de emoções, perpetuando, no ato da escrita, o resgate do passado, o registro do presente da trajetória de um segmento populacional relegado ao esquecimento ou ao segundo plano na historiografia, inclusive das artes literárias (ALVES, 2010, p. 44).

Dessa maneira, o final do livro, com o anúncio da gravidez de Bará e a reabertura da "ciranda ancestral", é bastante pertinente[22], uma vez que o nascimento de descendentes negros nessa literatura propõe a ideia de continuidade, de manutenção e propagação de uma história milenar. Nesse aspecto, sem cair em um simplismo, a mulher é representada desempenhando papel primordial. Por fim, através de um diálogo constante com o leitor atento, a intelectual negro-brasileira, ao "descobrir" no seu romance muitas das "memórias subterrâneas" (POLLAK, 1989), adverte: "As histórias estão lá aguardando. Estarão sempre lá aguardando aqueles que têm fome. Fome de saber. Saber as verdades que se encobrem. Ou que são acobertadas" (BNV, p. 72).

---

[22] Aqui é interessante notar a similaridade com Evaristo (2014a), visto que a coletânea *Olhos d'água* fecha com o conto "Ayoluwa, a alegria do nosso povo", trazendo a chegada de uma menina como sinal de dias melhores.

CAPÍTULO II:
"POLÍTICAS DO COTIDIANO" NA PROSA DE CONCEIÇÃO EVARISTO

A noite não adormece nos olhos das mulheres
Em memória de Beatriz Nascimento

A noite não adormece
nos olhos das mulheres,
a lua fêmea, semelhante nossa,
em vigília atenta vigia
a nossa memória.

A noite não adorme
nos olhos das mulheres,
há mais olhos que sono
onde lágrimas suspensas
virgulam o lapso
de nossas molhadas lembranças.

[...]
A noite não adormecerá
jamais nos olhos das fêmeas,
pois do nosso sangue-mulher
de nosso líquido lembradiço
em cada gota que jorra
um fio invisível e tônico
pacientemente cose a rede
de nossa milenar resistência.
(EVARISTO, 2017, p. 26-27)

Para as reflexões deste Capítulo serão considerados o romance *Becos da Memória* (2006) e a coletânea de contos *Olhos d'água* (2014a), ambos da escritora negro-brasileira Conceição Evaristo. Para isso, na análise das obras, considerarei o espaço ocupado pelas mulheres, sobretudo, atentando para a mulher negra no espaço privado e como relações de opressão, segregação e preconceito são construídos nesse lugar.

Becos da Memória, publicado em 2006, mas escrito durante a década de 1980, um dos objetos de análise, traz à luz o cotidiano de pessoas que vivem em uma favela. As personagens dessa narrativa vivem à margem da sociedade: empregadas domésticas, diaristas, prostitutas, pedreiros, ex-escravizados, lavadeiras, desempregados. Personagens que não possuem um mínimo de qualidade de vida e, muitas vezes, procuram solução no álcool ou no suicídio. O livro é tecido a partir do entrelaçamento de narrativas da favela. A personagem Maria-Nova articula essas narrativas, mediante histórias ouvidas de Bondade e de outras personagens mais velhas, como também a partir de suas próprias observações. Sendo assim, ao observar o cotidiano das mulheres da favela, a narradora Maria-Nova será o fio condutor das análises a serem empreendidas, uma vez que a menina já adulta é responsável pela construção dessa narrativa coletiva. Condizente a isso, essa obra também será lida a partir de um viés memorialístico, embora esse não seja o foco principal das análises.

O outro livro a ser analisado, *Olhos d'água,* terceiro lugar do prêmio Jabuti em sua categoria, traz vários textos escritos pela autora em diferentes momentos de sua carreira, presentes em uma coletânea de quinze contos. Apesar de o livro ter sido lançado em 2014, alguns contos foram publicados ao longo da década de 1990 ou dos anos 2000 nos *Cadernos negros,* outros são produções atuais. No entanto, na coletânea, as difíceis condições vividas pela população negra se fazem atuais, em um ambiente em que pobreza e violência sustentam a exclusão social. Aqui, as mulheres são muitas e plurais – avós, mães, tias, esposas, filhas, irmãs – compartilhando uma infinidade de dilemas e vivências, em que ser mulher, negra e pobre aproxima passado e presente, e um futuro incerto.

Consoante uma proposta de análise da intimidade dessas mulheres, lembro, mais uma vez, o lema da luta feminista por emancipação, de que "o pessoal é político". Assim, para essa leitura, considerarei a importância de repensar os espaços privados, juntamente com suas implicações nos comportamentos e atitudes de mulheres negras. Isso porque acredito, conforme mencionado anteriormente, que dentro do espaço privado mulheres negras também sofrem uma opressão de gênero e de raça constante. Nessa perspectiva, devido a questões socioculturais, históricas e de formação, a constituição da produção da mulher negra intelectual "está no acúmulo de tudo que ouviu e viveu" (DUARTE, E., 2010b, p. 231). É nesse aspecto que a associação entre teoria e prática, proposta por hooks (1995), ao pensar a mulher negra intelectual, se faz pertinente, uma vez que a escrita na literatura negra não se dá dissociada da realidade. Nesse sentido, cito Evaristo:

> Na origem da minha escrita ouço os gritos, os chamados das vizinhas debruçadas sobre as janelas, ou nos vãos das portas contando em voz alta uma para outras as suas mazelas, assim como as suas alegrias. Como ouvi conversas de mulheres! Falar e ouvir entre nós era talvez a única defesa, o único remédio que possuíamos. Venho de uma família em que as mulheres, mesmo não estando totalmente livres de uma dominação machista, primeira a dos patrões, depois a dos homens seus familiares, raramente se permitiam fragilizar. Como "cabeça" da família, elas construíam um mundo próprio, muitas vezes distantes e independentes de seus homens e mormente para apoiá-los depois (EVARISTO, 2007, p. 20).

Aqui é possível aproximar a escrita de Conceição Evaristo do feminismo negro, já que, de acordo com Djamila Ribeiro, "falar a partir das mulheres negras é uma premissa importante do feminismo negro" (RIBEIRO, 2017, p. 35). Nesse processo, Conceição Evaristo, em entrevista recente, aproxima sua obra do feminismo a partir de experiências observadas e adquiridas com suas ascendentes: "O meu feminismo vem da atuação das mulheres dentro da minha família. É uma família em que as mulheres são mais ativas e mais presentes do que os homens" (EVARISTO, 2016, p. 91). É justamente a representação de mulheres negras fortes e atuantes que atravessa a obra da escritora, incorporando uma perspectiva racial e de classe na forma como as mulheres negras experienciam gênero.

Nesse sentido, a escritora assim se localiza dentro do movimento de mulheres: "Eu não me considero contemplada pela liderança do Movimento Feminista de expressão branca, porque é uma outra história, é outro discurso com outra agenda" (op. cit., p. 93), aspecto que pontua a impossibilidade de "hierarquizar opressões" (Cf. RIBEIRO, 2017). Perspectiva essa relevante na agenda do feminismo negro, também refletido nas narrativas de Evaristo, uma vez que as obras da escritora negro-brasileira são atravessadas por demandas e especificidades que interseccionam gênero, raça e classe.

Diante disso, várias das narrativas aqui contempladas exploram uma aproximação entre a mulher negra e a exclusão, em suas mais variadas nuances. Por isso, ao pensar a intelectual negra brasileira na contemporaneidade, opto por também olhar para o espaço privado, já que nesse ambiente a mulher negra também tenta driblar os percalços cotidianos. Nessa perspectiva, considerando que transpor barreiras exige a demarcação de um território e um posicionamento político, neste Capítulo associo a atuação intelectual da escritora negro-brasileira Conceição Evaristo frente à "política do cotidiano" (hooks, 1995), para pensar sobre a mulher negra intelectual na contemporaneidade, a partir de análise, em *Becos da Memória* e *Olhos d'água,* da representação de mulheres negras nos espaços públicos e privados, observando o texto literário enquanto espaço de luta por participação e transformação político-social.

2.1 – Educação: mulheres negras "fora do lugar"

2.1.1 – "É preciso ter os ouvidos, os olhos e o coração abertos!"

Diferentemente de obras que naturalizam a situação de subsistência do negro ou do corpo feminino negro enquanto objeto de troca, Conceição Evaristo traz para a cena contemporânea personagens negras como sujeitos e reafirma o compromisso da literatura negro-brasileira com uma representação não estereotipada. Isso ocorre, de forma paradigmática, no livro *Becos da memória,* a partir da junção de histórias vividas por moradores de uma favela. A protagonista Maria-Nova é a grande articuladora da narrativa, uma vez que reconta as histórias das diferentes personagens reconstruindo a história local e construindo a sua história a partir da reorganização da memória coletiva. As histórias de sua família são fundamentais nesse processo, já que Totó e Maria-Velha narram para a menina suas experiências, enquanto expõem à Maria-Nova "pedras pontiagudas que os dois colecionavam" (EVARISTO, 2006, p. 33)[23], das quais a narradora "escolhia as mais diláceradas e as guardava no fundo do coração" (op. cit.). Assim, a formação da personagem ocorre a partir do constante ouvir narrativas.

O desenvolvimento de Maria-Nova se constitui mediante lembranças de personagens idosas. Nesse processo, a contribuição dos mais velhos se torna essencial para a manutenção da memória coletiva e constituição da individual. De acordo com Ecléa Bosi, "o narrador tira o que narra da própria experiência e a transforma

---

[23] Doravante o texto será referenciado como BM, seguido do número da página.

em experiência dos que escutam" (1994, p. 85). Sendo assim, a constante troca de experiência entre ouvinte e narrador ocasiona um processo de transformação do ouvinte, que será o futuro narrador. Walter Benjamin (1994) também aponta para esse caminho, ao discutir o processo de narração, ressaltando que "a experiência que passa de pessoa a pessoa é a fonte a que recorrem todos os narradores" (p. 198). Dessa forma, considerando *Becos da Memória*, passado e presente aproximam-se mediante narrativas orais dos primeiros moradores da favela.

Constantemente, as personagens Bondade[24], Vó Rita, Tio Totó, Tio Tatão, Filó Gazogênia e Maria-Velha participam, direta e indiretamente, do processo de composição da narrativa, ao fornecerem vislumbres de passados rasurados. Entre essas histórias destacam-se as de Tio Totó, com narrativas de perda e morte: primeira mulher, Miguilina, e filha Catita, na travessia de um rio na juventude; Negra Tuína; filhos; e homens-vadios. "Foram tantas dores: esta, a outra, aqueloutra, aquelainha, o acabar com a favela. [...] Condoído de si, de Maria-Nova e da vida, chorou" (BM, p. 72). Após passar por tantos traumas, Tio Totó alcança a velhice – "são, salvo e sozinho" (BM, p. 31). Mas nem tão sozinho assim, pois narra suas experiências e amplia a coleção de histórias de Maria-Nova. O constante choro, o medo, o eterno retorno das histórias, tudo isso marca o envelhecimento de Tio Totó, que se agarra às memórias de infância e de um passado distante: "É, Totó está ficando velho, deu para ter medo!" (BM, p. 72). Se inicialmente ele traz histórias novas, essas narrativas passam a ser repetidas como fantasmas do passado, assombrando o presente. Com o processo do envelhecimento, aos poucos Tio Totó apresenta-se frágil, situação que expressa a

---

[24] Bondade – homem de meia idade, cuja identidade todos na favela desconhecem –, opera como um atravessador de histórias, e, nesse sentido, como parte de uma solução formal sofisticada utilizada por Conceição Evaristo, para que a narradora possa conhecer histórias que se passam em espaços privados aos quais não teria acesso. Isso porque Bondade adentra nos barracos dos moradores da favela, com os quais Maria-Nova não tinha contato direto, compartilhando tais histórias com a narradora.

decadência do modelo tradicional paradigmático de masculinidade, que antes se apresentava através de uma subjetividade construída a partir da concepção do homem como valente, provedor, forte e, sobretudo, que não chora.

Em processo semelhante, Maria-Velha – a terceira mulher de Tio Totó – também sente o peso da idade e das desilusões advindas de suas experiências traumáticas: "Ela também já tinha uma longa coleção de pedras. Já vinha também de muitas dores e era por isso, talvez, que ela sorrisse só para dentro" (BM, p. 33). Na narrativa, a insegurança se faz presente e, na mulher experiente, desaparece a menina saltitante e sorridente dos tempos de meninice. A tia de Maria-Nova também conta muitas histórias – narrativas dela, de Mãe Joana e de outros familiares –, mas a mais recorrente é aquela do choro triste e saudoso de seu avô, quando ela, ainda criança, brinca em sua frente: naquele momento o velho chora ao lembrar-se da filha Ayaba.

Nesse sentido, podem ser apontados também Vó Rita e Tio Tatão. A primeira, por ter "o coração enorme", é mencionada em vários momentos da narrativa como modelo positivo, afinal, ela abdica dos seus para tomar conta da Outra. Já Tio Tatão, personagem cujas histórias de guerra Maria-Nova não gosta de ouvir e que, aparentemente, não constitui o arquétipo ideal do contador de histórias, interpela a menina sobre suas responsabilidades enquanto mulher negra: "a sua vida, menina, não pode ser só sua. Muitos vão se libertar, vão se realizar por meio de você. Os gemidos estão sempre presentes. É preciso ter os ouvidos, os olhos e o coração abertos" (BM, p. 103).

Mediante exemplos e ensinamentos dos velhos da favela, Maria-Nova atenta para as necessidades de seu povo, como também para a preservação de suas memórias. Nesse sentido, seguindo o conselho de Tio Tatão, ouvir e observar as experiências dos próximos, sobretudo dos mais velhos, são fatores essenciais para a sua formação. Para melhor recordar, a personagem-narradora recorre aos fatos narrados, às imagens, aos moradores, aos becos da favela, tecendo e mantendo a memória coletiva da comunidade.

Sobre memória dos velhos, Ecléa Bosi lembra que, no momento da velhice social, ao velho fica a função de lembrar: "A de ser a memória da família, do grupo, da instituição, da sociedade" (BOSI, 1994, p. 6). Considerando esse aspecto, Filó Gazogênia, Vó Rita e Tio Tatão também fazem parte desse grupo. Os três constantemente são lembrados, fazendo parte dos *"Becos da Memória"*. Nesse sentido, suas experiências são frequentemente retomadas para prover conhecimentos aos mais novos – seus exemplos, principalmente, fazem parte do processo de constituição de Maria-Nova como sujeito e como narradora – expressando a sabedoria de personagens idosas.

Ainda sobre a contribuição dessas narrativas orais para a manutenção da memória e de uma tradição, as reflexões de Edouard Glissant (2005) – a partir da imagem do "homem nu" – são imprescindíveis para repensar a condição dos descendentes de africanos, que chegaram à América "despojados de tudo, de toda e qualquer possibilidade, e mesmo despojados de sua língua" (GLISSANT, 2005, p. 19)[25]. Eles contavam apenas com suas memórias. Assim, a partir de uma atualização, já que a História escrita dos negros enquanto sujeitos também é praticamente inexistente na história oficial brasileira, a memória oral passa igualmente a ser um elemento indispensável na articulação dessa narrativa de experiências negro-brasileiras, que, de fato, se

---

[25] Édouard Glissant (2005), ao refletir sobre o povoamento nas Américas, traz a imagem do homem negro escravizado enquanto "migrante nu", "aquele que foi transportado à força para o continente [...], despojado de tudo, de toda e qualquer possibilidade" (p. 17-19). Isso acontece porque, de acordo com Glissant, "o ventre do navio negreiro é o lugar e o momento em que as línguas africanas desaparecem, porque nunca se colocavam juntas no navio negreiro, nem nas plantações, pessoas que falavam a mesma língua. O ser se encontrava dessa maneira despojado de toda espécie de elementos de sua vida cotidiana, mas também, e, sobretudo, de sua língua. O que acontece com esse migrante? Ele recompõe, através de rastros/ resíduos, uma língua e manifestações artísticas, que poderíamos dizer válidas para todos" (GLISSANT, 2005, p. 19).

constituem como contranarrativas da nação. Uma vez que é por meio das narrativas de memória que o leitor conhece as histórias das personagens, a questão memorialística e a reconstituição da história através da oralidade são de suma importância para a análise de *Becos da Memória*, pois o texto é tecido a partir do entrelaçamento de narrativas de pessoas da favela.

Nesse livro, a articulação entre memória individual e coletiva (HALBWACHS, 2003) possibilita a reconstrução do passado por meio da narradora Maria-Nova, que é interpelada a reunir e tecer a história dos seus. Maria-Nova – conforme sinaliza seu próprio nome – seria portadora de uma nova história. Ela ouve as narrativas da favela com muita atenção: "Ela precisava ouvir o outro para entender" (BM, p. 53). E assim ocorre um interessante processo de aprendizagem, em que o compartilhar das vivências faz da favela uma "escola-mundo" – extremamente importante para o conhecimento.

Nesse sentido, a partir das muitas histórias ouvidas, Maria-Nova sente-se confrontada na escola com um discurso historiográfico no qual se referencia o negro como um vencido, um escravizado, um subalterno, ou simplesmente como um objeto. Em tal sistema de ensino, a menina não se sente representada na narrativa historiográfica, ensinada pela professora, como vemos no excerto:

> Duas ideias, duas realidades, imagens coladas machucavam-lhe o peito. Senzala-favela. Nesta época, ela iniciava seus estudos de ginásio. Lera e aprendera também o que era casa-grande. Sentiu vontade de falar à professora. Queria citar como exemplo de casa-grande, o bairro nobre vizinho e como senzala, a favela onde morava (BM, p. 70).

O incômodo – com uma história tida como única e verdadeira, narrada nos livros didáticos e ensinada de forma desarticulada da realidade presente pela professora – faz com que a menina, "forjada a ferro e a fogo" (BM, p. 73) na favela, articule o passado e o presente. Além disso, acende em Maria-Nova o desejo de interpretar a condição do negro na senzala, no século XIX, em relação à situação dos moradores da favela, nas últimas décadas do século XX. Nesse processo, a narradora elabora um novo conceito: "favela-senzala". No entanto, ao perceber a crueldade, a dureza e, sobretudo, a amplitude de sua reflexão, se contém e não compartilha com seus colegas de sala a necessidade da escrita de uma história nova. Isso porque talvez considere que não haveria uma compreensão das inter-relações favela-do-escravizado e favela-senzala por esses, já que há apenas mais uma menina negra na sala, e a outra, também Maria, é alienada: "escutava a lição tão alheia como se o tema escravidão nada tivesse a ver com ela" (BM, p. 70). Mesmo assim, Maria-Nova

> fitou a única colega negra da sala e lá estava a Maria Esmeralda entregue à apatia. Eram muitas as histórias, nascidas de uma outra História que trazia vários fatos encadeados, consequentes, apesar de muitas vezes distantes no tempo e no espaço. Pensou em Tio Totó [...]. Pensou em Maria-Velha [...]. Pensou em Negra Tuína, em Filó Gazogênia, em Ditinha. Pensou em Vó Rita, na Outra e em Bondade. Pensou nas crianças da favela [...]. Pensou em Negro Alírio e reconheceu que ele agia querendo construir uma nova e outra História. Maria-Nova olhou novamente a professora e a turma. Era uma História muito grande! Uma história viva que nascia das pessoas, do hoje, do agora (BM, p. 137-138).

A partir do acesso às narrativas orais – sobretudo em relação às experiências compartilhadas pelos velhos – e pela observação constante do cotidiano dos moradores da favela, Maria-Nova (re)interpreta a realidade subalternizada do negro no contexto em questão. A realidade de permanente carência reitera uma história que principiara há séculos. No entanto, por essa história de marginalização ainda estar viva, a menina percebe que pode transformá-la, almejando mudanças nas relações sociais[26].

Conforme ressaltado na citação, o desconforto da menina advém do não reconhecimento da relação entre a história narrada e a realidade. Também se relaciona com a falta de identificação com os demais colegas de sala e com a professora. Certamente, naquele contexto, a inabilidade da professora – de articular o conteúdo do livro didático de história com a realidade vivida pelos negros no presente – só poderia ser criticada por alguém que teve uma educação diferenciada, como Maria-Nova, a única aluna que "conseguia chegar às conclusões" (BM, p. 103)[27]. Assim, percebe-se que Evaristo, enquanto intelectual negra, critica a desarticulação entre vida real e currículo, ao apontar o modo como conteúdos didáticos não dialogam com a realidade do aluno. Isso, levando-nos a pensar no processo homogeneizador e faloeurocêntrico das disciplinas escolares.

Ainda sobre a capacidade de Maria-Nova saber ler e interpretar a realidade, outra personagem que marca a menina e lhe serve de exemplo é Negro Alírio. A primeira característica comum entre eles é a visão crítica do mundo. Negro Alírio sabe ler, mas mais que ler palavras, ele lê o mundo a sua volta: "Um

---

[26] Sobre a situação vivenciada pela personagem-narradora na sala de aula, tornam-se importantes algumas reflexões. Quanto às dificuldades na abordagem da questão racial em sala de aula, Gomes, ao analisar o contexto escolar vivenciado por mulheres negras, aponta que tais problemas "revelam o peso do imaginário e de valores racistas em nossa sociedade" (GOMES, 1996, p. 81). Tais paradigmas, constantemente retroalimentados também pelo mito da democracia racial, auxiliam na naturalização de práticas históricas de dominação racial e de gênero. Nesse processo, o material didático usado na escola formal ajudaria a fomentar e perpetuar uma dinâmica de exclusão.

[27] Nesse contexto, ao aproximar a situação ficcional da realidade, percebe-se que o conteúdo ensinado de forma desarticulada da realidade aponta para um questionamento bastante pertinente: "Como lidar com o currículo em um contexto de desigualdades e diversidade?" (GOMES, 2012, p. 99). Assim como na ficção, a "rigidez das grades curriculares, o empobrecimento do caráter conteudista dos currículos, a necessidade de diálogo entre escola, currículo e realidade social, a necessidade de formar professores e professoras reflexivos" (op. cit., p. 102) são alguns dos desafios a serem vencidos. Sendo assim, a proposta de descolonização do currículo (Cf. GOMES, 2012) é de suma importância para discutir o processo homogeneizador e eurocêntrico do programa escolar. No entanto, conforme apontado pela pesquisadora, isso só é possível se tais conteúdos multiculturais forem tratados enquanto "mudança estrutural, conceitual, epistemológica e política" (op. cit., p. 106), e não como mais um conteúdo ou módulo de uma única disciplina.

dia aprendera a ler. A leitura veio aguçar-lhe a observação. E da observação à descoberta, da descoberta à análise, da análise à ação. E ele se tornou um sujeito ativo, muito ativo. [...] Era um operário, um construtor da vida" (BM, p. 54). Maria-Nova segue o mesmo caminho: vencendo a vergonha e o medo da escola e dos colegas, ela lê, compara e chega a conclusões. Até que, no final da narrativa, essa aproximação torna-se ainda mais tênue, em virtude de um mesmo desejo: o desejo de mudança, mediante a escrita de uma nova história.

A formação da protagonista de *Becos da Memória* é diferenciada na sua articulação das memórias de velhos e, também, em sua relação conturbada com a escola: "estava ali numa segunda série ginasial, mesmo assim fora da faixa etária, era mais velha dois anos que seus colegas. E ainda estava em vias de parar de estudar, a partir do momento que tivesse que mudar da favela" (BM, 138). É importante problematizar essa condição de Maria-Nova, enquanto estudante ao mesmo tempo competente e marginalizada: aluna competente, ela elabora interpretações sofisticadas acerca de sua realidade; aluna marginalizada, não consegue constituir uma rede de solidariedade com seus colegas de classe e, até mesmo, devido à demolição da favela, é privada da possibilidade de continuar a estudar por algum tempo.

Quanto à questão da evasão escolar em relação à condição étnico-racial[28], o exemplo de Maria-Nova expõe um problema social abrangente. Isso porque, ainda hoje, o abandono escolar faz

---

[28] Para outro contexto, Nilma Gomes declara que "um dos grandes problemas da educação brasileira é que, apesar do aumento no número de vagas e a obrigatoriedade dos oito anos de escolarização, esse percurso é interrompido pela seletividade de nosso sistema" (GOMES, 1996, p. 79). Em perspectiva semelhante, Elisa Sales de Almeida (2009), ao pesquisar a história escolar de mulheres negras, atentando para a ausência de políticas públicas para esse fim, aponta que: "Não há dúvida de que as políticas públicas voltadas à escolarização formal têm vasta interferência na vida das sociedades na medida em que podem ser responsáveis por oportunidades que não seriam vivenciadas apenas com os esforços pessoais impetrados pelos indivíduos. Por este motivo, a ausência de políticas públicas dessa natureza deve ser entendida como um dos fatores determinantes da exclusão educacional em que ainda hoje se encontram determinados grupos que compõem o tecido social brasileiro, a exemplo das mulheres negras" (ALMEIDA, 2009, p. 219).

parte da realidade de muitas mulheres negras. No texto, Conceição Evaristo questiona, através da literatura, como a baixa escolaridade da população negra sustenta uma relação racismo-exclusão: "favela-senzala". Por conseguinte, explora a intensificação da opressão vivenciada pela mulher negra, aspecto também recorrentemente representado na obra em estudo. Nesse processo, a ausência de políticas públicas, ou sua ineficácia, mantém certa ordem sociocultural hegemônica, reforçando o *status quo* subalterno da mulher negra, na medida em que, por exemplo, a mantém em subempregos, como o doméstico (que no contexto tratado tinha um mínimo de garantias).

Maria-Nova consegue romper com uma história de ausências, pois articula uma educação formal e uma informal. Contrariamente às outras crianças da favela, "poucas, pouquíssimas, podia-se contar nos dedos as que chegavam à quarta série primária, e entre todos, só ela estava ali numa segunda série ginasial" (BM, p. 138), Maria-Nova avança nos estudos. A jovem vence algumas barreiras da exclusão intelectual, mas, excepcionalmente, por ter acesso também a uma educação diferenciada (lembro a formação de Maria-Nova como uma ouvinte de narrativas orais de moradores da favela, como Tio Totó e Bondade, entre outros). Além disso, a narradora faz da escrita uma ferramenta subversiva, saindo de um lugar de gênero e etnia predeterminado às mulheres negras – domésticas, faxineiras e diaristas – e ocupa um lugar considerado como de detentora do "saber", ou seja, se estabelece como uma mulher letrada.

Em uma leitura a contrapelo, a protagonista de *Becos da memória* aparece enquanto escritora de uma narrativa coletiva, e a escrita se dá enquanto resultado da necessidade de uma ação interventiva. Em outro livro, *Olhos d'água*, outra jovem, também moradora de uma favela, agarra a escrita enquanto forma de vida. Bica, de "A gente combinamos de não morrer", ameniza o cotidiano violento com a constante invenção de palavras. Nesse processo, a fome que a consome ultrapassa o alcance dos alimentos e escrever funciona "como uma febre incontrolável, que arde, arde, arde" (EVARISTO, 2014a, p. 108)[29]. Aqui, perspectivas de mudanças são poucas, uma vez que vida e morte se entrelaçam de forma que "às vezes a morte é leve como a poeira. E a vida se confunde com um pó branco qualquer" (OD, p. 100). Assim, a escrita de Bica se faz dançarina – "gosto de ver as palavras plenas de sentido ou carregadas de vazio dependuradas no varal da linha. Palavras caídas, apanhadas, surgidas, inventadas na corda bamba da vida" (OD, p. 108) –, e se faz portadora de uma mensagem outra. De forma que a escrita, que por vezes nessa narrativa é apontada enquanto despretensiosa ou vazia de significado, funciona como denúncia ou catarse por dias melhores.

Como observei, ao considerar a narradora-personagem Maria-Nova, alguns temas mostram-se prementes na narrativa de Conceição Evaristo, articulados à narrativa de desfavelização. A questão da baixa escolaridade da população negra, que de certa forma predetermina um lugar no espaço público e privado a ser ocupado por essa parcela da população; a importância das narrativas orais para a manutenção de uma tradição, mas, ao mesmo tempo, apontando para a necessidade de transformação da realidade, que mantém historicamente a população negra em posição social desfavorável; e, em diálogo com as narrativas orais, a memória coletiva, que aparece enquanto fator articulador entre passado e presente, de forma que a imagem do "homem nu", trazida por Glissant (2005), é desarticulada dos negros, uma vez que a construção/escrita da memória coletiva serve de indumentária de um projeto político-social, de testemunho e de porta-voz de mudanças.

---

[29] Doravante o texto será referenciado como OD, seguido do número da página.

2.1.2 – É preciso lembrar e "retomar sonhos e desejos de tantos outros que já se foram"

Seguindo a mesma linha de análise da importância da ancestralidade, a menina Querença, a neta de Duzu – uma das personagens de *Olhos d'água* – "retomava sonhos e desejos de tantos outros que já tinham ido" (OD, p. 34). Aqui, a memória também é um aspecto fundamental, já que é a partir da narrativa de Duzu, vítima de uma infância difícil, permeada por promessas não cumpridas, que reconhecemos as ânsias de Querença. Nesse processo, a menina, depositária de sonhos, tem um longo caminho pela frente, já que as mortes da avó e do primo Tático acordam, nela também, desejos de mudanças.

Querença possui a mesma idade de Maria-Nova, inclusive, há semelhantes no cotidiano das duas. Ambas, moradoras de favela, anseiam por uma transformação da realidade. As duas ainda possuem em comum o cotidiano perpassado por narrativas orais. Narrativas essas, fundamentais nas duas histórias, pois sugerem a confluência de memórias individuais na construção da memória coletiva de um povo.

Sendo assim, é possível para Querença retomar os sonhos de seus familiares, que já tinham morrido, através das narrativas da avó Duzu. Nesse aspecto, a audição também se torna quesito fundamental nessa narrativa, visto que a menina não conheceu as pessoas das quais a avó falava. Mesmo assim, no momento da morte de Duzu, Querência "subitamente se sentiu assistida e visitada por parentes que ela nem conhecera e de quem só ouvira contar as histórias" (OD, p. 36). Consoante narrativa, a "visita" dos parentes da menina não acontece de forma gratuita: a lembrança dos seus floresce anseios por mudanças. Talvez esse aspecto dentro da narrativa possa ser relacionado com o que Walter Benjamin (1994) aponta como "senso prático" da narrativa oral, visto que, de acordo com o teórico, a narrativa oral "tem sempre em si, às vezes de forma latente, uma dimensão utilitária. Essa utilidade pode consistir seja num ensinamento moral, seja numa sugestão prática, seja num provérbio ou numa norma de vida" (BENJAMIN, 1994, p. 201). Diante disso, nota-se que as narrativas de Duzu ajudam na construção da subjetividade da menina, que busca a transformação de sua realidade, com a seguinte prática: "estava estudando, ensinava as crianças menores da favela, participava do grupo de jovens da associação de Moradores e do Grêmio da Escola" (OD, p. 37). A jovem de treze anos, tão atuante no meio onde mora, considera, contudo, que tudo que faz ainda é pouco. O "senso prático" das narrativas da avó Duzu aponta para outras necessidades: "E foi no delírio da avó, na forma alucinada de seus últimos dias, que ela, Querença, haveria de sempre umedecer seus sonhos para que eles florescessem e se cumprissem vivos e reais. Era preciso reinventar a vida, encontrar novos caminhos (OD, p. 36).

Nesse processo, o nome da menina, Querença, ganha significado. A constante falta ou o eterno "querer" proposto pelo nome, mediante narrativa, assinala os desejos não realizados da avó e de tantos outros parentes seus: a avó Duzu, ainda menina, chegando à cidade juntamente com seus pais com a promessa de um futuro diferente "era caprichosa e tinha cabeça para leitura" (OD, p. 32); a esperança e a "sede de amanhã" nos atos dos pais de Duzu; bem como os sonhos de outros acordam na menina a certeza de um futuro diferente.

Consoante isso, o próprio ato da jovem ensinar voluntariamente crianças menores da favela merece atenção. A ação da menina de repassar conhecimento para o outro aponta para alguém que se quer agente da história, que se propõe a intervir no espaço e no modo como a história está sendo escrita. Tal intervenção, no espaço público, mesmo que esse ainda seja conscrito na favela, sinaliza mudanças. Sendo assim, problematiza-se a "política do cotidiano" (hooks, 1995) nessa narrativa, em duas instâncias: no espaço privado, as narrativas orais de Duzu participam da formação crítica de Querença; no espaço público, essa formação traz como resultado a constituição da jovem como cidadã ativa, que questiona relações sociais cotidianas opressivas.

Consequentemente, pode-se afirmar que o narrador de histórias orais se faz presente tanto em *Becos da Memória* quanto em "Duzu-Querença", não estando em estágio de extinção, contrariando o que aponta Benjamin (1994). Para ele, "a arte de narrar está em vias de extinção. São cada vez mais raras as pessoas que sabem narrar devidamente" (p. 197). Muito pelo contrário, em ambas narrativas os narradores orais se fazem eficientes ao transmitirem suas experiências, uma vez que as duas jovens respondem à manutenção e divulgação de saberes advindos dessas narrativas. Nesse aspecto, pode-se entender esse esforço pela tradição de oralidade como um mecanismo de insubordinação – ou mesmo um resgate das "memórias subterrâneas", proposto por Pollak (1989) –, ao lembrar o legado deixado por homens e mulheres que foram escravizados em um passado não muito distante.

Ainda que os africanos escravizados fossem misturados no navio negreiro e impedidos de se comunicar em seus idiomas, a memória e a oralidade constituíram-se mecanismos essenciais para a manutenção de uma tradição de narrativas, que por vezes foram repassadas de geração em geração. Além do mais, Clara Alencar Villaça Pimentel ainda observa o uso e reapropriação da linguagem da diáspora – considerando também a linguagem oral nesse universo – enquanto mecanismo de resistência, "de maneira a denunciar esquemas e realidades que continuam reprimindo o ser feminino" (PIMENTEL, 2011, p. 23).

Nesse aspecto, o papel da intelectual Conceição Evaristo pode ser observado na proposta de revisitar histórias de família como baluarte de aprendizagem. Nesse propósito, o ato de ouvir –

"ter os olhos, os ouvidos e o coração sempre abertos" (BM, p. 103), propostos por Tio Tatão, em *Becos da Memória* – torna-se essencial, visto que a manutenção da história e da literatura do povo negro não fazia parte da cultura brasileira, pois o que foi divulgado foi diluído em livros, juntamente com o discurso de democracia racial. Sendo assim, essa atenção aos narradores orais se faz política, já que "o narrador retira da experiência o que ele conta" (BENJAMIN, 1994, p. 201), na ânsia de que seus ouvintes transformem aquela realidade, agindo de forma diferente, e ainda, sem perder contato com a tradição.

2.1.3 – "Trabalho, trabalho, trabalho. O dia entupido de obrigações"

Ainda em *Olhos d'água*, porém, diferente de Querença em idade e em experiências, Cida é uma mulher de vinte e nove anos, que mora em um prédio na praia de Copacabana e trabalha na Avenida Rio Branco, mas que "compartilha da mesma 'vida de ferro', equilibrando-se 'na frágil vara'" (GOMES, 2014, p. 10). Assim, a educação como tema e enquanto fonte transformadora da condição feminina também pode ser observada a partir do conto "O cooper de Cida". Nesse texto, a mulher se faz equilibrista e se entrega a uma corrida constante na busca de um lugar ao sol. Nessa corrida, o tempo se faz inimigo e exige uma constante adequação: "Corria o tempo todo querendo talvez vazar o minguado tempo do viver. Era preciso buscar sempre. O que tinha ficado para trás, o agora e o que estava por vir" (OD, p. 65).

Nesse conto, a mulher aparece enquanto funcionária de um escritório e o emprego parece ser resultado de muito empenho e comprometimento para a manutenção desse lugar. A velocidade da vida condiz com os desejos e ansiedades de Cida, que sempre opta por aquilo que traga resultados rápidos: "Cursos, estudos somente aqueles que proporcionassem efeitos imediatos. Nada de sala de aula durante anos e anos e de leituras infinitas" (OD, p. 67). Com isso, a mulher "vende a vida", tentando um equilíbrio na "corda bamba do tempo" (OD, p. 68). Consequentemente, a submissão ao ensino tecnicista parece provocar uma constância na mulher, que, semelhante a uma máquina, só se presta a produzir e correr. Não se lembra mais da sua cidade natal, compra o jornal e não o lê, não vê o mar, não enxerga as pessoas.

"É preciso correr, para chegar antes, conseguir a vaga, o lugar ao sol, pegar a fila pequena no banco, encontrar a lavanderia aberta, testemunhar a metade da missa" (OD, p. 67). Na ânsia do cumprimento de tantos compromissos, até à missa assiste pela metade, afinal, precisa cumprir a recomendação da mãe. Essa urgência de Cida merece atenção, uma vida típica de cidade grande que poderia ser experimentada por qualquer outra pessoa. No entanto, temos uma personagem feminina, que trabalha em um escritório, buscando a excelência a partir do desdobramento do tempo: "Em casa, corria ao banho, ao quarto, à sala, à cozinha. Fervia o leite, arrumava a mesa, voltava ao quarto, avançava sobre o guarda-roupa e atracava-se ao uniforme de trabalho, logo depois já estava na sala fechando a porta e indo" (OD, p. 66). Em uma constante busca, o espaço privado é lugar de passagem: amores rápidos e leituras dinâmicas.

Aqui, o tempo faz-se opressor e a mulher, ao ocupar o espaço público, torna-se oprimida. Presa à correria do tempo, a única vitória está relacionada ao abandono de um tempo outro: a lentidão das pessoas de sua cidade de meninice. Cida, no dia em que estranhamente "tirou um tempo para si", viu o mar pela primeira vez, "a fome, o descompromisso e o abandono dos mendigos" (OD, p. 69). Semelhante a uma epifania, vivenciada continuamente pelas personagens femininas de Clarice Lispector, outras sensações começam a ser percebidas.

Porém, diferentemente de outras personagens femininas de Evaristo, Cida não tem contato com seus familiares, nem cultua uma tradição de memória oral. Muito pelo contrário, já até se esquecera da sua cidade natal. Como dito anteriormente, a educação enquanto fonte transformadora da realidade aparece somente associada a efeitos imediatos: "Nada de gastar o tempo curto e raro" (OD, p. 67). O que nos faz questionar se a mulher, para ter uma ocupação diferente daquelas associadas ao estereótipo feminino, no espaço público, teria que se entregar ao turbilhão da vida.

Talvez, o conselho de Tio Tatão para Maria-Nova, "É preciso ter os olhos, os ouvidos e o coração abertos" (op. cit.), se faça atual, uma vez que, na urgência da vida, na voragem das cidades, gentes-máquinas se fazem presentes e engolir as informações prontas, sustentar a invisibilidade dos iguais, sem qualquer questionamento, passa ser uma situação real. Embora o texto não traga nenhuma referência em relação à etnia de Cida, é plausível inferir tratar-se de uma mulher negra, já que a tríade – gênero, raça e classe – perpassa todos os contos de *Olhos d'água*. Mediante tal perspectiva, é possível perceber que, ao romper com o espaço imposto para a mulher negra na sociedade brasileira, – "isto é, do lugar predestinado por um pensamento racista e pelas condições socioeconômicas da maioria da população negra brasileira, o lugar da doméstica, da lavadeira, da passadeira, daquela que realiza serviços gerais" (GOMES, 1996, p. 77) – ocupando o espaço público, em um serviço administrativo na Av. Rio Branco, no Rio de Janeiro, e também morando em um prédio em frente à praia de Copacabana, à mulher restou fazer-se máquina para adequar-se a tais espaços possuidores de certo *status* social: "trabalho, trabalho, trabalho. O dia entupido de obrigações" (OD, p. 67).

Por que trazer essa mulher que se encontra vítima do tempo e do trabalho para o espaço literário? A "política do cotidiano" aqui se apresenta de forma múltipla, e o texto aponta para a necessidade de mudança: Cida, que desde criança se entrega à urgência da vida, já madura é intimada a parar para refletir sobre suas escolhas. Corpo e alma entregues a uma vida de ferro, olhos, ouvidos e coração permanecem fechados para os ruídos externos, "tudo indo de roldão" (BM, p. 25). Assim, a pausa no cotidiano de Cida nos remete à necessidade de mudanças e, ao mesmo tempo, à reflexão sobre o quanto romper com uma história de exclusão, ocupando um espaço diferente daquele predestinado, também é doloroso.

Dessa forma, recuperando a reflexão, pensar na representação das três mulheres, Maria-Nova, Querença e Cida, a partir de uma perspectiva de transformação da realidade, faz-se pertinente, uma vez que Cida, no auge de seus quase trinta anos, poderia representar as meninas em outro momento da vida, caso as mesmas não tivessem a formação diferenciada, que aponta para um futuro diferente, conforme mencionado anteriormente. Sendo assim, a pausa faz-se urgente para resgatar os desejos de outrora, uma vez que "essa mulher de múltiplas faces é emblemática de milhões de brasileiras na sociedade de exclusões que é a nossa" (GOMES, 2014, p. 10). Nessa perspectiva, uma intervenção no espaço público e privado torna-se urgente. No entanto, o texto "Cooper de Cida" nos mostra que apenas entregar-se no "roldão" da vida, em uma perspectiva individualista, não é o suficiente.

2.2 – Violências cotidianas

2.2.1 – Espelho invertido: Reflexos da violência racial

Mediante o olhar atento de Maria-Nova ao observar as imagens e becos da favela, as necessidades, faltas e reivindicações da comunidade são afloradas. Nesse eterno ouvir, olhar e sentir, Maria-Nova soube dos segredos e ânsias de Ditinha ao ocupar um espaço fora da favela, mesmo que esse espaço ainda fosse o privado. Também é a partir de sua história que as violências racial, física e social sofridas pela mulher negra mostram-se evidentes, em uma associação com o realismo social. A pesquisadora Miriam Pillar Grossi, ao tratar das violências que atingem as mulheres não brancas, ressalta que:

> Vários trabalhos e depoimentos apontam como violência específica contra as mulheres negras a forma como são discriminadas tanto no acesso formal ao trabalho, sob a clássica exigência de "boa aparência", quanto no plano mais subjetivo das representações veiculadas pela mídia, onde o padrão de beleza é o da mulher branca, assim como na preferência em casamentos interétnicos por parte dos homens negros (GROSSI, 1994, p. 482).

Tais discriminações apontadas pela pesquisadora são representadas na narrativa sobre a personagem Ditinha. Essa mulher mora em um dos barracos da favela, juntamente com os filhos, o pai paralítico e a irmã prostituta. A miséria e a solidão para cuidar das coisas práticas da vida são companheiras constantes nos dois pequenos cômodos do barraco. Assim como a maior parte das mulheres negras, Ditinha é empregada doméstica. Na "casa grande", bairro nobre onde trabalha, os elogios da patroa são para o trabalho da empregada, que sente o contraste entre ela e a patroa: "Como D. Laura era bonita! Muito alta, loira, com os olhos da cor daquela pedra de joias. [...] Olhando e admirando a beleza de D. Laura, Ditinha se sentiu mais feia ainda" (BM, p. 94). Dessa forma, consoante estudos de Grossi (1994), Ditinha aparece enquanto vítima da violência racial em seus vários sentidos.

É mediante comparações entre as duas mulheres que se dá o embate entre suas casas e aparências, já que a ideia de bonito ligada ao consumismo e ao branqueamento perpassa o discurso: o bairro nobre e a favela, a casa e o barraco, uma bonita e a outra feia. Ao ocuparem o mesmo ambiente, Ditinha sente-se incomodada:

"Olhou-se no espelho e sentiu-se tão feia, mais feia do que normalmente se sentia" (BM, p. 93). A moça nem sequer se permite a hipótese de possuir as joias, sapatos e roupas da patroa, visto que não possui "boa aparência": "'E se eu tivesse vestidos e sapatos e soubesse arrumar os meus cabelos? (Ditinha detestava o cabelo dela). Mesmo assim eu não assentaria com essas joias'" (BM, p. 93). Os estereótipos de mulher feia, favelada, que não sabe se vestir, nem mesmo se tivesse os desejados produtos de consumo, fazem Ditinha se sentir como uma mulher submissa e incapaz. Então, um impulso, um furto, uma ação inconsciente – não sabe sequer o que fazer com a joia – leva-a para a prisão, um outro espaço periférico também relegado principalmente para a população negra: "E a vergonha?! Ela já tinha tanta vergonha de Dona Laura. Julgava a patroa tão limpa, ela tão suja. E agora, ainda por cima, ladra" (BM, p. 111). Em virtude do acontecido, Ditinha "amargará sete meses no presídio de onde retorna inerte, culpada, sem ânimo para recomeçar a vida, e sem coragem para enfrentar o olhar dos outros" (SCHMIDT, 2010, p. 211). Nesse processo, uma mistura de culpa e medo é o estopim para desencadear uma série de cobranças, que sustentam o sentimento de fracasso. "Sim, do negro exige-se que seja um bom preto; isso posto o resto vem naturalmente" (FANON, 2008, p. 47). Certamente, o sentimento de vergonha e essa cobrança pessoal de Ditinha advêm do fato de que roubar contraria uma espécie de pacto pacifista da democracia racial.

Aliada às reflexões de Fanon (2008), Zezinho, personagem protagonista de "Os amores de Kimbá", de *Olhos d'água*, mediante sua aparente pele negra de máscara branca, parece atender bem ao estereótipo do "bom preto", ao almejar livrar-se de um legado de miséria, a partir de um enlace amoroso com pessoas "das altas". "Eles lhe dariam tudo, caso ele quisesse. [...] Era tentador. Deixar a miséria. Deixar a família" (OD, p. 92). Primeiramente, ele aceita o novo nome – Kimbá – dado por um amigo rico. Todavia, mais consciente de sua situação étnico-social do que Ditinha, ele vive um conflito entre os dois mundos: "Ele detestava também ter de ser dois, três, vários talvez. Dava trabalho mudar o rosto, o corpo, mudar até o gosto. Seria tão bom se ele pudesse ser só ele. Mas o que era ser ele? Era ser Zezinho? Era ser Kimbá?" (OD, p. 89). Circular pelos dois mundos causa-lhe angústias e, na ânsia por mudanças, o rapaz, por vezes, reflete sobre uma forma para solucionar o problema, uma vez que o serviço de faxineiro no supermercado não aponta para a sonhada mobilidade social. Sobre sua origem, em *Olhos d'água* lemos que:

> A avó nascera de mãe e de pai que foram escravizados. Ela já era filha do "Ventre Livre", entretanto vivera a maior parte de sua vida entregue aos trabalhos em uma fazenda. A mãe e as tias passaram a vida se gastando nos tanques e nas cozinhas das madames. As irmãs iam por estes mesmos caminhos. E ele, ele mesmo, estava ali, naquele esfrega-esfrega de chão de supermercado (OD, p. 92).

Mais uma vez, a representação de mulheres negras enquanto domésticas[30] se faz presente no texto-denúncia de

---

[30] De acordo com a Lei Complementar nº 150, de 1 de junho de 2015, é considerado empregado doméstico aquele que presta serviços de forma contínua, subordinada, onerosa e pessoal e de finalidade não lucrativa à pessoa ou à família, no âmbito residencial destas, por mais de 2 (dois) dias por semana. No entanto, para esta análise, estou considerando a situação específica da mulher negra nessa função, já que essa representa 71% desta mão de obra, considerando que "o serviço doméstico é a maior área profissional feminina do país, ocupando aproximadamente 4,6 milhões de mulheres em um total de cinco milhões de trabalhadoras em 2000" (PAULA, 2012, p. 160). Também nessa análise, há que se considerar a problemática em torno do serviço doméstico. Ao analisar a relação patroa-empregada doméstica, as reflexões da pesquisadora Sônia Giacomini (1988) sobre a relação senhora-escrava são relevantes. Para a pesquisadora, "foram escravos, e sobretudo escravas, que garantiram o funcionamento da casa patriarcal, ao mesmo tempo que proporcionaram às senhoras – ligadas à esfera doméstica –, sobretudo àquelas abastadas, um tempo ocioso" (GIACOMINI, 1988, p. 73). Na atualidade, são as empregadas domésticas, em sua maioria mulheres negras, que executam tal função. Embora esse trabalho seja remunerado, vários dos direitos trabalhistas dessas profissionais foram adquiridos há menos de cinco anos no Brasil. Anteriormente, o contrato trabalhista era regido por acordos entre trabalhadoras e empregadores, o que privilegiava o interesse dos últimos, perpetuando a aproximação entre serviço doméstico e exploração. Devido ao advento da Lei Complementar nº 150, de junho de 2015, a situação dos trabalhadores domésticos sofreu mudanças. Direitos antes restritos a outros grupos foram

Conceição Evaristo. Agora, o legado de miséria justifica-se pela continuidade da ocupação no subemprego de várias gerações de mulheres, iniciando-se com a escravidão. Nesse aspecto, trazer para a análise o corpo do homem-negro-filho torna-se relevante, já que perecer na miséria parece ser destino certo.

Mais uma vez permeia a questão um privilégio racial e de classe, já que mulheres negras são a maioria ocupando essas funções, repetindo a dinâmica do regime escravocrata em que "à senhora [...] reportam-se a ela somente como administradora do lar" (GIACOMINI, 1988, p. 74)[31]. Problematizando a existência

---

incorporados também a essa categoria. Consequentemente, a intervenção legislativa na concessão de direitos trabalhistas para as trabalhadoras domésticas aponta para a necessidade da interferência do poder público no espaço privado, de forma que situações de injustiças e desigualdades sejam revistas. Dessa forma, a Lei constitui-se o primeiro passo para transformar o trabalho doméstico, de assunto restrito ao espaço privado, em público (O pessoal é político!), visando ao rompimento com a analogia trabalho doméstico-trabalho escravo, bem como, sinalizando a necessidade urgente de mudança de mentalidade – neste primeiro momento, promovida pela vigência da Lei. Uma vez que essa função é exercida majoritariamente por mulheres, perpassa também essa discussão a relação da mulher com o mundo do trabalho. O trabalho doméstico é um dos serviços que admite baixa escolaridade e, consequentemente, é pouco valorizado – aliás, o trabalho braçal e o trabalho feminino de uma forma geral são desvalorizados em nossa sociedade. Inclusive, uma das causas dessa desvalorização é o fato dessa função ser incorporada à rotina feminina desde sua infância como algo natural. Assim, essa cultura sexista sustenta ideologias que ensinam para as mulheres qual é o espaço social ocupado por elas. Dessa forma, desde cedo as mulheres já são treinadas em como proceder na sociedade, através do exemplo da mãe. Ainda muito novas as meninas já recebem brinquedos relacionados aos afazeres domésticos. Os utensílios de cozinha em miniaturas e as bonecas já definem bem o espaço destinado às meninas. Assim, "é um erro pretender que se trata de um dado biológico: na verdade, é um destino que lhe é imposto por seus educadores e pela sociedade" (BEAUVOIR, 1990, p. 21). Na contramão, os meninos "faz[em] o aprendizado de sua existência como livre movimento para o mundo" (op. cit.), ganham bolas, videogames e carrinhos, indicando a liberdade de sua condição de gênero. Tais comportamentos, historicamente construídos (tanto que meninos e meninas ainda continuam sendo educados da mesma maneira!), sinalizam as relações do mundo do trabalho, no qual as mulheres ganham menos que os homens, as empregadas domésticas não são valorizadas, o serviço do lar é desprezado. No entanto, trabalhar como empregada doméstica ainda é uma alternativa para várias mulheres, já que muitas, depois de casarem e engravidarem, abandonam os estudos em prol do "bom funcionamento de seus lares" ou por vezes não têm oportunidade no mercado de trabalho para exercerem outras profissões. A problemática em torno dessa questão ainda aumenta, quando se considera que o trabalho de uma mulher como empregada doméstica, diarista e afins possibilita, na maioria das vezes, que outra mulher trabalhe.

[31] Marcelo Paixão e Flávio Gomes (2008) ao analisarem indicadores do mercado de trabalho brasileiro da população negra do sexo feminino apontam que: "parece notório que tal realidade antes reflete o conjunto de discriminações vividas por esse contingente no seio de nossa sociedade, no qual à variedade cor ou raça se somam os óbices derivados do sexismo, gerando uma resultante

de uma hierarquia racial e de gênero, Caldwell (2000), ao discutir a agenda do feminismo negro, ressalta o momento em que as ativistas negras "perceberam que a liberdade aparente de feministas brancas era relacionada à subordinação continuada de mulheres negras: o serviço doméstico das negras nas casas de famílias brancas permitiu às mulheres brancas entrar cada vez mais na força de trabalho" (CALDWELL, 2000, p. 99). Dessa forma, "passados e presentes das mulheres negras são atuais e verdadeiros" (PAIXÃO; GOMES, 2008, p. 961), de maneira que uma hierarquia racial e de gênero demarca o lugar subalterno da mulher negra no mercado de trabalho. [32]

Consoante isso, a representação de mulheres negras na literatura negro-brasileira escrita por mulheres também denuncia essa situação, ao dar visibilidade as suas diversas vivências. No entanto, diferentemente da literatura oficial (Cf. DALCASTAGNÈ, 2012), há uma proposta de redirecionamento da discussão, de forma a figurar a mulher negra fora de estereótipos negativos, mas a partir de nuances "de luta e resistência, e de sua afirmação enquanto sujeitos" (DUARTE, E., 2010b, p. 34). Sendo assim, de acordo com o professor Eduardo de Assis Duarte, "o ponto de vista interno à mulher afrodescendente põe em cena o lado feminino da exclusão. Suas personagens são negras e vivem como domésticas, mendigas,

---

na qual o resultado final parece superar o mero somatório das partes" (PAIXÃO;GOMES, 2008, p. 961), aproximando passado e presente das mulheres negras.

[32] Os pesquisadores Marcelo Paixão e Flávio Gomes (2008), ao refletirem sobre "histórias das diferenças e das desigualdades", problematizam a inserção da mulher negra no mercado de trabalho. Através de análises de dados quantitativos, por meio de informações do PNAD (Pesquisa Nacional por Amostra de Domicílios), compreendendo o período entre 1995 e 2006, os pesquisadores apontam que "a inserção das mulheres negras no mercado de trabalho é nitidamente pior do que a dos demais contingentes" (PAIXÃO; GOMES, 2008, p. 961), evidências que sugerem "75% de trabalhadoras sem garantias legais, mais de 20% ocupadas como empregadas domésticas" (op. cit.). Trazer tais questões para a discussão torna-se relevante, uma vez que "na contemporaneidade a mulher negra ainda luta para libertar-se do cativeiro secular, pois mulheres negras sofrem preconceito devido ao seu sexo e sua raça. Estão entre as piores taxas de remuneração no mercado de trabalho, povoam as listas do desemprego e do subemprego no Brasil e frequentemente são vítimas de violência física e psicológica" (PAULA, 2012, p. 159).

faveladas, presidiárias. Mas são, sobretudo, mulheres de fibra" (op. cit., p. 34-35). Enfim, trazer o corpo negro para a literatura brasileira enquanto proposta política requer revisitar de forma crítica histórias das diferenças e das desigualdades, a exemplo da representação da personagem Ditinha, para sinalizar um projeto de mudança, representado por Maria-Nova.

Ainda acerca do sentimento de inferioridade de Ditinha em relação à patroa, fazem-se necessárias algumas observações. Esse olhar sobre o cotidiano de Ditinha, que se submete aos espaços privados por ela ocupados, é de suma importância no desenvolvimento de Maria-Nova, uma vez que a menina é formada a partir de uma consciência negra que a liberta desse sentimento de inferioridade. Consciência essa advinda a partir do conhecimento (Cf. SANTOS, 2004). Sendo assim, observar vivências e violências sofridas por outras mulheres negras auxiliam na formação de consciência de Maria-Nova. Exemplo disso pode ser notado no final da narrativa, quando a menina aparece consciente de sua cultura. Naquele momento, o desfazer as tranças diante de um espelho marca a consciência de um sujeito atuante, que consegue "não ser mais escrav[a] de seus arquétipos" (FANON, 2008, p. 47).

2.2.2 – É preciso lembrar: Violência sexual, física e de gênero

Pelos becos das favelas, a violência física também se faz recorrente. Mediante gritos, choros e lamentos, a intimidade dos moradores dos barracos é revelada. Nesse processo, olhos e ouvidos testemunham barbaridades, e nem sempre a intervenção de terceiros é suficiente para modificar tão cruel realidade. Nessa trilha pelo cotidiano das pessoas da favela, a intimidade da personagem Fuizinha é revistada, de forma que o espaço privado da menina e da mãe aparece permeado pelas violências físicas e de gênero. A mãe da menina, "passiva e temerosa" (BM, p. 75), apanha até a morte. De sua boca ouve-se apenas gritos, até que em uma noite ela silencia de vez.

A menina Fuizinha "crescia entre o choro e pancadaria" (BM, p. 75): O pai "era dono de tudo. Era dono da mulher e da vida. Dispôs da vida da mulher até a morte. Agora dispunha da vida da filha. Só que a filha, ele queria bem viva, bem ardente. Era o dono, o macho, mulher é para isto mesmo. Mulher era para tudo" (BM, p. 76). Aqui as violências física, psicológica e de gênero se fazem presentes, refletindo o sofrimento constante naquele barraco. O pai, aquele que deveria proteger, exige por meio da força e autoridade também o corpo da menina humilhada. Nesse processo, a menina passiva repete a conduta submissa da mãe.

Fuinha, o pai, é descrito como um homem comum: "Conversava, andava, falava, trabalhava normalmente. Aparecia no armazém de seu Ladislau, [...] bebia uns goles de pinga, falava e até ria um pouco para alguns" (BM, p. 75). No entanto, desconta as frustrações cotidianas naquelas que possuem menos força. Apesar de o nome do agressor, Fuinha, estar no diminutivo, a memória de Maria-Nova traz a força de sua violência. Certamente, é dentro de seu barraco que esse homem torna-se grande, macho e viril e mostra para todos, mediante a escuta de gritos das mulheres, a potência de sua masculinidade.

Nesse sentido, "pode-se observar que este tipo de violência sofrida pela personagem Fuizinha, que 'aparece-nos nos mais diversos meios étnicos, sociais, religiosos e culturais em geral, constitui uma forma de *dominação* ou de imposição do *poder* da parte agressora sobre a vitimizada'" (CANTERA, 2007 apud SOUZA, 2011, p. 134, grifo da autora), estabelecendo-se também como uma opressão etária. Essas mulheres submetidas e apassivadas são apontadas pela narradora, Maria-Nova, como vítimas da miséria do homem. Um tipo de "miséria que nem o amor de pessoas como Vó Rita, como Bondade e como Negro Alírio, que chegou ali bem mais tarde, podia resolver" (BM, p. 74). Ou seja, embora várias pessoas tentem intervir, a humilhação e a violência persistem naquele barraco.

Nessa situação, o processo de construção de homens e mulheres deve ser problematizado. Em seus apontamentos a respeito da constituição essencializadora dos papéis de gênero ao longo da história humana, Sônia Matos (1999) sublinha que "(a) construção de gênero baseada em características biológicas acaba por definir homens e mulheres como categorias naturais, essencializadas, resistentes às forças arbitrárias da cultura, da história e da pessoa" (p. 20). *Becos da Memória* abre-se enquanto narrativa que problematiza essas relações, pois a violência ou o machismo não são representados como algo natural ou biológico, já que se infere a masculinidade dominadora e violenta como algo construído, que pode ser modificado, ao se sublinhar a violência de gênero enquanto falta de amor ou como um tipo de miséria humana.

Assim, pode-se considerar que a narração do passado feita por Maria-Nova, por meio da articulação de suas memórias com as de outros moradores da favela, mediada pela observação do cotidiano, auxilia na construção de sua subjetividade enquanto problematizadora das relações sociais que ocorreram na favela, durante a sua meninice. Sendo assim, constantemente reveem-se conceitos e pontos de vistas, influenciados pelo meio social e cultural. Em "Memória individual e memória coletiva", Halbwachs propõe que as lembranças individuais estarão sempre atravessadas por memórias coletivas, uma vez que "jamais estamos sozinhos" (HALBWACHS, 2003, p. 30). Mesmo que essa influência da coletividade não aconteça por meio de pessoas fisicamente próximas, de nosso convívio, ela pode ocorrer através de leituras, ou observações das atitudes de membros de grupos (Cf.

HALBWACHS, 2003). Nesse processo, constrói-se uma memória coletiva de uma localidade em crise, ao se narrarem histórias de submissão, opressão e violência racial, etária, de gênero e de classe, como de Ditinha e Fuizinha. E a narradora-personagem, Maria-Nova, percebe que outra história é possível, mas para isso será necessário (re)contá-la e (re)nascer, mediante a construção de uma nova história, permeada pela constatação da dura realidade vivida, mas marcada pelo desejo de transformação dessa mesma realidade.

Ainda sobre a violência, de acordo com a pesquisadora Sônia Couto, "a violência muitas vezes é permitida pelos modelos de masculinidade e feminilidade socialmente aceitos e estabelecidos nas relações familiares" (COUTO, 2005. p. 21). Dessa forma, um modelo patriarcal, onde o homem manda e a mulher obedece, rege uma hierarquia de gênero que sustenta as relações de poder. Nessa perspectiva, o medo e a insegurança são elementos essenciais para a manutenção e controle das relações, e o consentimento por parte da sociedade ratifica a pedagogia da violência (SAFFIOTI, 2015). Exemplo disso é a situação vivenciada por Fuizinha e sua mãe, no romance *Becos da Memória*.[33]

Trazer para a literatura a representação da violência contra mulheres negras torna-se necessário, uma vez que a sua recorrência faz parte da realidade de muitas mulheres brasileiras. Consoante isso, Conceição Evaristo faz da literatura território de denúncia desse grave e rotineiro problema social. Dessa forma, "escrita de dentro (e fora) do espaço marginalizado, a obra é contaminada da angústia coletiva, testemunha a banalização do mal, da morte, a opressão

---

[33] "A violência doméstica ocorre numa relação afetiva, cuja ruptura demanda, via de regra, intervenção externa" (SAFFIOTI, 2015, p. 84). E essa intervenção pública no Brasil veio também na forma de implantação da Lei 13.104/2015, mais conhecida como Lei do Feminicídio. Lei que altera o código penal e entende o feminicídio como crime hediondo, sendo considerado mais grave pela legislação brasileira e agravando conforme a situação de vulnerabilidade. Também, desde 2006, a Lei 11.340, Lei Maria da Penha, está em vigor visando a coibir a violência doméstica e familiar contra as mulheres. No entanto, apesar das Leis, de acordo com o Mapa da Violência 2015, a taxa de homicídio de mulheres negras aumentou 54,2%, no período entre 2003 e 2013, enquanto que, no mesmo período, o número de homicídios de mulheres brancas caiu 9,8%.

de classe, gênero e etnia" (DUARTE, C., 2010, p. 233). E é nesse espaço que, assim como Fuizinha e sua mãe, Custódia[34] também se apresenta como vítima da violência doméstica. No entanto, diferentemente daquelas, que são agredidas por um homem, essa por vezes sofre com agressões físicas da sogra, especialmente quando se encontra grávida.

Acerca dessa relação conflituosa, seguem alguns apontamentos. De acordo com Saffioti, apesar de "o vetor mais amplamente difundido da *violência de gênero* caminha[r] no sentido homem contra mulher" (SAFFIOTI, 2015, p. 75, grifo da autora), a violência de gênero também pode ser praticada por um homem contra outro ou por uma mulher contra outra. Nesse sentido, a violência familiar, compreendida na violência de gênero, engloba todos os membros da família. Já a pesquisadora Sônia Maria Araújo Couto entende a violência doméstica, mesmo se praticada por uma mulher, como masculina, "não importando o sexo do agressor, pois corresponde ao estereótipo de macho/dominador que considera que 'é da condição natural que os grandes oprimam os pequenos'" (COUTO, 2005, p. 25).

Assim, o conflito de Custódia com Dona Santinha pode ser analisado a partir das conflituosas relações de poder existentes dentro da estrutura familiar, o que Saffioti (op. cit.) considera como síndrome do pequeno poder. Nas análises da pesquisadora, a relação de poder entre mulheres e crianças é usada como exemplo: "A mulher, ou por síndrome do pequeno poder ou por delegação do macho, acaba exercendo, não raro, a tirania contra crianças, último elo da cadeia de assimetrias" (p. 78). Isto é, "o *gênero,* a família e o

---

[34] Sobre Custódia, é importante mencionar que se infere que foi mais uma história contada por Bondade – personagem-chave atravessadora de várias narrativas da favela, que mencionei anteriormente – para Maria-Nova, pois a mulher e sua família não faziam parte do círculo de convivência da menina, e essa família aparece na narrativa somente na ocasião da desfavelização, já no momento da mudança. Por isso, o olhar de Vó Rita torna-se crucial, pois é ela que questiona consigo mesma o tamanho menor da barriga da mulher e que testemunha aquela desocupação narrada a lágrimas e desesperança.

território domiciliar contêm hierarquias" (op. cit., p. 78, grifo da autora). No caso aqui analisado, a sogra "figura como dominadora-exploradora" (Cf. SAFFIOTI, 2015) contra os outros elementos do grupo familiar, uma vez que o controle sobre o filho já existe.

Considerar tal interpretação torna-se pertinente ao retomarmos as reflexões de Custódia: "Havia sido uma violência, mas tinha medo de falar alguma coisa" (BM, p. 78). A partir de então, a voz narrativa interpreta a relação entre nora e sogra: "Toda vez que Custódia ficava de barriga, a sogra tornava-se sua inimiga" (BM, p. 80). O medo também faz parte da dinâmica dessas relações opressivas, uma vez que, conforme apontado por Couto, "a espinha dorsal de todas as formas de violência é o medo que se desencadeia na pessoa que a ela está submetida" (COUTO, 2005, p. 21), fazendo com que a vítima se comporte conforme o desejo do agressor.

Mediante declarações acerca da violência sofrida, Custódia apresenta-se como uma mulher aparentemente conformada com a vida que tem, relevando até mesmo o problema de alcoolismo do marido. Nesse percurso, o alcoolismo constante é perdoado devido às dificuldades do cotidiano: "Tonho bebia o cansaço da semana anterior e o cansaço da semana posterior. Bebia pelo mísero salário. Bebia pelas compras, os quilinhos de arroz quebradinho, o feijão duro que era preciso pôr de molho, o açúcar que era regado (*sic*) durante toda a semana" (BM, p. 79). No entanto, o vício do marido é também justificado pela presença da mãe, que, na manutenção do controle, invalida a masculinidade do filho: "Também, ele ali ajudaria tão pouco! ... Se a sogra ainda não existisse, talvez fizesse alguma coisa. Por que o Tonho deixava que a mãe mandasse tanto nele?" (BM, p. 78). O questionamento acerca da relação de Dona Santinha e Tonho sinaliza um desejo de mudança, principalmente porque Custódia, por delegação, também faz parte dessa cadeia de controle.

O nome da sogra, Dona Santinha, também deve ser

observado. Aos olhos de Custódia, a mulher que vive sempre rezando e com a Bíblia na mão não pode ser a responsável pela morte de seu filho, ainda no ventre: "Custódia apanhava da sogra, que gritava como se fosse Tonho o agressor" (BM, p. 80). Conforme a narrativa, a sogra figura-se ainda mais cruel quando se observa que ela aproveita-se da situação em que Tonho chega bêbado para bater em Custódia, e livrar-se do neto indesejado.

No momento da mudança, a mulher violentada ainda sofre hemorragia: "Custódia não entendia por que Dona Santinha fizera aquilo" (BM, p. 80). No entanto, embora se admita o requinte de crueldade da situação, percebe-se que, diante da vida difícil que levam, ainda mais considerando o processo de desfavelização, mais uma criança sinaliza mais dificuldades, mais faltas, mais miséria. Principalmente quando se leva em conta que Tonho também bebe pela frustração em não poder realizar os pequenos desejos dos quatro filhos: "Sonhos tão pobres, mas que ele não podia realizar. Uma semana ou outra, em vez de beber, eram doces e biscoitos que ele levava para casa. Então ficava de garganta seca, engolindo o ódio que tinha da vida. Eram os piores dias" (BM, p. 79). Talvez, a ação de Dona Santinha – embora questionável do ponto de vista religioso, já que se aprecia a vida como um bem maior, e essa não é uma atitude esperada de alguém que anda com a Bíblia na mão – possa ser interpretada como uma tentativa de amenizar o sofrimento do filho. Nesse processo, as reflexões da professora e pesquisadora Constância Lima Duarte sobre as narrativas de Evaristo tornam-se pertinentes: "A autora pontua poeticamente mesmo as passagens mais brutais, e cada personagem tem a consciência de pertencimento a um grupo social oprimido, e traz na pele a cor da exclusão" (DUARTE, C., 2010, p. 230). Assim, a história de Custódia, para além da soma de mais uma narrativa de violência na favela, ou de uma tática de esterilização da mulher negra, ou ainda da perversidade de uma mulher que carrega a Bíblia, pode ser entendida como uma atitude desesperada de uma mulher-negra-mãe, que revela a personagem de Dona Santinha, consciente das precárias condições de sobrevivência dos negros, para suavizar o sofrimento do filho.

2.2.3 – "Morrer de não viver": prostitutas e doentes

Além das diversas misérias que perpassam o cotidiano dos moradores da favela, duas doenças atravessam a vida de personagens, trazendo a incapacidade e a solidão como consequência: a tuberculose e a lepra. Embora personagens como Vó Rita, Bondade e Negro Alírio buscassem auxiliar e cuidar de todos, principalmente daqueles mais necessitados, desamparo e abandono permeiam o dia a dia de Filó Gazogênia e da personagem Outra.

É da janela que Maria-Nova presencia a morte da velha lavadeira, Filó Gazogênia, que instantes antes roga pelo receio de morrer solitária: "'Deus meu, eu não quero ir assim, tão sozinha!'" (BM, p. 100). Nesse instante, além de lembrar-se dos amigos, Vó Rita e Tio Totó, primeiros moradores da favela, as lembranças de um passado pouco distante atravessam sua memória, trazendo o fantasma da culpa pela doença da neta e da filha, que permanecem internadas na esperança de cura.

Em meio às lembranças antigas, a constatação da miséria lhe traz indignação: "No cantinho, o fogão de lenha e a prateleira de madeira onde estavam as latas de mantimentos vazias, as louças velhas, as canequinhas de latas e as duas panelas" (BM, p. 100). A casa, assim como tudo que tem dentro, parece deteriorar com a mulher, que não quer mais manter os olhos abertos testemunhando tamanha pobreza: "De olhos fechados, viu a lata de 'gordura de coco carioca' e teve ódio, muito ódio. Gordura e a vida tão magra!" (BM, p. 100). Diante desse contexto, Maria-Nova não parece errar ao observar que a velha aparenta sorrir no momento da morte. Há sim o amparo de Bondade – que nesse momento não é um mero atravessador de histórias –, que chega a tempo de dar-lhe um copo de água no momento da morte, finalizando uma espécie de "ritual de passagem", mas também há o alívio ao sofrimento da vida.

No olhar para o espaço privado de Filó Gazogênia mais uma vez tem-se um barraco permeado pela falta e abandono, onde uma espécie de "violência social" [35], sustentada pela ausência de assistência de órgãos governamentais ou da família, faz-se candente. Segundo, Adriana Soares de Souza, "a violência se faz presente pelo descaso ou negligência do Estado, que não dá a devida assistência a esse segmento excludente, pois, se a filha e a neta estavam internadas em um hospital, foi porque o patrão usou da própria influência para conseguir ampará-las" (SOUZA, 2011, p. 132-133). No entanto, sem auxílio da filha, que trabalhava outrora pelo sustento da família, e sem saúde, a velha definha, contando apenas com o auxílio dos vizinhos, que, solidários, dividem o pouco que têm.

Essa mesma violência perpassa o cotidiano da personagem Outra, violência tamanha que nem o seu nome aparece na narrativa – justamente ela que foi o mote da narrativa "Vó Rita dormia embolada com ela" (BM, p. 19). Desde o início do romance, uma mistura de curiosidade e aversão em relação a essa personagem atravessa o imaginário da menina-narradora: "Eu olhava para Vó Rita de cima a baixo. Procurava alguma marca, algum vestígio da Outra em seu rosto, em seu corpo. Nem uma marca, nem um sinal. Entretanto, por maior que fosse minha curiosidade, eu guardava uma certa distância" (BM, p. 30-31). No entanto, embora ao longo do texto apareçam vestígios de que a Outra foi acometida por alguma doença, somente no final do livro, a lepra, Mal de Hansen,

---

[35] "Considera-se como violência social todas as formas de relações, de ações ou omissões realizadas por indivíduos, grupos, classes, nações que ocasionam danos físicos, emocionais, morais e espirituais a si próprio ou aos outros. Ela se manifesta nas discriminações e preconceitos em relação a determinados grupos que se distinguem por sua faixa etária, raça, etnia, seu gênero, suas necessidades especiais, sua condição de portadores de doenças e de pobreza" (SOUZA; MELLO JORGE, 2006, p. 24).

é nomeada, juntamente com uma série de efeitos, que justificam a busca por sinais na aparência de Vó Rita e dificultam a sobrevivência de Outra: "já pouco enxergava e na garganta a voz estava quase a faltar, a doença ia esparramando por todo o corpo" (BM, p. 165).

Aos poucos, a mulher doente sofre as consequências do preconceito, permeado pelo medo, e nem sequer os mais próximos perdoam: "A Outra não tinha parente algum que se importasse com ela. O marido havia fugido dela há anos. E nos últimos tempos, o filho também" (BM, p. 164). Semelhante à Filó Gazogênia, a mulher só pode contar com a caridade de Bondade e a companhia de Vó Rita, pois todos os outros, como Maria-Nova, lançam-lhe olhares "curiosos, cruéis e desesperados" (BM, p. 44).

A violência social também está presente no cotidiano dessa mulher, que se aflige com a rejeição das pessoas, impossibilitando-a de sair na rua ou até mesmo de conversar com o filho ou com Vó Rita: "Ultimamente evitava falar, não aguentava ouvir a sua voz" (BM, p. 142). Consequentemente, aliada ao descaso e à solidão, a vontade de viver também já lhe escapa: "Desde o dia em que a Outra percebeu o temor, o asco nos olhos do seu próprio filho, a ideia de morte começou a rondar-lhe a cabeça. Por que e para que continuar a viver? Até seu filho! Ela já tinha isolado de tudo e de todos" (BM, p. 67). Aqui, mais uma vez, a morte aparece como uma alternativa para solucionar o conflito, ou seja, livrar-se de uma vida de faltas e misérias. Por outro lado, a morte por meio da prática do suicídio também pode ser interpretada enquanto mecanismo de luta e de resistência, tendo em vista que homens e mulheres negros que foram escravizados séculos atrás já recorriam a essa prática para defender-se das inúmeras violências. Sobre isso, Maria Odila Dias (2012) e Ângela Davis (2016) trazem tal mecanismo enquanto legado de mulheres negras para desafiarem e resistirem à escravidão, conforme afirmado anteriormente.

Na análise do cotidiano dessas mulheres, semelhante em

Miriam Alves, observações acerca da solidão da mulher negra tornam-se pertinentes, já que a situação de solidão delas atinge, além do companheiro da Outra, outros segmentos do grupo familiar. Nesse contexto, a instituição familiar mais uma vez revela-se enquanto modelo falho, pois essas mulheres, embora possuíssem maridos e filhos, aparecem solitárias. Além do mais, a solidão das mesmas também aponta para uma carência de intervenções governamentais, pois não existe qualquer auxílio para a superação da doença e da pobreza: ambas estão sem tratamento médico e vivem a partir da caridade de vizinhos.

Ao abordar a afetividade e a solidão da mulher negra, a pesquisadora Ana Cláudia Lemos Pacheco faz sua análise refletindo sobre como escolhas afetivas muitas vezes são permeadas por solidão e alicerçadas por racismo, sexismo ou desigualdades (PACHECO, 2013). De acordo com a mesma, "há uma representação social baseada na raça e no gênero, a qual regula as escolhas das mulheres negras. A mulher negra e mestiça estaria fora do 'mercado afetivo' e naturalizada no 'mercado do sexo', da erotização, do trabalho doméstico, feminilizado e 'escravizado'" (op. cit., p. 25). Ou seja, atentar para a solidão ou o abandono de mulheres negras aponta para uma dinâmica do sistema de preferência que revela uma realidade racista e cruel, que historicamente pretere mulheres negras, a partir de aparatos midiáticos e ideológicos que sustentam o preconceito alicerçando na desculpa de escolha.

Nesse processo, o abandono da Outra pelo marido e pelo filho pode ser interpretado simplesmente como uma escolha do homem por recomeçar a vida em outro lugar ou a tentativa urgente e egoísta de preservação da saúde. No entanto, é fato que a mulher é rejeitada e só pode contar com a amiga Rita para não morrer sozinha: "O motivo é colonizador […], o racismo e o sexismo são ideologias e práticas socioculturais, que regulam as preferências afetivas das pessoas, ganhando materialidade no corpo racializado e sexualizado, colaborando especialmente para a solidão de alguns segmentos de mulheres negras" (op. cit., p. 18). No caso da personagem Outra, a situação mostra-se ainda mais grave, já que ela se apresenta multiplamente insignificante para a dinâmica das relações: sua aparência/cor não condiz com o padrão de preferências matrimoniais, não sustenta o estereótipo da mulher negra como mão-de-obra – nem o trabalho doméstico ela faz –, e não possui a saúde e resistência à dor esperada para as mulheres negras.

Considerando uma aproximação dos dados com a realidade, Lilia Moritz Schwarcz, ao discutir a problemática de raça no Brasil, chama a atenção para o "preconceito *à la brasileira* [onde] só são consideradas discriminatórias atitudes preconceituosas tomadas em público" (SCHWARCZ, 2012, p. 209, grifo da autora). Exemplo disso é que, considerando as relações matrimoniais, "as mulheres brancas competem com vantagens no mercado matrimonial com as pardas e pretas. Dessa forma, mais uma vez, apesar de bem-intencionado, o corpo da lei não dá conta do lado dissimulado da discriminação brasileira" (p. 223). Por isso, torna-se importante a discussão "das políticas do cotidiano" na produção e análise de textos negro-brasileiros, já que o espaço público na maioria das vezes revela e reafirma a realidade do espaço privado, ou seja, as relações nos diferentes espaços tendem a se repetir, de forma que é possível visualizar a mulher negra como preterida.

Ao pensar sobre a violência social e a solidão das mulheres negras, a situação das prostitutas Cidinha-Cidoca, de *Becos da Memória*, e Duzu, de "Duzu-Querença", pode ser analisada. Diferentemente das outras personagens femininas, que possuem um barraco para o próprio pouso, a prostituta enlouquecida Cidinha-Cidoca vive pelos becos da favela. Sua descrição é colocada a partir da comparação entre passado e presente na tentativa de uma explicação para a falta de razão: "A apresentação de Cidinha fala paralelamente do passado e do presente da personagem, [...] primeiramente, as características próprias a uma mulher bonita e sedutora, em que se percebe a insinuação erótica, na referência à 'sombra de sua negra nudez'" (CAMPELLO, 2014, p. 466). Posteriormente, a mulher enlouquecida "doida mansa, muito mansa" (BM, p. 26) prevalece ao longo da narrativa.

Embora o texto não faça referência ao barraco de Cidinha-Cidoca, e ela apenas perambulasse pelos becos da favela, é possível uma aproximação entre o espaço da favela e o espaço privado, já que não é permitido que Cidinha saia da favela: "Deitar-se com ele ou outro, sim, ela podia, afinal era fama, prestígio para a favela, mais um para contar as delícias da mulher. Porém, Cidinha ir, saltar as divisas, ultrapassar os limites do campo empoeirado... Não!" (BM, p. 30). Sendo assim, a prostituta é tida como "patrimônio" da favela, e sua atuação limitada a tal espaço, sob constante vigília de homens e mulheres, faz de Cidinha mais uma vítima social.

Nesse sentido, os estudos de Elisiane Pasini (2005) corroboram a análise. De acordo com a pesquisadora, a discussão em torno da prostituição gira em prol de dois pontos: de um lado, feministas mais radicais entendem a prostituição como uma forma de submissão da mulher, e por outro, feministas mais liberais percebem a prostituição como uma questão de escolha. Apesar dessas nuances, no caso da personagem Cidinha-Cidoca, é pertinente observar a situação de dominação dos homens da favela em relação à mulher. Nesse caso, os apontamentos de feministas radicais parecem apropriados, uma vez que, na leitura de Pasini "as mulheres – prostitutas – seriam objeto dos homens, os quais, a partir do exercício da prostituição poderiam provar o controle e o poder sobre as mulheres. Essa opressão das mulheres pelos homens se daria apenas por elas serem do sexo feminino" (PASINI, 2005, p. 2).

Uma vez que, nessa vertente interpretativa, a favela

apresenta-se enquanto espaço de intimidade, essa mulher negra surge duplamente submissa – prostituta sexualizada e enlouquecida: "Bom que ela estava doida, demente, desmiolada! Bom mesmo!" (BM, p. 26). Nesse aspecto, a falta de razão aparece como fator facilitador para a persistência da submissão e abuso, já que esse "bom mesmo" indicado pela voz narrativa sugere uma facilidade para a prática de relações sexuais em troca de migalhas, por exemplo, um copo de cachaça.

Até na ocasião de sua morte, Cidinha aparece enquanto miserável, despojada de tudo, inclusive de lucidez. É apenas um corpo enlouquecido, sujo, inerte que transita na favela. Dias antes, a mulher ameaçara a vida: "ia morrer de não viver" (BM, p. 144). Afinal, o que é viver? Naquele contexto, ser mulher, negra e pobre, e ainda doida, não parece condição digna de viver. A lúcida interpretação da vida só pode ser observada depois que a mulher é achada morta de forma inexplicável dentro do "buracão". Assim como outros moradores da favela, Maria-Nova fica muito abalada com a morte de Cidinha: "A menina ficou pensando na mulher que seria enterrada como indigente. Afinal, todos ali na mesma miséria, o que eram senão indigentes? Reconstituiu a sua vida e a dos outros. Lembrou-se da fome que passara desde o momento em que nascera" (BM, p. 146). Consequentemente, ao aproximar a constante falta e a condição de indigente, "morrer de não viver" surge como destino certo de inúmeros moradores da favela.

Na mesma vertente interpretativa, a prostituta Duzu se faz presente. Em outro momento, em outro livro, em outra favela, a loucura apresenta-se enquanto ameaça para a mulher negra que tem sonhos interrompidos. Chega à cidade grande ainda menina, acompanhada e embalada pelos sonhos dos pais, que almejam um destino diferente para a filha.

> O pai de Duzu tinha nos atos a marca da esperança. De pescador que era, sonhava um ofício novo. Era preciso

aprender outros meios de trabalhar. Era preciso também dar outra vida para a filha. Na cidade havia senhoras que empregavam meninas. Ela podia trabalhar e estudar. Duzu era caprichosa e tinha cabeça para leitura. Um dia sua filha seria pessoa de muito saber (OD, p. 32).

Pequenos sonhos atravessam uma viagem que é definitiva para um eterno desencontro. Duzu, que teria "destino certo" na cidade grande, ainda menina torna-se prostituta, em prol de sua sobrevivência. Antes de entender o seu destino, a menina "ajudava na lavagem e na passagem de roupa. Era ela também quem fazia a limpeza dos quartos" (OD, p. 32). No entanto, o que aparentemente seria um "trabalho doméstico", na verdade é uma espécie de adestramento para a aceitação do destino que viria.

Nesse sentido, o trabalho infantil surge explorado em suas diversas nuances. Se não bastasse o trabalho doméstico, que além de ser realizado por uma criança, não era pago, a condição de profissional do sexo aparece como forma certa de sobrevivência. A menina Duzu, quando percebeu qual seria sua função na cidade grande "entendeu o porquê de nunca mais ter conseguido ver sua mãe e seu pai, e de nunca D. Esmeraldina ter cumprido a promessa de deixá-la estudar. E entendeu também qual seria a sua vida. É, ia ficar" (OD, p. 34). Nesse contexto interpretativo, novamente duas funções, permeadas pela submissão, aparecem destinadas às mulheres negras e pobres: o trabalho doméstico e a prostituição.

> Duzu morou ali muitos anos e de lá partiu para outras zonas. Acostumou-se aos gritos das mulheres apanhando dos homens, ao sangue das mulheres assassinadas. Acostumou-se às pancadas dos cafetões, aos mandos e desmandos das cafetinas. Habituou-se à morte como uma forma de vida (OD, p. 34).

Diferentemente de Cidinha-Cidoca, Duzu não se apresenta enquanto propriedade de ninguém ou de lugar nenhum.

No entanto, a intimidade, o espaço privado dessa mulher surge enquanto um ambiente de total submissão: primeiro a casa de D. Esmeraldina, depois os diversos bordéis e, por fim, a favela e a rua (Duzu morre mendiga.). Aqui, violências física e psicológica também se fazem presentes, e o habituar-se a tal situação parece auxiliar na perpetuação de um ciclo contínuo de miséria.

Eduardo de Assis Duarte (2010), ao analisar o conto supracitado, aponta a *desglamourização* da prostituição como elemento potencializador da escrita:

> O conto Duzu-Querença, de Conceição Evaristo, subverte o conhecido *glamour* com que a literatura canônica recobre muitas vezes a representação da prostituta. A personagem tem, sim, pai e mãe que, premidos, todavia, pela miséria, entregam-na, ainda menina, à dona de um bordel. Duzu cresce e, de serviçal passa a operária do sexo. E, depois de ter nada menos que nove filhos, termina mendiga nas ruas da cidade grande" (DUARTE, E., 2010b, p. 35, grifo do autor).

Além do mais, seus filhos e netos aparecem obedecendo à ordem "natural" das coisas: "estavam espalhados pelos morros, pelas zonas e pela cidade" (OD, p. 34). Nesse sentido, a prostituição à mulher pobre eclode como estratégia de sobrevivência e dela são colhidas consequências. Inclusive, a história da pobreza e da falta parece se perpetuar nesse contexto, uma vez que todos os nove filhos de Duzu não tiveram menos de dois filhos.

Consoante isso, uma outra prostituta presente na narrativa de Conceição Evaristo, a mãe de Di Lixão, personagem de outro conto de *Olhos d'água*, também foge da *glamourização* da prostituição e anseia um futuro diferente para seu filho: "Di, vai para escola! Di, não fala com meus homens! Di, eu nasci aqui, você nasceu aqui, mas dá um jeito de mudar o seu caminho!" (OD, p. 78). A mãe morre assassinada e o menino não consegue romper com uma história de miséria: "é a morte que vem abraçar o menino, enrolado como feto, para protegê-lo da dor e da solidão" (DUARTE, C., 2010, p. 230). Mais uma vez, a prostituição aparece fora do âmbito de escolhas e sim como uma realidade violenta para mulheres pobres e com baixo nível de escolaridade.

Retomando as análises, conforme observado, a violência se faz personagem nas narrativas aqui apresentadas. Nesse processo, a violência de gênero se apresenta de forma múltipla, englobando as agressões física, psicológica, racial e social. Na representação das diversas violências do cotidiano, as personagens femininas são muitas. Nesse rol, pelos becos da favela, Ditinha, Fiuzinha e Custódia literalmente sangram e carregam no corpo marcas da opressão. De forma não menos desumana, Filó Gazogênia e Outra sentem o peso e as consequências do desamparo do Estado e do abandono da família, em um universo no qual preconceito e morte assombram a vida, em uma experiência clara de violência social. Na mesma favela, Cidinha-Cidoca, enlouquecida, morre "de não-viver"; em outra, a também prostituta Duzu encontra na loucura uma "tentativa de reinventar a vida com papéis picados e coloridos" (DUARTE, C., 2010, p. 231). Reinventar é preciso, uma vez que a prostituição aqui aparece como "um ato de exploração, abuso e violência contra a mulher" (PASINI, 2005, p. 3), afinal, na maioria das vezes, essa foi a única opção de sobrevivência possível. Ademais, muito além de uma representação rasa, essas mulheres nas narrativas apontam para uma importante questão: qual é o espaço relegado às loucas, prostitutas e negras na sociedade?

> No livro [*Olhos d'água*] estão presentes mães, muitas mães. E também filhas, avós, amantes, homens e mulheres – todos evocados em seus vínculos e dilemas sociais, sexuais, existenciais, numa pluralidade e vulnerabilidade que constituem a humana condição. Sem quaisquer idealizações, são aqui recriadas com firmeza e talento as duras condições enfrentadas pela comunidade afro-brasileira (GOMES, 2014, p. 10).

Nessa perspectiva, em *Olhos d'água,* todos são vítimas da violência por motivos, por vezes, banais, de forma que a fronteira entre vida e morte apresenta-se de forma tênue: "Ali, nasce-se em qualquer lugar, de qualquer maneira. Morre-se em qualquer lugar, de qualquer coisa" (FANON, 2005, p. 55). Dessa forma, Ana Davenga morre grávida na cama com seu parceiro metralhada pela polícia; a vida de Duzu, conforme analisado anteriormente, é regada pelos mais diversos tipos de violência; Maria, empregada doméstica, é linchada dentro do ônibus quando volta do serviço para casa; Natalina é estuprada; Salinda, dentro de um relacionamento abusivo, é controlada violentamente pelo marido; Luamanda é ferida por seu parceiro por não aceitar o fim do relacionamento; Cida, numa "vida de ferro", é vítima da violência cotidiana (nessa narrativa o tempo se faz vilão e exige uma corrida insidiosa e constante); Zaíta, uma criança, morre, enquanto brinca, vítima de uma bala perdida; a mãe de Di lixão era prostituta e morre assassinada por um cliente; avó, mãe, tias de Kimbá "passa[m] a vida se gastando nos tanques e nas cozinhas das madames" (OD, p. 92); enfim, Bica e sua mãe Esterlinda tentam sobreviver à insistente e recorrente violência cotidiana da favela, almejando dias melhores para o filho de Bica, que acaba de nascer. "Os contos assim, equilibram-se entre a afirmação e a negação, entre a denúncia e a celebração da vida, entre o nascimento e a morte" (GOMES, 2014, p. 10).

Apesar do legado de violência e miséria, sinalizando um futuro por vezes impreciso, algumas narrativas de Conceição Evaristo "ainda se faz[em] de porta-voz[es] da esperança de novos tempos" (DUARTE, C., 2010, p. 233). "Duzu-Querença", por exemplo, termina apontando para um tempo de mudança. A neta Querença aparece enquanto elemento subversivo ao "retomar os sonhos e desejos de tantos outros que já tinham ido" (OD, p. 34). Por isso, o estudo surge enquanto elemento transformador da realidade social. Consequentemente, a junção do nome da avó e da neta para intitular o conto leva a uma vertente interpretativa que sugere, na tradução de um para o outro, um destino diferente para a menina Duzu, que tinha facilidade para os estudos.

Nesse ambiente de possibilidade de transformação, proporcionada pelo estudo, o conhecimento de mundo, ou seja, uma educação não-institucionalizada também revela-se como essencial. Aqui, a escritora, romancista e intelectual Conceição Evaristo traz para a literatura a importância da educação formal e do conhecimento do legado da população negra para a transformação da realidade dessas pessoas. Somente uma educação formal parece não ser o suficiente – ainda mais quando consideramos o currículo escolar ainda preso a pilares colonizadores (Cf. GOMES, 2012). Nesse sentido, a educação política ("o pessoal é político"), a consciência e a militância para romper com uma história de miséria aparecem enquanto alternativas libertadoras.

2.3 – Emancipação e autonomia

2.3.1 – Corpos não-estéreis: a maternidade como escolha

Pelos becos da favela, a casa de Dora também é observada: "Seu barracão era bem na esquina de um beco que se bifurcava em três becos que originavam outras ruelas. Passar na porta de Dora era um caminho obrigatório para quase todos" (BM, p. 85). Diferentemente das demais mulheres, a dona desse barraco é uma mulher bastante independente, dona de seu corpo e, por conseguinte, dona de sua vida: "Aprendeu cedo a deixar a passividade da mulher que só recebe a mão do homem sobre si e começou a vascular o corpo dos homens" (BM, p. 87).

Ao narrar seu passado para seu novo parceiro, Negro Alírio, Dora descortina esse período de sua vida, revelando seus desejos e escolhas, sem autocensuras. Contando apenas com a memória oral, antes de dizer seu nome, essa mulher traz à luz suas "vivências". Os fatos vêm rápidos, sem rodeios, engasgos ou confrontos, como um fluxo de consciência. "Contava isto a Negro Alírio como contava tudo de sua vida: a fome, o pai que um dia saíra de casa e nunca mais voltara, o espanhol rico que queria casar com ela" (BM, p. 87). A memória traz as experiências do passado, que possibilitaram a construção da mulher alegre, que "ria feliz" (BM, p. 85).

Essa mulher, nesse contar e recontar, relembrou-se do menino que tivera e entregara para o pai. Na ocasião, "Dora não queria nada, nem casar, nem ter filhos, nem barriga. Dora não queria nada. Deitou-se aquele dia e deitava sempre, apenas querendo o prazer. Entregou o menino para o homem e saiu daquela casa. Continuou a vida, era feliz" (BM, p. 88). Negro Alírio, ao ouvir a história contada, não compreende o desapego da mulher em relação ao filho.

Aqui, mais uma vez na narrativa de *Becos da Memória*, a construção do papel da mulher como mãe é problematizada, visto que o lugar de gênero reservado à mulher essencializaria seu papel como mãe devotada. No entanto, Negro Alírio, como homem que "sabia ler o que estava escrito e o que não estava" (BM, p. 135), reconhece o que Dora é e não o que deveria ser, visto que ele também, enquanto indivíduo, já agira de modo semelhante: "Se bem que ela até que tinha suas razões. Ele mesmo já se deitara com tantas mulheres, só buscando o amor, só buscando o prazer. Filho quase sempre vem sem querer. E a mulher sempre carrega tudo. Carrega a barriga e as dificuldades" (BM, p. 88). Diante disso, infere-se do discurso de Negro Alírio que filho deveria ser uma escolha também para a mulher, principalmente ao considerar a realidade das mulheres da favela, que assumem, geralmente completamente sozinhas (como foi o caso de Ditinha), as consequências físicas, sociais e emocionais da maternidade, na maioria das vezes inesperada e desesperada.

Considerando-se os vários relatos de *Becos da Memória*:

> Várias são as histórias de violência que nos chegam através de pequenos relatos de vida de algumas personagens moradoras da favela. São histórias de personagens como Vó Rita, Cidinha-Cidoca, Maria-Velha, Maria-Nova, Dora, Mãe Joana, Fuizinha, Custódia, Filó Gazogênia – que trabalham como empregadas domésticas, lavadeiras, passadeiras, prostitutas. Mulheres generosas, chefes de família, que lutam para criar suas proles; outras abortam, abandonam ou perdem seus filhos. "Algumas sofrem intensa violência, dos maridos, pais, da sogra. Algumas são generosas, poucas são felizes. São todas personagens femininas que atualizam, em suas histórias de vida e em seus próprios corpos, uma relação repetidamente evocada na narrativa: a aproximação entre senzala e a favela" (SOUZA, 2011, p. 128).

Conforme constatado pela pesquisadora, a violência cotidiana, que assola a realidade sofrida de diversas personagens da favela, atualiza uma atrocidade do passado, aproximando senzala e favela. No entanto, a constituição da personagem Dora sinaliza a desconstrução de estereótipos negativos da mulher negra e aponta para a elaboração de uma nova história.

Em um primeiro momento, Dora pode ser percebida como mais uma representação do corpo feminino negro estereotipado (Cf. RIBEIRO, 2004) através de uma sensualidade exacerbada, "desgarrada da família, sem pai nem mãe, e destinada ao prazer isento de compromissos" (DUARTE, E., 2010b, p. 24), conforme diversas configurações literárias ao longo dos séculos XIX e XX.

> Chama a atenção, em especial, o fato dessa representação, tão centrada no corpo de pele escura esculpido em cada detalhe para o prazer carnal, deixar visível em muitas de suas edições um sutil aleijão biológico: a *infertilidade* que, de modo sub-reptício, implica em abalar a própria ideia de afrodescendência (op. cit., p. 25, grifo do autor).

Ao pesquisar a afrodescendência na literatura brasileira, Eduardo de Assis Duarte (2010b) questiona, assim, o porquê de nossa literatura canônica insistir em marcá-la com a esterilidade (p. 30). A resposta para tal investigação perpassa questões de discriminação e necessidade de "apagamento da contribuição africana presente em nossa história e cultura" (p. 31). No entanto, diferentemente de outras obras, fazendo o movimento contrário, o corpo estéril em *Becos da Memória* já não é uma realidade. Muito pelo contrário, as mulheres engravidam, têm filhos ou não, – já que o aborto também aparece como realidade, embora por vezes não seja concretizado –, e têm que assumir as consequências desse ato. Sendo assim, na narrativa, a atividade sexual traz consigo a gravidez e a maternidade, contribuindo para continuidade da população negra. E é justamente isso, essa continuidade de gerações representada na obra, que possibilita a ideia de coletividade, muito bem enfatizada por meio da fala de Negro Alírio na ocasião em que ele conheceu a família de Tio Totó: "teve a sensação que diante de si estava a eternidade. Pensou que Deus é eterno sim, mas o homem também é. A menina parecia ser a continuação dos dois. O velho e a mulher se eternizavam por meio da menina" (BM, p. 86). Em relação à personagem Dora, a esterilidade feminina negra já não é um atributo, e agora é possível a construção de uma família.

De modo semelhante, a representação da jovem Natalina, do conto "Quantos filhos Natalina teve?", possibilita a leitura de um determinado tipo de mulher: "Nascida na pobreza e marcada pela carência de afeto e informação, a adolescente favelada torna-se mãe precoce obrigada a entregar os filhos imprevistos, num processo de embrutecimento que passa até pela 'barriga de aluguel'" (DUARTE, E., 2010b, p. 35). Nesse processo, a fertilidade da moça é taxada como sinônimo de vergonha, e marcada por pedidos de desculpas.

Na primeira gravidez, Natalina, então com quatorze anos, pede desculpas à mãe e de prontidão rejeita o filho: "Sabia, porém, que ela, Natalina, não queria. Que a mãe a perdoasse, não batesse nela, não contasse nada para o pai. Que fizesse segredo até para Bilico. Ela estava com ódio e com vergonha" (OD, p. 44). A mãe, empregada doméstica, e mãe de mais seis filhos, é complacente com a decisão da filha: "Ia tentar mais um pouco com as beberagens, se não desse certo, levaria a menina a Sá Praxedes. A velha parteira cobraria um pouco, mas ficariam livres de tudo" (op. cit., p. 44). A interrupção da gravidez através do aborto aparece como solução para o problema. No entanto, o processo de desinformação persiste e a menina continua aprendendo o pouco que sabe apenas por meio da audição de conversas da mãe com as vizinhas. A imaginação infantil associada à falta de informação completam uma visão peculiar da vida. Por isso, a figura da parteira, aliada a espectros fantasmagóricos, que assombram o imaginário infantil, aterroriza a menina-quase-mãe, que foge de casa.

A partir daí, inúmeros desencontros atravessam as gravidezes da menina. Durante a narrativa, todas elas aliadas à "vergonha" parecem exigir da menina um posicionamento contrário, permeado por um senso-comum. Afinal, como entender Natalina? Assim como Dora, na primeira gravidez, "ela não queria ficar com ninguém. Não queria família alguma. Não queria filho" (OD, p. 46). Talvez o processo de embrutecimento vivido pela moça, apontado pelo professor Eduardo de Assis Duarte (2010), impeça a jovem de acreditar na instituição familiar enquanto vertente de uma nova aurora, uma vez que Natalina passou sua infância cuidando dos irmãos. Dessa forma, o modelo de família vigente surge como uma instituição falha, incapaz de zelar pelos seus membros. Nesse processo, Natalina rejeita também o segundo filho e Tonho, pai da criança, fica "sem nunca entender a recusa de Natalina diante do que ele julgava ser o modo de uma mulher ser feliz. Uma casa, um homem, um filho" (OD, p. 46).

  Acerca desse ideal de felicidade da mulher, a contribuição dos estudos de Beauvoir (1990) é de suma importância: "Ninguém nasce mulher: torna-se mulher. Nenhum destino biológico, psíquico, econômico define a forma que a fêmea humana assume no seio da sociedade" (BEAUVOIR, 1990, p. 09). A constatação da formação da mulher a partir da construção cultural e não de dados biológicos fomenta reflexões, uma vez, que ao atentar para a feminilidade enquanto um aprendizado constante, o questionamento de um ideal de formação de família, enquanto sinônimo de felicidade da mulher, torna-se coerente. Dessa forma, Natalina, ao abdicar da família, destrona o "mito de feminilidade" (Cf. BEAUVOIR, 1990) permeado pela maternidade, imposto às mulheres. Assim, a vergonha pelas gravidezes parece fazer sentido, já que, para essa interpretação, o modelo de família patriarcal vigente frustra expectativas.

  A educação ou criação de Natalina diz muito da mulher que ela se tornou. A menina permanecia em casa cuidando dos seus irmãos menores e, por conseguinte, repetindo as ações da mãe. Ainda de acordo com Beauvoir (1990), isso acontece por "não haver entre a menina e a dona de casa uma distância considerável. [...] Ao contrário, as atividades da mãe são acessíveis à menina" (p. 27). Assim, a não complexidade do serviço doméstico, ou da vida caseira, aproxima as fases infantil e adulta das mulheres. Exemplo disso é o uso do nome da velha parteira, Sá Praxedes – de quem Natalina também tinha medo – para garantir a obediência dos irmãos. A mãe aparece enquanto modelo também no preparo dos chás. Sendo assim, na casa da menina, a mãe parece ser a responsável pelas decisões, e exemplo constante. Nessa espécie de "matriarcado" vivido por Natalina na casa dos pais, "a vida caseira fornece à menina possibilidade de afirmação [...]; torna-se facilmente importante, fala sensatamente, dá ordens, assume ar de superioridade sobre os irmãos encerrados no círculo infantil" (BEAUVOIR, 1990, p. 27). Nesse processo de construção de subjetividade, construída por meio do espelho da mãe, seria mesmo coerente Natalina repetir a história materna?

Na terceira gravidez, o constrangimento aparece relacionado à patroa: "A mulher queria um filho e não conseguia. Estava desesperada e envergonhada por isso" (OD, p. 47). Natalina, que não conseguia entender a humilhação da patroa por não engravidar, aceita carregar em seu ventre o filho da outra. Diante de "tantas vergonhas", infere-se que, para Natalina, vergonha era justamente o contrário, a mulher engravidar, perpassando nessa perspectiva a esterilidade da mulher negra na literatura, apontada por Eduardo de Assis Duarte (2010b).

O que a princípio foi acordado com certa "naturalidade", enfim gera desconforto na menina, e o filho da outra passa a ser um incômodo: "O estorvo que ela carregava na barriga faria feliz o homem e a mulher que teriam um filho que sairia dela. Tinha vergonha de si mesma e deles" (OD, p. 48). Além disso, verifica-se na narrativa o sentimento de rejeição dos pais da criança para com a empregada, mera "depositária de um filho alheio" (OD, p. 49). Talvez isso também justifique, em meio a suas lembranças, Natalina trazer essa terceira como a sua pior gravidez. Enfim, destronando mais uma vez o mito do "amor materno" e do instinto maternal, Natalina abandona mais um filho.

Após ser estuprada e assassinar seu algoz, a moça novamente se descobre grávida: "Quase contraditoriamente, será a semente deste estupro que ela vai transformar no filho bem-amado, depois de tantos que rejeitou" (DUARTE, C., 2010, p. 232). E é justamente a expectativa da chegada desse filho que desencadeia as lembranças das outras gravidezes. Dessa forma, embora o texto seja narrado em terceira pessoa, através da estratégia de *flashback*, é o ponto de vista de Natalina, menina-mulher experiente, que perpassa a narrativa na busca de memórias pouco distantes, que justificam sua realização em uma gravidez independente.

Na análise do conto, atentando para o papel da mulher negra intelectual na contemporaneidade por meio da literatura, o título aponta para um questionamento de suma importância dentro da narrativa. A pergunta "Quantos filhos Natalina teve?" é de certa forma respondida já no início do texto: "Era a sua quarta gravidez, e o seu primeiro filho. Só seu. De homem algum, de pessoa alguma" (OD, p. 43). Sendo assim, a escolha por esse filho e a rejeição aos demais indica uma autonomia de alguém que não tem dúvidas de suas preferências, afinal, considerando aspectos legais, esse seria o único o qual ela poderia optar por não tê-lo. Isso, considerando que é a Natalina madura que está olhando para suas vivências: "Os outros eram como se tivessem morrido pelo caminho. Foram dados logo após e antes até do nascimento" (OD, p. 43).

Esse desapego da personagem e a escolha do fruto do estupro, a princípio, causa certo desconforto no leitor, quebrando expectativas, exigindo reflexões e, com Silviano Santiago (2004), alertamos sobre a capacidade da literatura de auxiliar na compreensão dos problemas sociais: "É comum que a obra literária [...] se interesse pelos que escapam às malhas sedutoras do progresso tecnológico, podendo ser a sobremesa bem pouco palatável para o depois do jantar do homem cansado pelo trabalho e tranquilo nas suas convicções" (SANTIAGO, 2004, p. 181). Sendo assim, essa literatura não apenas fruitiva traz novos pontos de vista, a fim de provocar mudanças. É a obra literária sendo acionada para combater estereótipos já arraigados no imaginário coletivo brasileiro.

No caso do conto de Conceição Evaristo aqui analisado, pode-se considerar o caráter político da literatura negro-brasileira. Ao dar visibilidade às precárias condições da população negra, principalmente no que tange a educação, moradia e trabalho, e também sua posição subalterna no espaço privado, as escolhas de Natalina passam a ser coerentes. Assim como Dora, personagem de *Becos da Memória*, considero Natalina também uma mulher emancipada e liberta, pois, embora portadora de pouca instrução, conquistou sua autonomia, livrando-se de várias amarras do patriarcado, na rua, com suas experiências.

De acordo com Beauvoir (1990), à mulher "ensinam-lhe que para agradar é preciso procurar agradar, fazer-se objeto; ela deve, portanto, renunciar a sua autonomia. Tratam-na como uma boneca viva e recusam-lhe a liberdade" (BEAUVOIR, 1990, p. 22). Natalina, apesar de mulher, negra e pobre, e empregada doméstica, consegue se desvencilhar de tais paradigmas e só assume-se mãe quando se sente livre. Na quarta gravidez, existiu a vergonha sim, por ter sido estuprada, mas não desse filho querido, fruto de uma gravidez independente, pois "agora teria um filho só seu, sem ameaça de pai, de mãe, de Sá Praxedes, de companheiro algum ou de patrões" (OD, p. 49). A narrativa também merece destaque por trazer o estupro inserido em um discurso do sentimento de culpa da vítima. Afinal, várias correntes discursivas responsabilizam a vítima pela violência, através de uma educação repressora da mulher. Nesse sentido, a vergonha de Natalina pelo estupro também insere a obra de Evaristo em um contexto literário de uma escrita que quer mais que fruição.

2.3.2 – Luamanda e Salinda: resistência e liberdade de escolha

Ao discutir sobre a autonomia de mulheres negras, o direito e liberdade para escolher seus parceiros também deve ser analisado, uma vez que as mulheres, não somente as negras, sofrem consequências de uma educação por vezes limitadora, pautada em uma ideologia de gênero, que permeia seus comportamentos e suas escolhas. Salinda, protagonista do conto "Beijo na face", de Conceição Evaristo, embora viva sob ameaças constantes do marido, se permite viver um relacionamento amoroso extraconjugal. Feita as ressalvas em relação à violência psicológica sofrida pela personagem, que mencionei em outro momento, Salinda, madura, mãe amorosa, dribla a vigilância constante do marido e se entrega a uma relação lesboafetiva. Relação essa que lhe permite um sentimento de mudanças.

Como outros contos da escritora, o texto narrado em terceira pessoa também traz a técnica do *flashback* como instrumento para os devaneios da personagem. No entanto, o conto possui apenas o foco narrativo da protagonista, uma vez que ela se encontra em introspecção. Através da narrativa, percebe-se uma consciência de Salinda da violência sofrida. Talvez, o constante refletir, já que aquele novo amor exigia paciência, possibilite uma maior percepção de si no mundo, refletindo sobre suas escolhas e consequências. Todo esse processo de "embrutecer o corpo, os olhos, a voz" (OD, p. 52) parece advir do "encontro" temporal das duas relações: "um tempo em que o marido estava envolvido e cada vez mais se diluía e o tempo em que o novo amor se solidificava" (OD, p. 54).

O marido há anos a pressionava na desconfiança de uma possível traição, ato que parece ter provocado mudanças substanciais na personagem. E Salinda, como mãe zelosa, justifica a manutenção da relação a partir da imaturidade dos filhos, fato que merece ponderações, optando por criar táticas de resistência ou "sobrevivência": "Ela respondeu com um jogo aparentemente passivo. Fingiu ignorar. Era apenas uma estratégia de sobrevivência. Ensaiava maneiras de se defender aguardando as crianças crescerem" (OD, p. 55). Embora seja certo afirmar que a violência, por meio de suas diversas nuances, muitas vezes confunde a vítima, fazendo-a acreditar que tem o domínio de uma situação caótica, que por vezes a mantém nos domínios do agressor, no caso de Salinda, a consciência de sua situação parece real a partir do momento em que ela reage com uma ação concreta: "Aprendera, desde então, certas artimanhas, sondava terreno, procurava saídas. Aos poucos foi se fortalecendo, criando defesas, garantindo pelo menos o seu espaço íntimo" (OD, p. 53). Essa intimidade, ainda que sutil, é assegurada por meio de encontros amorosos escondidos, cujas lembranças são preservadas através de conservação de roupas usadas.

No entanto, Salinda, apesar de trabalhar fora, é constantemente vigiada. Assim, seus encontros amorosos acontecem na casa da Tia Vandu, na cidade de Chã de Alegria. A tia cúmplice acolhe sofrimentos e segredos amorosos da moça, que também já vislumbra na filha mais velha, de treze anos, mais uma possível aliada no futuro. Aproveitando-se da conivência da tia, apesar da vigilância constante do marido, a mulher não recua ao seu direito de partir para outro relacionamento: "De noite, depois das crianças dormirem, Salinda, no quarto destinado a ela, podia se dar, receber, se ter e ser para ela mesma e para mais ninguém" (OD, p. 53). A moça tem medo das ameaças do marido, o que obviamente a mantém na relação. No entanto, parece que a desconfiança de que ele não concretizasse suas ameaças e o desejo de livrar-se do relacionamento abusivo a encoraja a uma reação. Embora seja aparentemente sujeito-paciente de uma relação que exige um fim, a aproximação na narrativa da personagem à equilibrista do circo torna-se pertinente. Salinda, equilibrista na vida, espera sair vitoriosa da corda bamba da circunstância.

Enfim, a mulher é descoberta e o marido "não ia matá-la. Não ia cometer suicídio. Mas ia disputar ferrenhamente os filhos. Ele queria os filhos, todos" (OD, p. 57). Fato que Salinda considera uma guerra. No texto, ainda que sutil, a maternidade aparece dentro de um discurso de amor infinito, típico de narrativas oitocentistas. Afinal, os filhos surgem como uma opção eterna para a mulher.

Mas, considerando que a protagonista é negra, esse discurso subserviente em relação à maternidade merece apontamentos. Conforme mencionado anteriormente, através dos estudos de Eduardo de Assis Duarte (2010b), nas narrativas canônicas, de forma geral, às mulheres negras o discurso de maternidade vinha acoplado em uma esfera de esterilidade. Aqui, em "Beijo na face", ao contrário, temos a representação de uma mulher negra, dentro de uma relação lesboafetiva com outra mulher negra, tentando sair de um relacionamento abusivo e lutando pelos filhos.

Pensar Salinda em um universo de resistência exige um movimento de leitura e interpretação específico, possibilitado por uma análise textual que considera a personagem representada dentro de um quadro histórico-social particular. Embora o rompimento imediato da relação possa ser uma sugestão pontual e definitiva, e a estratégia de sobrevivência da personagem possa parecer-nos conformista e passiva, efetivamente, dentro de um universo de relacionamento abusivo, reagir ao ciclo da violência não parece ser tão simples. Saffioti (2015), ao discorrer sobre a violência, chama a atenção para a "ideologia de defesa da família". De acordo com a pesquisadora, "no grupo familiar e na família não impera necessariamente a harmonia, porquanto estão presentes, com frequência, a competição, a trapaça e a violência. Há, entretanto, uma ideologia de defesa da família, que chega a impedir a denúncia" (SAFFIOTI, 2015, p. 78) ou mesmo a reação. Sendo assim, pensar a estratégia de sobrevivência de Salinda como um ato de resistência, já que ela reage às ameaças constantes do marido, torna-se pertinente.

A sensibilidade para trazer a mulher negra enquanto sujeito para a narrativa – um sujeito que reage às adversidades dentro de suas possibilidades – aponta para uma literatura outra, engajada em atingir propósitos específicos, mas também fazendo uso de expressão poética. O título "Beijo na face" nos remete à discrição – há que se considerar o caráter duplo subversivo dessa relação: Salinda é casada e está em uma relação lesboafetiva. Sem contar o fato de ambas serem mulheres e negras, o que por si só escapa ao lugar-comum dos textos literários. Ainda é certo afirmar a sensibilidade e brandura para as quais o título aponta, já que o incapturável permeia o romance no ato de Salinda guardar as roupas usadas para tentar preservar na memória o tempo e sensações dos dias vividos.

Eduardo de Assis Duarte (2010), ao discorrer sobre particularidades da escrita de mulheres negras, aponta para "o redirecionamento da voz narrativa que, sem descartar a sexualidade está empenhada em figurar a mulher não a partir de seus dotes físicos, mas pelas atitudes de luta e resistência, e de sua afirmação enquanto sujeito" (DUARTE, E., 2010b, p. 34). Nesse universo, Conceição Evaristo coloca em discussão, em "Beijo na face", questões candentes no cotidiano de mulheres negras ainda na contemporaneidade, trazendo à luz a "política do cotidiano", apontada por bell hooks (1995).

Afirmação e resistência também caracterizam Luamana, protagonista do conto que traz o nome da personagem enquanto título. Diferentemente da casa de Salinda e tantas outras, o espaço privado de Luamanda é majoritariamente marcado pelo amor e pelo prazer. Ressalvas para a estereotipização e lugar comum na representação de personagens masculinas, a escolha de uma mulher negra de meia idade, "quase cinco décadas" (OD, p. 59), satisfeita com sua condição de mulher experiente, para protagonizar a narrativa, marca a expressão poética.

"Haveria um tempo em que as necessidades do amor seriam todas saciadas?" (OD, p. 60). Esse primeiro questionamento da mulher experiente atravessa as lembranças dos relacionamentos vividos. Múltiplos amores: meninos, jovens, velhos, mulheres. A memória traz até mesmo a violência sofrida no término de um dos relacionamentos: "Foi um tempo em que precisou exercitar a paciência com o seu próprio corpo" (OD, p. 63). Outras experiências vêm juntamente com a solidão de cada despedida, no entanto "entre encontros e desencontros, Luamanda estava em franca aprendizagem" (OD, p. 63).

A mulher, enquanto se arruma para mais um encontro amoroso, relembra romances, prazeres, bem como sua iniciação no jogo do amor. Essa não é uma narrativa em que o sentimento de injustiça ou insatisfação com os acontecimentos da vida se faz presente. Luamanda relembra o poema "Retrato", de Cecília Meireles, e não se identifica com angústias e lamúrias da meia idade: "Não, não era o caso de Luamanda, que se reconhecia e se descobria sempre" (OD, p. 63). Inclusive, "sentia a pulsação da vida desenfreada, louca" (OD, p. 60), e os questionamentos feitos ao final de cada relacionamento apontam para uma curiosidade e interesse por sua existência, de alguém que vive intensamente.

É também importante mencionar que o conto traz a mulher representada de forma múltipla, como por exemplo, na sequência de adjetivos: "Luamanda, avó, mãe, amiga, companheira, amante, alma-menina no tempo" (OD, p. 63). Aqui, percebe-se a escolha da autora, Conceição Evaristo, em trazer uma representação não essencializada da mulher negra, a partir de uma perspectiva de raça, de gênero e de classe, como um ato político, pois diversas narrativas canônicas trouxeram a representação da mulher negra de forma estereotipada, "como se a mesma só tivesse um único significado e constituição identitária, ser negra; [...]. Por isso, é necessário pensar a diferença como reconstrutora de sentidos a despeito da raça, de gênero e sexualidade do feminino" (DIAS; GARCIA, 2013, p. 2). Sendo assim, no conto, a mulher negra surge enquanto sujeito da história, portadora de escolhas e experiências, e nessa representação da "política do cotidiano", ela "não se envergonha de seu narcisismo. Era com ele que ela compunha e recompunha toda a sua dignidade" (OD, p. 63).

Consoante essas discussões, percebe-se que dignidade e resistência marcam as vivências de Salinda e Luamanda.

Personagens que fogem do estereótipo da mulher negra enquanto símbolo sexual, estéril ou vitimista. Nesses contos, a mulher negra é representada a partir de experiências plurais, em que as identidades negras são exploradas de modo relacional, dialogando com outras identidades, todas em construção e constante movimento.

CAPÍTULO III
POLÍTICAS DO CORPO NA PROSA DE CRISTIANE SOBRAL

Cabeça feita

Resolvi fazer a cabeça
Ocupar páginas em branco
Com palavras negras
Para refletir a nossa luz

[...]
Podem me prender
Podem me privar
Não vou negar
Encontrei outro jeito de me enxergar

[...]
Já programei meus neurônios
Enchi minha cabeça de sonhos
Cabeça feita, cabeça feita...
Caminhos, ideias, desenhos na fronte
Desafiam o horizonte.
(SOBRAL, 2014, p. 57)

Em entrevista recente, Cristiane Sobral, ao pontuar os principais temas de sua produção literária, enfatiza que seu texto atravessa "o jeito de ser e de viver da população negra" (SOBRAL, 2017c, p. 255). Ademais, a carioca tem sido bastante lembrada, devido ao conteúdo "libertário" de suas publicações. Em seus livros de poemas, e também na sua produção contística, a escritora tem trazido para a discussão um assunto bastante caro à mulher negra: a autoviolência física e mental devida à filiação a padrões estéticos eurocêntricos para uma aceitação nos meios sociais. *Só por hoje vou deixar o meu cabelo em paz* (2014), por exemplo, lembra a obsessão constante, ensinada desde a infância da mulher negra, para sentir-se inclusa mediante adequação a tais padrões, culturalmente introjetados na sociedade. Nesse processo, consoante reflexões da professora Florentina da Silva Souza,

> os traços físicos e culturais, antes rejeitados e recalcados por serem considerados desprovidos de beleza, ganham outro sentido e passam a ser assumidos como marcas identitárias. A apreciação dos cabelos crespos, da cor da pele e das religiões e a narração de acontecimentos históricos sob a perspectiva da tradição afro-brasileira serão considerados meios de consolidação da identidade étnica que ressignifica a tradição e os seus paradigmas (SOUZA, 2005, p. 196).

Ao propor uma nova representação para o corpo feminino negro, os textos de Sobral "produzem novas e engenhosas possibilidades de referências figurativas e temáticas do feminino corpo da negrura no cenário atual da Literatura Brasileira" (MARTINS, 1996, p. 111), o que considero bastante próximo do pensamento feminista negro. De acordo com a teórica americana Patricia Hill Collins, "o pensamento feminista negro consiste em ideias produzidas por mulheres negras que elucidam um ponto de vista de e para mulheres negras" (COLLINS, 2016, p. 101), aspecto pertinente para pensar a produção de Cristiane Sobral, visto que nela as particularidades de um corpo feminino negro são levadas em conta.

Em vertente semelhante, Maria Consuelo Cunha Campos (2010), ao tratar de escrita e militância de mulheres negras, aponta a importância da luta contra o machismo e o racismo. Dentre outros pontos, a pesquisadora ressalta o resgate da autoestima da população negra, inclusive através da ressemantização positiva da própria palavra "negro" e seu campo semântico, em contraposição às conotações pejorativas adquiridas no discurso racista. Dessa forma, "é através da linguagem simples, mas muito bem posicionada, que Cristiane Sobral desvenda o ser negro num espaço quase que totalmente adverso às características culturais e históricas da negritude[36] africana dentro da sociedade brasileira" (COSTA, 2017, p. 2). Aspecto esse enfatizado por ela mesma ao pensar a sua produção vinculada à sua experiência enquanto mulher negra: "A busca de construções humanizadas – para além dos estereótipos do escravismo – e a complexidade dos sujeitos. O negro e a negra falam de si, não são apresentados como simulacros do branco" (SOBRAL, 2017c, p. 255).

Dessa forma, para refletir sobre figurações do corpo negro feminino na obra contística de Cristiane Sobral, serão contemplados os livros *Espelhos, Miradouros, dialéticas da Percepção*

---

[36] Sobre o movimento da negritude, de acordo com Kabengele Munanga (2009), o afro-americano W.E.B. Du Bois (1868-1963), pai do *pan-africanismo* e autor de *Almas Negras* (1903) - que influenciou escritores negros americanos -, também pode ser considerado um dos patronos do movimento da negritude, "por ter defendido a volta às origens" (MUNANGA, 2009, p. 46). No entanto, o termo negritude só seria cunhado em torno de 1939, pelo martiniquense Aimé Césaire (1913-2008). Segundo o pesquisador Petrônio Domingues (2005), "na concepção de Aimé Césaire, negritude é simplesmente o ato de assumir ser negro e ser consciente de uma identidade, história e cultura específica" (p. S/N). Ao pensar esse movimento no Brasil, Domingues traz Luís Gama (1830-1882) e o Teatro experimental do Negro (TEN) enquanto precursores. "Tal como na versão francesa, a negritude foi um ideário que floresceu no Brasil como expressão de protesto da pequena-burguesia intelectual negra (artistas, poetas, escritores, acadêmicos, profissionais liberais) à supremacia branca. Tratou-se de uma resposta dos negros brasileiros em ascensão social ao processo de assimilação da ideologia do branqueamento" (DOMINGUES, 2005, S/N). No entanto, ainda de acordo com Domingues, "contemporaneamente, a ideologia da negritude é tão elástica que ainda podemos identificar sua expressão em diversas outras manifestações lúdicas e estéticas de afirmação racial: nos bailes da comunidade negra, nos grupos de dança e música afro, na proposta de alguns escritores e poetas que produzem literatura negra" (op. cit.). Considerando aspectos históricos e sociais, ao aproximar *Negritude e Literatura Negra*, o professor Edimilson de Almeida Pereira (2010) afirma que "pode-se observar que traços da primeira foram realocados para estruturar alguns dos aspectos da segunda. Assim, a denúncia da violência contra os afro-brasileiros, a afirmação da especificidade de seus valores culturais e a legitimação do poeta como porta-voz de sua coletividade são aspectos que, à maneira da Negritude, desarticularam o discurso sobre a harmonia da sociedade brasileira e impuseram a face de um sujeito afrodescendente reconfigurado na obra literária" (PEREIRA, 2010, p. 29).

(2011)[37] e *O Tapete Voador* (2016b)[38], e os contos "Das Águas" e "O outro lado da moeda", presentes na coletânea *Olhos de Azeviche* (2017) – seleção de autoras negras, organizada pela editora Malê, haja vista que ambas as narrativas enfocam a percepção do corpo negro. Sendo assim, para discutir o papel da intelectual Cristiane Sobral a partir de suas nuances literárias, observarei, também, na prosa da escritora, o corpo feminino negro enquanto um elemento político, aspecto que considero fundamental para compreender a obra da escritora.

Ao discutir a dimensão e a experiência do corpo na sua produção, em entrevista à revista Estudos Literários Contemporâneos, a escritora, professora e atriz afirma que,

> Para pensar sobre o corpo negro, é preciso se lembrar dos corpos não negros. De que corpo negro estamos falando? O corpo negro surge como uma criação do colonizador, é um corpo desumano, desprovido de alma. Ora, o corpo é uma manifestação da consciência, não existe fora das relações com outros corpos. Um corpo se cria a partir da construção do outro, do que significa para o outro. A cultura patrimonial brasileira decreta que negros não têm a posse dos seus corpos, podem ser violentados, explorados, subalternizados. As relações sociais e a visão que o homem e a mulher negra têm de si mesmos nascem contaminadas por essa genética social (SOBRAL, 2017c, p. 256).

Consoante essa perspectiva, é de modo relacional, em confronto ou em harmonia com outros, que o corpo feminino negro será observado nos textos de Sobral. Nesse percurso, os espaços ocupados pelas mulheres negras também serão observados, já que o corpo negro parece adquirir diferentes nuances conforme

---
[37] Alguns contos de *Espelhos, Miradouros, dialéticas da Percepção* (2011) foram republicados n'*O Tapete Voador* (2016b), nesse caso, optei por contemplar a última edição, uma vez que alguns dos contos sofreram pequenas modificações.
[38] O livro *O tapete voador* contém um conto com o mesmo título, que também, junto aos outros que compõem a coletânea, será analisado.

o espaço ocupado. Ademais, é importante salientar que, nos textos da escritora, corpo e cabelo fazem parte de um mesmo *corpus* em debate, já que "o cabelo não é um elemento neutro no conjunto corporal. Ele foi transformado, pela cultura, em uma marca de pertencimento étnico/racial. No caso dos negros, o cabelo crespo é visto como um sinal diacrítico que imprime a marca da negritude no corpo" (GOMES, 2008, p. 25).

Sobre isso, os estudos da professora Nilma Lino Gomes serão essenciais na discussão do capítulo. Ao refletir em torno do que denomina o corpo negro regulado e o corpo negro emancipado, Gomes ressalta que "no Brasil, o corpo negro ganha visibilidade social na tensão entre adaptar-se, revoltar-se ou superar o pensamento racista que o toma por erótico, exótico e violento" (GOMES, 2017, p. 94). Aspectos esses representados na literatura de Sobral, sendo atravessada pela denúncia do racismo, juntamente com outras estruturas controladoras do corpo feminino negro, considerando que "a leitura sobre o negro, sua história e cultura ainda tem sido regulada pela sociedade mais ampla via racismo ambíguo e mito da democracia racial" (op. cit., p. 95). Sua escrita abarca também um combate ao pensamento racista através da presença de corpos negros em diferentes espaços, seja nas universidades, nas grandes corporações, ou nas músicas que resgatam identidades negras, observando que "o corpo negro nos conta uma história de resistência constituída de denúncia, proposição, intervenção, revalorização" (op. cit., p. 95).

Finalmente, ao pensar o corpo em Cristiane Sobral, reflito esse corpo político ainda a partir de contribuições da professora Sandra Regina Goulart Almeida. A professora, ao problematizar o "corpo político", relembra que esse corpo enquanto metáfora fora idealizado em tempos passados, trazendo "o corpo masculino como modelo e norma" (ALMEIDA, 2015, p. 102), enquanto elemento neutro. Contudo, uma releitura gendrada da "política do corpo" reescreve o poder do corpo como uma entidade politicamente inscrita e visualiza o corpo feminino não como a tradicional metáfora do território colonizado e apropriado [...], mas como um lócus de autodeterminação individual e também de concepção de subjetividades próprias (op. cit., p. 102).

Dessa forma, "o corpo deve ser entendido como um elemento simbólico material no qual fatores sociais e históricos são inscritos" (op. cit., p. 102). Nesse processo, consoante reflexões de Almeida, o corpo feminino negro aqui será pensado dentro de um contexto histórico, social e cultural brasileiro, de forma que as mulheres negras, na literatura de Sobral, serão lidas enquanto corpos simbolicamente – ou fisicamente – violentados por meio do racismo e sexismo.

3.1 – Revisitando violências: corpo feminino negro violado

3.1.1 – Amores roubados

Ao refletir sobre o corpo político em Sobral, a questão da solidão da mulher negra não pode deixar de ser considerada. "Vox mulher", publicado em O *Tapete Voador*, perpassa essa temática, uma vez que uma voz narrativa feminina negra discorre sobre suas ânsias afetivas e reflete sobre sua eterna espera por um relacionamento afetivo consistente: "Confesso que já estou cansada de esperar" (SOBRAL, 2016b, p. 13)[39].

Para pensar os desabafos da narradora, retomo "Vivendo o amor", de bell hooks, sobre o quanto as mulheres negras sentem que em suas vidas não existe amor (hooks, 2006, p. 188). Nesse contexto, o corpo político se faz presente na representação de uma mulher negra na literatura questionando tais relacionamentos. Isso,

---
[39] Doravante o texto será referenciado como TV, seguido do número da página.

porque a presença de um corpo negro feminino problematizando relações afetivas condiz com uma crítica social bastante contundente sobre a solidão da mulher negra: as mulheres negras concorrem em desvantagem em relação às brancas no mercado matrimonial (Cf. SCHWARCZ, 2012). De acordo com Ana Cláudia Pacheco,

> há uma representação social baseada na raça e no gênero, a qual regula as escolhas afetivas das mulheres negras. A mulher negra e mestiça estariam fora do "mercado afetivo" e naturalizadas no "mercado do sexo", da erotização, do trabalho doméstico, feminilizado e "escravizado"; em contraposição, as mulheres brancas seriam, nessas elaborações, pertencentes "à cultura do afetivo", do casamento, da união estável (PACHECO, 2013, p. 25).

Isso posto, constata-se que é justamente essa discussão que Cristiane Sobral traz para o texto literário. Note: "O telefone não tocou e continuo aqui esperando, sem saber se vale a pena: se eu quisesse de você apenas sexo, seria fácil encontrar" (TV, p. 15). Aqui, dialogando com reflexões de Ana Cláudia Pacheco (2013), observa-se que a personagem faz uma diferenciação entre relações sexuais e afetivas, o que sinaliza o espaço das mulheres negras nos relacionamentos. Assim, conforme esperado, o telefone não toca, e a expectativa de um enlace amoroso, mote da narrativa, persiste: "se ligar agora, depois de tanta espera, terei certeza de que ligou porque devo ser a última opção depois de ter recebido algumas negativas de outras mulheres" (TV, p. 15).

Nesse contexto de rejeição, de carência por representar a última escolha afetiva de alguns, o corpo é o primeiro a ser alterado: "Um dos meus artifícios para mudar o estado das coisas é mudar a aparência, principalmente os cabelos. Cortei os cabelos ontem. Será que ele percebeu? Cansei da minha imagem alisada. Ficou bom. Eu estou me sentindo ótima, mais negra, mais viva" (TV, p. 14). Afinal, conforme reflexões da professora Nilma Lino Gomes, sobre como o corpo é visto e vivido na cultura, "é no corpo que se dão as sensações, as pressões, os julgamentos. Esses não acontecem de forma independente, mas estão intimamente entrelaçados, constituindo uma estrutura, uma unidade que tem uma ordem – a sua forma de corpo" (GOMES, 2008, p. 230). Ainda de acordo com a pesquisadora, alterações no cabelo não se limitam a essa parte do corpo, mas "ao desejarem 'mudar o visual', [as] pessoas tematizam e pensam a totalidade do corpo" (op. cit., p. 231). Contudo, percebe-se que, embora a protagonista tenha transformado a sua aparência, a situação não surtiu efeitos, e o corpo feminino negro continua a ser rejeitado, uma vez que o negrume desse corpo torna-se ainda mais evidente com a mudança.

A ausência do amor divulgado e declarado publicamente também atravessa o texto, na expressão do desejo da personagem: "Sempre sonhei com alguém que rompesse os meus muros, me descabelasse em praça pública, me livrasse do tédio" (TV, p. 13). Situação relevante nesse contexto, visto que o amor público parece pouco presente na vida de mulheres negras. De acordo com hooks, "a escravidão condicionou os negros a conter e reprimir muitos dos seus sentimentos" (hooks, 2006, p. 189-190), no entanto, "a vontade de amar tem representado um ato de resistência [...]. Mas ao fazer essa escolha, muitos de nós descobrimos a nossa incapacidade de dar e receber amor" (op. cit., p. 189). Tal aspecto também é explorado em Sobral. Em determinado momento do texto, a narradora confessa sua incapacidade de dizer não:

> Eu digo sim muitas vezes ao dia e acabo me envolvendo em confusão, mesmo sem proferir palavra alguma. Meu rosto, com o passar do tempo, já formou rugas de quem concorda com tudo, como uma máscara. Aqui estou, esperando você com essa cara de quem diz sim a tudo, mesmo estando frustrada (TV, p. 16).

O contínuo consentimento da narradora sinaliza a submissão de alguém que é constantemente preterido, o que dialoga diretamente com a inabilidade de dar e receber amor, apontada por hooks. Desse modo, a solidão afetiva aparece enquanto mais uma violência contra a mulher negra, conforme reflexão de Sueli Carneiro. De acordo com a pesquisadora, existe uma forma de violência específica que "limita as possibilidades de encontro no mercado afetivo, inibe ou compromete o pleno exercício da sexualidade pelo peso dos estigmas seculares" (CARNEIRO, 2003b, p. 122). Ainda de acordo com Carneiro, "é uma violência invisível que contrai saldos negativos para a subjetividade das mulheres negras, resvalando na afetividade e sexualidade destas" (CARNEIRO, 2003b, p. 122). Nesse contexto,

> convivendo em uma sociedade plurirracial, que privilegia padrões estéticos femininos como ideal de um maior grau de embranquecimento (desde a mulher mestiça até à branca), seu trânsito afetivo é extremamente limitado. Há poucas chances para ela numa sociedade em que a atração sexual está impregnada de modelos raciais, sendo ela representante da etnia mais submetida. Sua escolha por parte do homem passa pela crença de que seja mais erótica ou mais ardente sexualmente que as demais (NASCIMENTO, 2006, p. 129).

Dialogando diretamente com essas reflexões da historiadora Beatriz Nascimento, em "A mulher negra e o amor", no final do texto de Sobral, tem-se: "É preciso encarar a verdade. Você não ligou. Isso dói. A solidão machuca" (TV, p. 16). E para driblar a rejeição, compreendendo o insucesso de suas relações afetivas, resta-lhe como alternativa "a desmistificação do conceito de amor" (NASCIMENTO, 2006, p. 129). E o amor, enquanto sinônimo de resistência, apontado por hooks, aparece como um cuidado de si. "Vou ligar para meu número residencial, ouvir minha mensagem gravada e dizer a mim mesma algo que pareça carinhoso, útil, ou pelo menos familiar neste mundo insensível e estranho. Hoje vou ter uma noite feliz" (op. cit.). E aqui, o corpo político se faz voz ao incitar o amor próprio.

Questões relacionadas à afetividade também são temas de "Homem bom entregador de pizza". Aqui, as violências são muitas, sendo que, as de gênero e de raça, devido ao não enquadramento a padrões estéticos, produzem mais uma vítima, Socorro: "Aparentava uns 25 anos, negra, cerca de 1,60m, cintura fina, braços grossos e quadris avantajados" (SOBRAL, 2011, p. 59)[40]. A jovem, que já traz no nome um pedido de ajuda, ao tentar fugir da solidão e de tentativas frustrantes de se adaptar a um padrão estético, acaba desenvolvendo uma compulsão alimentar.

Nesse sentido, se a solidão de mulheres negras é aspecto recorrente na sociedade, o que dizer da afetividade de mulheres negras e obesas? De acordo com Ana Cláudia Pacheco "a solidão está simbolizada pelos signos corporais racializados" (PACHECO, 2013, p. 292). Dessa forma, "a raça é sinalizada pela concepção de beleza feminina estigmatizada: corpo gordo-negro-africano (feio) em contraposição a um ideal estético de beleza, a mulher branca e magra de 'cabelos lisos'" (op. cit., p. 292). Nesse processo, o corpo materializa as violências sentidas como um protesto corporificado.

Sobre isso, as reflexões de Regina Nogueira, em "Mulher Negra e Obesidade", no sentido de pensar como a ditadura estética imposta pelo poder hegemônico nega as características de mulheres negras e obesas, contribuem com a análise. De acordo com a médica e ativista negra, "as mulheres negras e gordas normalmente aparecem na cozinha, no quarto-de-santo e, às vezes, fazendo carinhos escondidos entre quatro paredes" (NOGUEIRA, 2006, p. 199). Nesse processo, conforme a mesma, faz-se necessário problematizar a representação do corpo negro, observando suas características múltiplas.

---
[40] Doravante o texto *Espelhos, Miradouros, Dialéticas da Percepção* será referenciado como EMD, seguido do número da página.

Isso posto, nota-se que é justamente a partir desse olhar contestador de valores dominantes e eurocêntricos que Sobral traz o corpo negro feminino obeso para seu texto. Assim, as categorias, "cabelos muito bonitos", "rosto especial", "olhos bem expressivos", "ela parecia atraente", "seios lindos, inesquecíveis, perfeitos", propõem a desconstrução daquilo que Regina Nogueira apontou ser uma das grandes marcas do racismo vigente: "renegar as características das mulheres negras" (NOGUEIRA, 2006, p. 199).

No entanto, no texto, o encantamento silencioso do entregador de pizza não foi suficiente para contentar Socorro. "Ao seu lado, encontrei pilhas de revistas de moda, dietas e beleza. Em meio ao paradoxo, havia indícios precisos de um ritual selvagem sem arrependimentos nem pausas. […]. Sua pele castanha estava manchada com sangue, tinha os pulsos cortados" (EMD, p. 61). Aqui, tem-se o que Sandra Regina Goulart Almeida apontou como "efeitos da violência no corpo feminino etnicizado e racializado – violência essa que assume diferentes matizes, mas deixa ruínas e escombros sob os quais deverão se reerguer os sujeitos da diáspora" (ALMEIDA, 2015, p. 131). Assim, o suicídio, resultante da imposição estética, configura-se enquanto ruína, assim como a compulsão alimentar. Contudo, no texto, nenhum dos dois problemas é superado.

A mesma sensação de perda atravessa o conto "O Último Ensaio Antes da Estreia". Aqui, uma protagonista negra não nomeada também recorre ao suicídio para solucionar suas angústias diárias: "Naquele dia, enxergou os seus abismos disfarçados sob as olheiras que deturpavam a visão da mulher bela que aquele rosto tinha refletido um dia. Estava tão desesperadamente só, que abriu todos os remédios de sua caixa de providências para qualquer mal estar" (EMD, p. 96). Dessa forma, mais uma vez a violência sofrida devido "inadequação" a padrões estéticos permeia o texto de Sobral, de forma que a solidão parece motivar a vontade do não viver.

Sobre o preterimento da mulher negra, as contribuições de Gislene Aparecida dos Santos mostram-se coerentes com a discussão:

> Vemos em nossa cultura, cotidianamente, a mulher negra ser descaracterizada de modo a sentir-se sem apoio interno e insegura: insegura no tocante a sua beleza, feminilidade, inteligência. Desde pequenas, são levadas à construção de uma imagem negativa de si mesmas (SANTOS, 2004, p. 43).

Dessa forma, observa-se que essa coação constante e insidiosa atravessa as vivências de mulheres negras, de forma que "a violência é a negação da autoestima" (NASCIMENTO, 2006, p. 129). Para esse caso, em "O Último Ensaio Antes da Estreia", o corpo negro feminino aparece massacrado e torturado pela indústria da beleza: "Quando a polícia chegou, sua pele negra estava misturada ao sangue e à tintura de cabelo, enquanto o rosto exibia as manchas provocadas pela queimadura do creme depilatório exposto em suas mucosas por um tempo demasiado longo" (EMD, p. 97).

Aqui, mais uma vez, as ruínas e os escombros não são superados (Cf. ALMEIDA, 2015), e o corpo feminino racializado aparece exposto no espaço público, constrangido e humilhado, de modo que os questionamentos finais – "Quem era ela?" e "Por que o suicídio?" – remetem à invisibilidade da solidão das mulheres negras.

Ao discutir a afetividade dessas mulheres, o tema solidão atravessa as três narrativas aqui analisadas, de forma que o corpo feminino aparece violentado por uma expectativa social de relacionamento, construída pela máxima jobiniana: "É impossível ser feliz sozinho"[41]. Retomando, em "Vox Mulher", uma protagonista não nomeada aguarda ansiosamente uma ligação telefônica, de cunho afetivo, que não se concretiza. Já em "Homem

---

[41] Verso de *Wave*, a primeira música do álbum de mesmo nome de 1967, composta por Antônio Carlos Jobim (Tom Jobim), amplamente divulgada e conhecida no Brasil.

Bom Entregador de Pizza", Socorro, jovem solitária, materializa suas angústias em seu corpo negro através de uma compulsão alimentar, e acaba se suicidando. Agora, em "O Último Ensaio Antes da Estreia", outra protagonista não nomeada, se suicida diante de uma crise de solidão.

Nesse processo, percebe-se que a ideia do "Amor como cura", acolhida por bell hooks (2006) perpassa as três narrativas. Nota-se que todas as três mulheres têm baixa autoestima, o que as impede de amarem a si mesmas, bem como aponta a desconstrução do lugar comum que interpreta a mulher negra como forte. No entanto, para essa reflexão, há que se considerar que "em primeiro lugar é verdadeiro que as mulheres negras são socialmente desvalorizadas em todos os níveis, inclusive esteticamente, como é verdadeiro também que as mulheres brancas constituem o ideal estético feminino em nossa sociedade" (CARNEIRO, 1995, p. 547). Portanto, as escolhas afetivas, mesmo quando se trata do amor próprio, são atravessadas por valores sociais.

Dessa forma, problematizar a solidão da mulher negra, atentando para o lugar que esse corpo ocupa no mercado afetivo, constitui uma das muitas questões que devem ser examinadas pela sociedade brasileira. Nesse aspecto, entendo as protagonistas não nomeadas como uma proposta de representar as muitas mulheres negras vítimas dessa mesma violência. Portanto, Cristiane Sobral, ao trazer essas lacunas para o espaço literário, desempenha seu papel enquanto intelectual, sugerindo caminhos para reflexões e mudanças. E, nesse caso, ressignificar o corpo negro, no sentido de valorizar a estética negra, constitui uma estratégia de transgressão.

3.1.2 – Infância e maternidade violadas

Isildinha Baptista Nogueira, em "O Corpo da Mulher Negra", atenta para configurações histórico-sociais que influenciam as percepções do corpo feminino negro. Considerando o contexto da escravidão, a pesquisadora observa sobre as mulheres negras que, "seu corpo, historicamente destituído de sua condição humana, coisificado, alimentava toda sorte de perversidade sexual que tinham seus senhores" (NOGUEIRA, 1999, p. 44). Ou seja, "a mulher negra é historicamente desinvestida de qualquer possibilidade que a permitisse exercer sua feminilidade" (Op. cit., p. 44), como também o direito de viver a maternidade. Consequentemente, esse legado se perpetua nos dias de hoje no cotidiano dessas mulheres, em um cenário de disparidades, interseccionado por raça, classe e gênero, onde "indicadores sociais apontam desigualdades no mercado de trabalho e preponderância feminina [negra] na chefia dos domicílios das grandes regiões metropolitanas" (PAIXÃO; GOMES, 2008, p. 949).

Em "Bife com batata-frita", a escritora Cristiane Sobral traz essa problemática para a literatura; aparecem, mais uma vez, semelhante em Evaristo, personagens afetadas pela falta, onde a "violência social" faz-se evidente. Nessa narrativa, dois corpos femininos são violentados.

> A menina rechonchuda, pela péssima dieta repleta de pães, macarrão e arroz, mas desnutrida, pois raramente digere frutas e legumes, artigos de luxo em famílias pobres alimentadas com cestas de caridade e leite de programas de alimentação do governo, usa roupas doadas por estranhos, provenientes de vários templos da fé onde na maioria das vezes é possível encontrar um enorme contingente de pobres de espírito, com armários abarrotados de peças de roupa de grife. Ióli vive em um bairro ocupado por moradores de baixíssima renda, com inúmeras igrejas de diferentes denominações, e nenhuma agência bancária (EMD, p. 17).

Nota-se que, apesar de ganhar doações de outras pessoas, a família da menina não parece receber uma ajuda efetiva do Estado, situação que fica também nítida quando se depara com a descrição da casa de Ióli: "dois quartos e um enorme quintal de terra batida, paga em parcelas durante trinta anos" (EMD, p. 18), através do trabalho da mãe, "que sempre se desdobrou atuando como empregada doméstica em duas residências" (op. cit., p. 18). Ademais, o conto desenvolve-se a partir de uma atmosfera de angústia e medo que circula em torno do sumiço da mãe "inesperadamente desaparecida após uma ida ao hospital" (op. cit. p. 18), o que também sinaliza uma atmosfera de negligência estatal.

A figura da mãe é crucial nessa narrativa negro-brasileira, diferentemente do que acontece em grande parte da literatura canônica, em que impera uma carência de representação da mulher negra enquanto mãe (Cf. EVARISTO, 2005). Aqui, a mãe trabalha e cuida dos filhos:

> Naqueles dias, ninguém almoçou, ninguém jantou, nem tomou banho. Era assim quando a mãe não estava por perto. Todo mundo ficava meio perdido, meio filho desmamado, meio cachorro criado em casa, sem rumo nas ruas. Ióli vestia o mesmo short rosa e a camiseta de alcinhas listradas havia vários dias, e infelizmente aquela roupa era inadequada, justamente num dia em que fazia muito frio naquela cidade onde quase todos os dias eram de verão (EMD, p. 19).

Percebe-se que, apesar de ausente, na narrativa perpassa um modelo de mãe protetora, que se sacrifica em prol dos filhos: "Lembrou-se de uma de suas festas de aniversário de não sabe que ano. Naquela ocasião, sua mãe confeitou o bolo reaproveitando um saco de leite de vaca. Lembrou-se dos vestidos bonitos costurados pela mãe" (EMD, p. 20). Além disso, Ióli ainda usa botas ortopédicas, compradas com o dinheiro do trabalho da mãe.

Seguindo essa perspectiva de mãe cuidadora da casa e dos filhos, no conto é possível observar que a protagonista Ióli, ainda criança, já começa a seguir os passos da matriarca. Sobre isso, no início do conto, o narrador já anuncia um futuro pouco favorável para a menina: "brinca com um travesseiro que é sua *boneca* preferida, na sua interminável tentativa de criança que deseja ocupar o papel de mãe pelo puro exercício de organizar seu mundo" (EMD, p. 17, grifo da autora). Por fim, com a morte da mãe, a menina de sete anos e oito meses, que há pouco não tomava banho sozinha, nem escolhia suas roupas, despede-se da infância. No entanto, merece atenção o fato de a mãe da menina trabalhar em dois empregos, o que já sinaliza um impedimento da mulher viver a maternidade e da filha viver a infância.

Acerca dessa catequização de Ióli, mais uma vez a contribuição dos estudos de Beauvoir (1990) é de suma importância, uma vez que perpassa a ideia da formação da mulher a partir de uma construção cultural, não de dados biológicos – assim como visto diante do conto "Quantos filhos Natalina teve?", de Conceição Evaristo. Dessa forma, de acordo com essa construção, segundo Beauvoir, a infância se aproxima da idade adulta, como acontece com Ióli. Aqui, as responsabilidades da casa são vinculadas às personagens femininas, constatando-se, ainda, que, na ausência da mãe, a casa não funcionou, conforme apontado no excerto anterior.

Após a notícia trágica, a menina "decidiu pela primeira vez tomar banho, sem mãe, sozinha. Abriu o chuveiro e deixou a água cair na sua cabeça cheia de pensamentos nublados, *eu já sei tomar banho sozinha, mamãe ensinou*" (EMD, p. 20, grifo da autora). Dessa forma, além de cuidar de si, a menina reafirma o "mito de feminilidade" (Cf. BEAUVOIR, 1990), permeado pelas funções de zelar e amparar os outros membros da família: "Ficou a pensar na volta para a casa, nos seus três irmãos, na necessidade de organizar as coisas, porque na sua casa havia muito tempo ninguém almoçava, ninguém jantava nem tomava banho" (EMD, p. 22).

Sobre isso, é possível traçar reflexões acerca do espaço relegado à mulher negra. Observa-se que a violência social do espaço público reflete diretamente no espaço privado, onde a falta de perspectiva futura de Ióli apenas exprime a continuidade da "função" da mãe, mas não sua autoridade, de forma que a esfera privada se torna cúmplice da opressão (Cf. ALMEIDA, 2015). Nesse processo, até mesmo sentimentos da menina são controlados pelo irmão:

> Onde estaria a sua mãe? No seu momento mais dramático, Ióli apertou a bonequinha improvisada e abraçou o seu corpo macio procurando sentir o cheiro da mãe. Fez isso enquanto empurrava discretamente uma lágrima de saudade para o cantinho do olho, porque seu irmão mais velho estava por perto e não lhe havia concedido autorização para chorar (EMD, p. 19).

A submissão da menina é mais um aspecto pontuado pela história de desigualdade, visto que o irmão mais velho aparece apenas duas vezes no texto, em ambas, exercendo autoridade. Dessa forma, semelhante às narrativas de Evaristo, um modelo patriarcal, onde o homem manda e a mulher obedece, mantém a relação de poder. Nessa perspectiva, o medo e a insegurança, mais uma vez, aparecem enquanto meios efetivos de controle, e, conforme afirmado anteriormente, a autorização da prática de violência por parte da sociedade favorece sua manutenção (Cf. SAFFIOTI, 2015). Afinal, "Ióli era uma menina obediente" (EMD, p. 19).

Outro aspecto a ser observado relaciona-se à descrição das personagens centrais. Conforme já aludido, os textos de Cristiane Sobral são atravessados pela questão da estética negra, e em "Bife com batata-frita" essa perspectiva também se faz presente. Ao longo do conto, o narrador denuncia a situação de subsistência daquela família. As expressões "cabelo crespo", "cor de azeviche", "cor de chocolate ao leite" e "boneca negra" atravessam o texto na descrição de Ióli, ao mesmo tempo em que os traços do irmão mais velho como de um rapaz de "cabelo grande e crespo despenteado e suas pernas pretas magras foscas" (EMD, p. 19) não aparecem de forma gratuita, uma vez que o combate ao racismo é também um aspecto candente em Sobral. Dessa forma, violência social, desigualdade e preconceito caminham juntos, e a protagonista de sete anos e oito meses, que acabara de perder a mãe, é vítima do racismo:

> Mesmo em um dia trágico como aquele a garota [Verônica] pegou um pedaço de *Bombril* e ficou a comparar com o cabelo de Ióli que pensava em reagir, em vão. Sua infância acabara de ser sequestrada com a morte da mãe. Nenhuma das maldades da neta estagiária do empreendimento de atrocidades da avó poderiam furar a espessa redoma de dor e dúvidas daquela garotinha (EMD, p. 21, grifo da autora).

Nesse sentido, a despedida da infância e o racismo sofrido pela menina dialogam diretamente com o título "Bife com batata-frita", visto que a desigualdade é um aspecto acentuado no texto e o corpo, como parte desse processo, aparece enquanto "símbolo explorado nas relações de poder e de dominação para classificar e hierarquizar grupos diferentes" (GOMES, 2008, p. 230). Dessa forma, é possível compreender que a vizinha Verônica demarca um espaço hierárquico ao humilhar Ióli, realçando o cabelo liso e a cor clara como sinônimos de determinado *status* social.

Ao aproximar essa narrativa do contexto atual, pode-se perceber uma crítica à cruel realidade de muitas famílias negras. Nesse processo, a figura da "mãe-solo", esteio da família, sempre ausente de casa, trabalhando como doméstica para sustentar seus filhos é recorrente nas histórias de desigualdades. Sendo assim, os espaços ocupados pelas mulheres negras aparecem enquanto lugares de marginalização. Aqui, a família negra surge ocupando um bairro do subúrbio e sobrevivendo através de doações de terceiros, embora a mãe trabalhasse em duas residências para sustentar a casa, o que sinaliza a baixa remuneração recebida.

De fato, mais uma vez o espaço urbano surge como local de segregação (Cf. DALCASTAGNÈ, 2012) e a desigualdade social aparece enquanto denúncia no texto de Sobral também em forma de ironia: "a quermesse bem-intencionada preocupada em oferecer algum conforto aos pobres" (EDM, p. 17); "pobres de espírito com armários abarrotados de peças de roupa de grife" (op. cit., p. 17).

Por fim, percebe-se que Cristiane Sobral em "Bife com batata-frita" empreende uma crítica à desigualdade social. Desigualdade essa que começa na falta de direitos básicos: alimentação e moradia. Nesse processo, têm-se corpos negros cotidianamente massacrados, seja pelo poder simbólico, que aponta constantemente esses corpos como sujos e feios, seja pelo poder hegemônico, que os repelem para as periferias das cidades e os obrigam a viver da assistência de terceiros. Dessa forma, o título do texto já sinaliza, ironicamente, um imaginário de alimentação infantil pouco possível na mesa das famílias pobres, o que concilia com a dúvida de Ióli se conseguiria sobreviver sem a proteção da mãe e com o questionamento final do conto: "Como seria a vida das crianças que têm mãe e pai e comem bife com batata frita?" (EMD, p. 22).

3.1.3 – Conflito fraternal: racismo

O corpo feminino negro violado e agredido também está presente em "A discórdia do meio". No conto, Jupira, mulher negra, vive em uma constante desavença com o seu irmão Jupi, negro de pele clara, "cheio de marcas de traição materna oculta pelo tempo e motivo da picuinha eterna entre os irmãos" (TV, p. 23). O que aparentemente poderia ser associado a apenas crises de ciúmes entre os irmãos, devido à preferência da mãe pelo caçula, culmina em desavenças construídas pelo racismo. Situação essa verbalizada por Jupi, que diz à irmã, em um almoço de família:

> Você nunca me aceitou porque eu sou mais claro, o meu cabelo é bom e eu não estou nem aí, não dou a mínima para essa porcaria, enquanto você gasta os tubos para esconder a sua carapinha preta. [...] Eu sou esse mestiço, só eu sei o preço que pago por isso. Mas eu sou gente, isso eu sempre soube ser. Estou e sempre estive no meio dessa confusão, mas culpado não sou. Se você quiser acusar alguém, acuse o racismo, que você não enxerga e nem procura entender. O racismo é a razão. Você não gosta de ser negra, acha que eu tenho privilégios por ser mais claro, o que é ridículo, com mais ou menos melanina, nós dois somos negros e vivemos em um país onde o racismo impera (TV, p. 26).

No meio da discussão entre irmãos, o corpo negro é representado como sinônimo de rejeição e angústia. Nesse processo, a representação do embate entre negros de pele clara e escura aparece enquanto questão emblemática, conflito esse problematizado a partir de uma contextualização histórica em *Rediscutindo a mestiçagem no Brasil*, por Kabengele Munanga. De acordo com o professor e pesquisador, no Brasil, o mestiço, ou negro de pele clara, estaria associado a uma "zona intermediária, fluida, vaga, que flutua até certo ponto ao sabor do observador e das circunstâncias" (MUNANGA, 1999, p. 87), o que provocaria o distanciamento entre esses e os negros de pele escura, que, "por sua vez, interiorizam os preconceitos negativos contra eles forjados e projetam sua salvação na assimilação dos valores culturais do mundo branco dominante" (MUNANGA, 1999, p. 88), cooptados por um discurso de que "quanto maior a brancura, maior as possibilidades de êxito e aceitação" (SOUZA, 1983, p. 22). Na narrativa de Cristiane Sobral, conforme sinalizado no excerto, a personagem Jupira considera o irmão privilegiado por ter a pele mais clara que a sua.

Tal fato representativo aproxima o conflito também de um contexto social, quando se relacionam os fatos narrados com discussões em torno do fenômeno "colorismo". Ao refletir sobre "O colorismo e suas bases discriminatórias", a pesquisadora Tainan Maria Guimarães Silva e Silva o define "como um tipo de discriminação basead[a] na cor da pele onde, quanto mais escura a tonalidade da pele de uma pessoa, maior as suas chances de sofrer exclusão em sociedade" (SILVA, 2017, p. 3). Nesse contexto, ter a pele mais clara revela ser mais tolerado aos olhos da sociedade, apesar de não usufruir dos mesmos privilégios de uma pessoa branca (Cf. DJOKIC, 2017)[42].

    Dessa forma, para serem "aceitos", negros e negras viram-se obrigados a recorrer a artifícios vários para tentar minimizar características físicas associadas à ascendência africana, e a alteração na textura capilar faz parte desse processo: "As impressões sobre o ser negro, os sentidos dados ao cabelo crespo são dimensões simbólicas que também se fazem presentes e exprimem a forma como homens e mulheres negros pensam e tematizam o próprio corpo" (GOMES, 2008, p. 321). Aspecto explorado na narrativa de Sobral, sinalizado em alguns trechos: "inexplicável peruca que [Jupira] sempre usou, para espanto da família", "gasta os tubos para esconder a sua carapinha preta", "cabelo não tão crespo", "cabelo bom". Além da pele e do cabelo, a narrativa ainda explora outro aspecto constantemente ligado às mulheres negras: "Naquela casa, as mulheres falavam alto" (TV, p. 23). Enquanto Olga, mulher branca, não tem voz, é polida; no dia do conflito, apenas abaixa a cabeça e chora. Nesse périplo, o homem negro também aparece estereotipado: Jupi "tinha um fraco para a bebida" (op. cit., p. 24).

    Na discussão sobre o racismo, juntamente com seus diversos mecanismos, o título "A discórdia do meio" já indica a complexidade da questão, uma vez que se abre em possibilidades: em um dos casos, a discórdia seria fruto do meio social em que os irmãos vivem. Nesse contexto, a desavença dos irmãos estaria associada aos conflitos raciais que historicamente atravessam a

---
[42] Artigo disponível em: http://blogueirasnegras.org/2015/01/27/colorismo-o-que-e-como-funciona/

cultura brasileira. Em outra leitura possível, o conflito pode ser associado à situação de Jupi enquanto mestiço e, nesse caso, o conflito faz referência ao entre-lugar ocupado pelos negros de pele clara na cultura brasileira.

 Nessa perspectiva, o texto de Sobral, ao trazer para o espaço literário denúncias contra o racismo, problematiza a violência desse fenômeno que coopta até mesmo as vítimas. Na narrativa, percebe-se que o irmão de pele clara, apesar de demonstrar discernimento sobre as artimanhas do racismo para hierarquizar pessoas, repete o discurso racista quando classifica o seu cabelo como "bom" (TV, p. 25), e quando retira a peruca da irmã na frente da família, o que sinaliza violências física e simbólica contra o corpo negro feminino. Nota-se que, no ápice da discussão, Jupi assume uma postura superior, aproximando sua imagem de aspectos positivos – ele "tem o cabelo bom", é "um homem bom", "fruto do amor" (op. cit., p. 25) – além de ser o último a falar, já que silenciou a irmã por meio da violência. O realce de aspectos positivos sobre ele, em comparação com a irmã, sugere que, Jupira, ao contrário, não tem o cabelo bom, não é uma pessoa boa e não é fruto do amor.

 Sobre a associação do cabelo crespo a algo "ruim" representada no texto, ao aproximar-se da realidade social, mais uma vez reflexões de Nilma Lino Gomes favorecem a análise. De acordo com a professora, "o cabelo do negro visto como algo 'ruim' é expressão do racismo e da desigualdade racial que recai sobre esse sujeito. Ver o cabelo do negro como 'ruim' e do branco como 'bom' expressa esse conflito" (GOMES, 2008, p. 21) construído historicamente. Dessa forma, o fato de Jupira "gasta[r] os tubos para esconder a sua carapinha preta" (TV, p. 25) pode reportar também a um conflito identitário. De acordo com bell hooks, "a obsessão com o cabelo [...] reflete lutas contínuas com a autoestima e a autorealização [...] [e] o quanto as mulheres negras percebem seu cabelo como um inimigo, como um problema que devemos resolver, um território que deve ser conquistado" (hooks, 2005, S/N). Enfim, Cristiane Sobral, ao trazer para a literatura discussões sobre racismo e seus mecanismos de controle do corpo feminino, suscita reflexões prementes na cultura brasileira. Nesse processo, problematizar esses fenômenos sociais a partir do viés do corpo negro feminino possibilita refletir sobre o caráter violento da desigualdade racial na sociedade. Vivemos "em uma zona de tensão. É dela que emerge o padrão de beleza corporal real e um ideal. No Brasil, esse padrão ideal é branco, mas o real é negro e mestiço. A consciência ou o encobrimento desse conflito, vivido na estética do corpo negro, marca a vida e a trajetória de sujeitos" (GOMES, 2008, p. 21). Sendo assim, apresentar na literatura "gradações de negrura" consiste em uma preocupação com a conscientização do público leitor.

Em relação ao espaço ocupado pelas personagens, mais uma vez a intelectual orienta o leitor trazendo para a literatura uma família majoritariamente negra e com jovens com curso superior concluído. Por exemplo, os dois filhos de Jupi, Pedro e Antônio, são, respectivamente, jornalista e aviador; enquanto as filhas de Jupira, Magda e Estela, são professoras, escapando do enquadramento do subemprego, associado aos corpos negros. Ademais, a presença da família negra remete ao corpo feminino negro não-estéril, problematizado anteriormente.

A questão racial volta a ser temática preponderante n'*O Tapete Voador*. No conto "Lulília", o (des)encontro da mulher negra com o homem branco é atravessado por críticas à diferença social e racial, de modo que o primeiro encontro do possível casal termina com a moça passando a noite no quarto da empregada, dependência à qual ela se sente familiarizada, e o rapaz, na sala, assistindo televisão. Nesse sentido, a identificação da mulher negra com as dependências da empregada não aparece de forma gratuita e a diferença surge dissimulada na ironia "uma noite esquisita" (TV, p. 64).

Prosseguindo com a discussão sobre racismo, salienta-se o conto "Maria Clara". A menina, cujo nome intitula o texto, "nasceu com a saúde frágil, indesejada, cheia do sangue sofrido e culpado da mãe desconhecida. Uma criança descartável, justamente porque foi atirada, num ato de desespero, dentro de uma fétida caçamba de lixo" (EMD, p. 47). Nesse conto de Sobral, mais uma vez tem-se a presença da mulher negra fértil, desconstruindo a estereotipia do erotismo e esterilidade dessa na literatura brasileira (Cf. DUARTE, E., 2010b). Já no início do conto, quando é narrado o "aparecimento" da criança, o corpo negro feminino se mostra literalmente ensanguentado e sofrido na prática da rejeição. Se não bastasse o abandono, a conduta em jogá-la na caçamba de lixo sinaliza o lugar destinado ao corpo negro da mulher filha e ao corpo negro de mulher mãe na sociedade, ambos unidos na confluência da margem.

"Os soluços de dor que provocavam espasmos naquele corpo mínimo, corpo negro desconhecido que já sentira o arrebatador decreto do abandono" (EMD, p. 48) foram ouvidos por uma mulher que se predispôs a encaminhá-la para uma adoção informal, uma vez que aquela mãe-solo "já cuidava de três filhos com extrema dificuldade" (op. cit., p. 49). Contudo, o narrador denuncia o quanto a cor da criança recém-nascida, já rejeitada duas vezes, representa empecilho para uma adoção: "Decidida a encontrar um lar para a menina, a mulher dona das mãos salva-vidas enrolou a infante em uma coberta, embora fizesse calor naquele dia. Era melhor não ficar mostrando demais a criança" (EMD, p. 49), o que sinaliza a necessidade de esconder a cor da recém-nascida.

De fato, as "mãos salvadoras", por intuição ou por experiência de vida, sabem o peso da cor no sistema de adoção, e tentam esconder, portanto, a cor da criança, uma vez que em pouco tempo de peregrinação pelo bairro de subúrbio, os comentários sobre a menina já trilhavam rumos (des)conhecidos.

Dentre explicações evasivas, que camuflam o racismo, uma justificativa direta apontava o motivo real: "Se fosse loirinha dos olhos azuis, eu levaria... sempre quis ter uma boneca assim" (EMD, p. 49). Dessa forma, percebe-se que a recusa das vizinhas advém do preconceito racial que marca a cor escura como sinônimo de feiura. Ou seja, enquanto uma criança loira, de olhos azuis, aproxima-se de uma boneca benquista, a criança negra é associada a algo desagradável e descartável: "Sabe lá o que essa menina vai ser no futuro, se foi jogada fora é porque é filha de árvore podre" (op. cit., p. 49). A aproximação da criança negra a um alicerce comprometido provoca, assim, reflexões, da mesma forma que a dúvida sobre o futuro. Associar a gênese negra a um passado sombrio e a um futuro incerto – correspondência essa autorizada, acolhida, preservada e difundida pela sociedade – dialoga diretamente com um contexto histórico e social que persiste em enquadrar corpos negros a lugares de ausências.

Voltando à narrativa, Célia, líder comunitária, "colocou a pequena nos braços do marido, que sentiu o desejo de cuidar. Era uma criança. Não era um objeto descartável, nem seria possível naquele momento atribuir juízo de valor algum àquela menina, com ênfase nos dramas televisivos habituais" (EMD, p. 50). Nesse excerto, percebe-se mais uma vez a presença da intelectual Cristiane Sobral trazendo para o seu leitor uma crítica social embasada no desserviço da televisão na propagação de preconceitos.

No entanto, no ato do registro, a mãe adotiva branca, temerosa, além de declarar a cor da criança como branca, registra-a como Maria Clara, pois "tinha que ser um nome que combinasse com criança branca" (op. cit., p. 51). No final do texto, a expressão "não era tão escurinha, dava para disfarçar" (op. cit., p. 52), retoma a discussão sobre "colorismo" e se relaciona com as reflexões de Oracy Nogueira de que "no Brasil, a intensidade do preconceito varia em proporção direta aos traços negroides" (2006, p. 296), indicando também que os negros de pele clara podem se passar por brancos, ainda mais, nesse caso, sendo "filha" de pais brancos e com "nome de branca".

Mesmo assim, a fala da personagem Célia, no final do conto, "as coisas serão muito difíceis" (EMD, p. 52), pode ser interpretada como uma crítica ao mito da democracia racial, que relembra o entre-lugar dos mestiços na sociedade brasileira e enquadra a menina em um local de pertencimento socialmente oprimido.

Contudo, a mãe adotiva promete ficar sempre ao lado de Maria Clara, independentemente das dificuldades, o que é possível interpretar como um reconhecimento de "outras formas de maternidade: a social, a de mulheres que, apesar de não serem mães biológicas, amam, educam, orientam e apoiam seus 'rebentos'" (ROCHA, 2014, p. 262).

Nessa perspectiva, pensar o corpo negro feminino, em Cristiane Sobral, requer revisitar múltiplas violências que literalmente marcam esse corpo. Retomando, em "A discórdia do meio", os conflitos entre irmãos com tonalidades de pele diferentes aparecem permeados pelo colorismo, violência racial essa também presente em "Maria Clara". Já em Lulília, raça e classe promovem reflexões a partir do encontro entre mulher negra e homem branco. Aqui, observa-se que as três mulheres negras protagonistas são nomeadas – Jupira, Lulília e Maria Clara –, o que leva a pensar como essas violências experimentadas pelas personagens têm nome e cor na sociedade brasileira. Nesse aspecto, o corpo negro feminino constitui-se alvo certo, uma vez que é um dos corpos mais massacrados na contemporaneidade – haja vista dados do Mapa da Violência 2015, apontando o aumento da taxa de homicídios de mulheres negras.

Diante do discutido, percebe-se o quanto o racismo, fundamentado principalmente pelo colorismo e pelo mito da democracia racial, configura-se como um fenômeno que contribui para as altas taxas de violência contra a população negra. Logo, nesse processo, a literatura produzida por Cristiane Sobral se faz potente, ao abordar as agressões que exaurem o corpo negro, "almejando a aceitação e procurando eliminar as barreiras impostas pelos preconceitos aos fenótipos da condição negra" (ALVES, 2010, p. 43).

3.2 – Resistência: corpo negro político

3.2.1 – Corpos negros combatem

Uma reflexão sobre o corpo negro feminino político deve compreender a resistência e o questionamento acerca de imposições estéticas. Conforme venho discutindo ao longo do capítulo, na prosa de Cristiane Sobral tem-se a representação de mulheres negras de forma múltipla. Sendo assim, neste momento focarei a discussão no conto "Pixaim", narrativa que abre a coletânea *Espelhos, Miradouros, Dialéticas da Percepção*, na qual a personagem principal "questiona" seu enquadramento forçado ao padrão de beleza vigente.

> Os ataques começaram quando fui apresentada a uns pentes estranhos, incrivelmente frágeis, de dentes finos, logo quebrados entre as minhas madeixas acinzentadas. Pela primeira vez ouço a expressão cabelo "ruim". Depois uma vizinha disse a minha mãe, que todos os dias lutava para me pentear e me deixar bonitinha como as outras crianças, que tinha uma solução para amolecer a minha carapinha "dura" (EMD, 2011, p. 21).

Nesse extrato é interessante perceber que a vontade de modificar a textura do cabelo advém da própria mãe, mediante dificuldade de cuidar do cabelo da filha. Dessa forma, a expressão "cabelo ruim" associada à "luta" da mãe para "deixá-la bonitinha como as outras crianças" liga a estética negra a algo negativo, que precisa ser adequado, conforme discutido por bell hooks, em "Alisando o Nosso Cabelo": "A realidade é que o cabelo alisado está vinculado historicamente e atualmente a um sistema de dominação racial que é incutida nas pessoas negras, e especialmente nas mulheres negras de que não somos aceitas como somos porque não somos belas" (hooks, 2005, S/N).

No entanto, a criança aqui representada se fortalece ainda a partir do sofrimento: "Pela primeira vez foram violentadas as minhas raízes, senti muita dor, fiquei frágil, mas adquiri também uma estranha capacidade de regeneração e de ter ideias próprias. Eu sabia que não era igual às outras crianças. E que não podia ser tratada da mesma forma" (EMD, p. 21). Aqui, o texto traz a consciência precoce da tentativa de moldar o corpo negro como uma violência física e simbólica. No entanto, é importante relatar que a narrativa é estruturada na forma de *flashback*, tem-se uma mulher relembrando a construção de sua subjetividade. Logo, esse excerto abrange o reconhecimento do quanto aquele período da vida da narradora foi importante para a sua formação enquanto um sujeito autônomo, uma vez que gostar do seu corpo negro, independentemente de padrões, sinalizava para os outros uma desordem social, a qual ela teria que aprender a defender, frente ao senso comum, como demonstrado a seguir:

> Eu cresci muito rapidamente e, para satisfazer aos padrões estéticos, não podia mais usar o cabelo redondinho do jeito que eu mais gostava, pois era só lavar e ele ficava todo fofinho, parecendo algodão. Uma amiga negra que eu tinha costumava amarrar uma toalha na cabeça e andar pela casa, fingindo que tinha o cabelo liso e dizia que o sonho dela era ter nascido branca. Eu achava estranho. Não percebia como alguém poderia ser algo além daquilo que é (EMD, p. 21-22).

Vejamos que, ao relembrar o passado, a narradora ainda questiona um ideal de brancura, baseado na textura do cabelo e na cor da pele. A aceitação do seu próprio corpo provoca o estranhamento do comportamento da amiga. Nesse processo, novamente as contribuições de Nilma Lino Gomes (2008) são pertinentes. De acordo com a mesma, "o movimento de rejeição/aceitação do cabelo crespo e do corpo negro *diz alguma coisa* sobre a existência desse sujeito. A vivência desse movimento pode ser, ao mesmo tempo, dolorosa e libertadora, consciente e inconsciente" (p. 130-131, grifo da autora). Isso localiza o fenômeno em torno de uma discussão maior, uma vez que, conforme a narrativa, é a protagonista – que aceita seu corpo negro juntamente com suas idiossincrasias – que é obrigada a seguir valores eurocêntricos brancos, não o contrário, o que salienta o conflito. Sobre isso, Bárbara Oliveira, pesquisadora de contos dos *Cadernos Negros*, ao analisar esse texto de Sobral, ressalta que:

> É importante observar que o outro, ou melhor, outros, compõem-se de um ente querido: a mãe, além da vizinha, a amiga, a escola, a sociedade, ou seja, um tecido social a lhe impor como deveria ser. A relação de alteridade que prevalece é a que inferioriza e oprime o diferente, agredindo a menina exatamente por isso: não se parecer branca. E o diferente é o negro que tem cabelos crespos, algo inaceitável, em oposição ao "ideal": ter os cabelos lisos, ou se parecer, se aproximar, deixar de ser e introjetar esse outro (OLIVEIRA, 2014, p. 50-51).

Dessa forma, o ideal de brancura, perene na sociedade, personificado nas figuras da mãe, da vizinha e da amiga, compele à mudança no cabelo e no corpo da menina de maneira coercitiva. "Minha mãe decidiu que o meu pixainho tinha que crescer e aparecer. Lembro do pente quente que se usava na época, para fazer o crespo ficar 'bom', e da marca do pente quente que tatuou meu ombro esquerdo, por resistir àquela imposta transformação" (EMD, p. 22). Aqui, o corpo negro feminino é literalmente marcado pela violência física e simbólica, e a recusa ao padrão eurocêntrico gera mais violência, até que haja a submissão aos valores pré-estabelecidos. Foi, de fato, o que houve quando a personagem tentou resistir à aplicação do alisante capilar, "chorei, tentei fugir e fui capturada e premiada com chibatadas de vara de marmelo nos braços. Fim da tentativa inútil de libertação" (EMD, p. 23). Assim, a aplicação dos castigos no corpo negro como forma de controle e imposição aproxima-se de métodos punitivos usados contra os escravizados no Brasil de outrora, como se lê a seguir:

> a utilização da violência como forma de controle e de adestramento do negro justificava-se com o fato de o escravo ser considerado animal selvagem que era preciso domar. Por isso, o castigo era fato corriqueiro e se mostrava na utilização de instrumentos que deixavam marcas profundas no corpo, que, mutilado pelo ferro em brasa ou pelo chicote, funcionava como uma advertência aos transgressores (FONSECA, 2000, p. 97).

De fato, a retomada dessas formas de controle funciona também com a menina, já que, por fim, a protagonista cede, e pela primeira vez é considerada "bonita" pela mãe e pelos vizinhos. Nesse processo, tem-se o ápice das violências física e simbólica quando a menina incorpora no seu corpo negro o discurso do opressor: "Eu já não resistia e comecei a acreditar no que diziam. Todos os dias eram tristes e eu tinha a certeza de que, apesar do cabelo circunstancialmente 'bom', eu jamais seria branca" (EMD, p. 24). A partir desse momento, ainda que de forma imposta, a criança-personagem-narradora "aprendeu a depreciar, rejeitar e deformar o próprio corpo para configurá-lo à imagem e semelhança do branco" (SOUZA, 1983, p. 57).

Contudo, a constatação do seu lugar de pertencimento étnico-racial, o qual certamente foi percebido também a partir de outras experiências da maturidade, localiza a narrativa em discussões acerca da construção da identidade da protagonista, o que comunga com observações de Stuart Hall (2000), sobre o caráter dinâmico das identidades, bem como coletivo e conflitivo, conforme apontamentos de Nilma Lino Gomes (2008). Especificamente sobre identidades negras, Gomes compreende-as "como um movimento que não se dá apenas a começar do olhar de dentro, do próprio negro sobre si mesmo e seu corpo, mas também na relação com o olhar do outro, do que está fora" (GOMES, 2008, p. 20). Tensão essa representada no conto em análise, principalmente pelo fato de o outro da protagonista, conforme apontamentos de Bárbara Oliveira (2014), ser a própria mãe, que também funciona como figura de autoridade.

De acordo com a pesquisadora Jane Alves Bezerra Souza, em análise análoga sobre "Pixaim", tal questão trata

> [do] confronto de duas culturas. A cultura do colonizador em detrimento da cultura do colonizado. A cultura do dominador e a cultura do dominado. É uma relação de poder diante de novos modelos e padrões de beleza branca, eis a difícil situação do negro em assumir o seu próprio padrão estético, considerado pelo branco sinônimo de feiura. Era a tentativa de apagar os valores do outro, com propósito de destruir a identidade racial, e assim negar a existência de uma cultura considerada inferior (SOUZA, 2009, p. 96).

Ainda a respeito das estratégias da mãe em prol de conseguir transformar o cabelo "rebelde" da filha em "cabelo bom", considerando a proximidade das discussões do conto com a realidade social, a problemática pode ser relacionada com apontamentos de Neuza Santos Souza, primeira referência sobre a questão racial na psicologia. De acordo com a pesquisadora e escritora, "o sujeito negro, possuído pelo ideal de embranquecimento, é forçado a querer destruir os sinais de cor do seu corpo e da sua prole" (SOUZA, 1983, p. 7). Nota-se explicitamente essa situação no conto, principalmente quando, mais tarde, a narradora interpreta a insistência da mãe em alterar a textura do seu cabelo como um gesto de amor: "Minha mãe queria me embranquecer para que eu sobrevivesse à cruel discriminação de ser rejeitada por ser diferente. Percebi subitamente que ela jamais pensara na dificuldade de ter uma criança negra" (EMD, p. 24), o que concorda com a "crença de que a mudança do cabelo e do corpo pode ser usada como um passaporte para maior aceitação" (GOMES, 2008, p. 131).

No entanto, embora ainda criança tenha sido obrigada a rejeitar a sua identidade negra, a narradora, *a posteriori*, reflete sobre os desafios que isso envolveu:

> O negro sempre foi para mim o desconhecido, a fantasia, o desejo. Cresci tentando ser algo que eu não conhecia, mas que intuitivamente sabia ser meu, só meu... O meu cabelo era a carapaça das minhas ideias, o invólucro dos sonhos, a moldura dos pensamentos mais coloridos. Foi a partir do meu pixaim que percebi todo um conjunto de posturas a apontar para a necessidade social de me enquadrar em um padrão de beleza, de pensamento e opção de vida (EMD, p. 24).

No final do texto, a revelação do cabelo crespo enquanto símbolo de uma identidade, subjetividades e desejos retoma a intensidade da violência à qual a narradora foi submetida, uma vez que tudo isso lhe foi arrancado arduamente na sua meninice, junto com a textura do seu cabelo. Contudo, quinze anos depois, a narradora (re)aparece: "Uma mulher madura de olhar doce e fértil vê sua imagem no espelho e ajeita com cuidado as tranças corridas, a contemplar com satisfação a história escrita em seu rosto e a beleza que os pensamentos dignos conferem a sua expressão" (EMD, p. 24-25). A transformação da protagonista em uma mulher forte e resistente é notória e a mensagem da escritora e intelectual Cristiane Sobral é direta: "É uma mulher livre, vencedora de muitas batalhas interiores, que se prepara para a vida lutando para preservar a sua origem, pois sabe que é a única herança verdadeira que possui. Ela aprendeu e jamais esquecerá. A gente só pode ser aquilo que é" (op. cit., p. 25). Esse aspecto mais uma vez dialoga com as reflexões de Neuza Santos Souza, que afirma:

> A possibilidade de construir uma identidade negra – tarefa eminentemente política – exige como condição imprescindível, a contestação do modelo advindo das figuras primeiras – pais ou substitutos – que lhe ensinam a ser uma caricatura do branco. Rompendo com este modelo, o negro organiza as condições de possibilidade que lhe permitirão ter um rosto próprio (SOUZA, 1983, p 77).

Finalmente, a narradora se impõe enquanto mulher liberta e por fim consegue assumir uma identidade negra, reavendo o pertencimento nunca esquecido do seu próprio corpo, refletindo em um corpo político, sem imposições da mãe, sem enquadramentos eurocêntricos, "sendo apenas o que é".

De acordo com Bárbara Oliveira, "a narrativa Pixaim, pela temática e transformação da protagonista, apresenta traços inovadores. Também, por reconfigurar a autorrejeição e visibilizar a afirmação identitária negra" (OLIVEIRA, 2014, p. 55). Todavia, a pesquisadora ressalta o fato da narradora não ser nomeada enquanto ponto negativo do conto. Contudo, Oliveira pontua: "por outro lado, [a narradora] é o sujeito de discurso, pois tem voz na narrativa e expressa o que a aflige" (op. cit., p. 55).

De fato, em "Pixaim", Cristiane Sobral, enquanto intelectual, traz para o espaço literário uma questão muito discutida pelas mulheres negras, a violência física e mental para se adequar a padrões estéticos. Consoante afirmado anteriormente, a imposição social para apagar os traços negroides em uma criança é traço marcante nessa narrativa de Sobral. E "é através dos embates familiares e sociais que acompanhamos os conflitos, as resistências, o doloroso processo de submissão e os desdobramentos na fase adulta, por fim" (OLIVEIRA, 2015, p. 105). Certamente, é essa temática que torna "Pixaim" um dos textos mais comentados e analisados da autora. A identificação com a narradora-personagem promove reconhecimento e empoderamento de diferentes pesquisadoras negras na atualidade. Barbara Oliveira, por exemplo, na apresentação de sua dissertação, *Cadernos Negros (Contos): Fortalecendo Negras Raízes?* (2014), ressalta a aproximação de sua história com a da protagonista do conto negro-brasileiro "e, talvez, da história de outras crianças, cujas negras raízes, os cabelos crespos, são violentadas desde a tenra idade pela mãe" (OLIVEIRA, 2014, p. 13). De maneira semelhante, Cristiane Veloso de Araújo Pestana, em *A mulher negra nos poemas de Cristiane Sobral – Luta, Valorização e Empoderamento* (2017), também sublinha semelhante identificação, "a história narrada pela personagem era a minha história. E eu nunca tinha visto a minha história ser contada por ninguém" (PESTANA, 2017, p. 10).

Seguindo essa mesma abordagem do controle do corpo feminino negro a partir do enquadramento estético, no conto "Cauterização", publicado na coletânea supracitada, Cristiane Sobral traz reflexões sobre a violência do racismo no cotidiano de personagens negras. Já no início da narrativa, um narrador onisciente denuncia a violência constante sofrida pela personagem protagonista Socorro, que responde ao racismo por meio de um processo constante e insidioso de aceitação ao branqueamento, diferentemente da protagonista de "Pixaim".

Nesse processo, além do racismo em suas diversas nuances, a violência simbólica e de gênero também atravessam o texto a partir de elementos bastante pontuais. A boneca Barbie, as novelas, os contos de fada estão inseridos na formação da moça, todos acoplados em uma ideologia que sugere o branco e o cabelo liso enquanto padrão. E o "desejo de conquistar um marido clarinho como os galãs" (EMD, p. 29), além de perpassar os aspectos já mencionados, aponta também para uma ideologia de gênero que sugere um ideal de afetividade, que nem sempre é possível para mulheres negras (Cf. SCHWARCZ, 2012). Nesse quesito, as reflexões da pesquisadora Nilma Lino Gomes (2008) corroboram a análise:

> A rejeição do corpo negro pelo negro condiciona até mesmo a esfera da afetividade. Toca em questões existenciais profundas: a escolha da parceira, a aparência dos filhos que se deseja ter. Nesse caso, estamos diante de uma rejeição que se projeta no futuro, nos descendentes que poderão vir. A melhor forma de se precaver contra essa possibilidade é "clarear a raça" desde já, na escolha da parceira branca. O tipo de cabelo é o que orienta a escolha. Nesse caso, o cabelo simboliza a possibilidade do embranquecimento ou o seu impedimento (GOMES, 2008, p. 124).

Dessa forma, nota-se que a rejeição ao corpo negro atinge uma perspectiva muito além do tempo presente. No conto, Socorro "empenhar-se-ia em gerar um lindo filho branco de nariz afilado e olhos claros. Não era à toa que preferia definitivamente um rapaz. Meninos, mesmo com cabelo ruim, poderiam passar uma existência inteira usando a cabeça raspada, sem problemas" (EMD, p. 30). Percebe-se que, ao longo da narrativa, o racismo e o sexismo atravessam o texto de maneira agressiva, determinando desejos da personagem protagonista, que responde ao conflito de raça e de gênero através de uma "adequação" ao padrão vigente. Isso acontece porque "o corpo, o cabelo, a aparência e a limpeza aparecem como aprendizados que se tornam parte da subjetividade e da autoimagem" (GOMES, 2008, p. 142) da pessoa negra, o que sinaliza "o peso do racismo na maneira como os negros veem e tratam o seu corpo" (op. cit., p. 142). Assim, Socorro

> comia pouco para não engordar e ressaltar as nádegas e coxas protuberantes. Evitava rodas de samba e cerimônias religiosas afro-brasileiras. Andar totalmente vestida de branco

> ou de vermelho, nem pensar. Falava baixo, gesticulava com moderação e preferia ser discreta. Ao sorrir espontaneamente, mesmo entre amigos, evitava mostrar com exagero a sua arcada dentária (EMD, p. 30).

Sobre isso, no conto, uma aproximação entre violência de gênero e racial parece-me coerente, uma vez que o racismo e sexismo se perpetuam também através de "imagens controladas" (CALDWELL, 2000, p. 101) que determinam ou moldam comportamentos dos sujeitos, controlando o corpo da mulher negra. Sendo assim, uma construção cultural, estabelecida a partir da violência simbólica (Cf. BOURDIEU, 2012) reforça constantemente uma hierarquia entre brancos e negros, homens e mulheres. Dessa forma, o corpo da mulher negra, conforme excerto do texto de Sobral, sofre uma vigília e/ou uma agressão constante.

Nesse sentido, a instituição religiosa também aparece enquanto aparato de poder, de dominação simbólica, sendo o sonhado casamento na igreja católica uma das portas de entrada para "um mundo branco", ao mesmo tempo em que as religiões de matrizes africanas sinalizavam a permanência em um universo negro, o qual a protagonista tentava evitar, uma vez que "aceitou de bom grado a oportunidade de ser morena ou parda" (EMD, p. 30). Dessa forma, percebe-se na narrativa também uma crítica ao discurso de democracia racial brasileira, uma vez que o "colorismo" brasileiro possibilitaria o trânsito entre os dois universos.

Vive-se em um país em que "todos são iguais", no entanto, "o sujeito negro precisa estar sempre bem apresentado para ser respeitado, ser ouvido e, principalmente, conseguir um emprego" (GOMES, 2008, p. 139). Para isso, "no rosto, usava uma base líquida dois tons mais claros que a sua pele, sombra escura bem aplicada nos cantos do nariz para que aparecesse afilado e um batom clarinho para disfarçar os lábios grossos" (EMD, p. 31). Aqui, mais uma vez, o narrador de "Cauterização" denuncia o disfarce dos traços negroides para uma maior aceitação em um mundo branco.

    Seguindo essa atmosfera de desconstrução e denúncia, no final do conto, contrariando seus desejos de outrora, Socorro inicia um romance com um motorista negro. Nesse processo, a violência cotidiana vivenciada pelo homem negro também é lembrada: a jornada dupla, a baixa remuneração, a dificuldade de permanecer no mercado de trabalho, "e ainda tinha que aguentar acusações injustas a afirmar que ele preferia mulheres brancas" (EMD, p. 32). Ao mesmo tempo em que as experiências do corpo negro masculino são ressaltadas, a protagonista rompe paradigmas "desafi[ando] a crença de que mulheres não devem falar demais" (EMD, p. 31) e "enxerg[ando] sua própria realidade" (op. cit., p. 31). Contudo, essa transformação só é possível porque o motorista negro, apesar da "cauterização" do corpo de Socorro, a reconhece enquanto mulher negra. Assim, "Fala, negrona!" (EMD, p. 32) provoca o conflito da personagem, que age (re)compondo a sua imagem:

> Socorro tirou da bolsa uma tesoura pequena e começou a cortar todo o cabelo. Quanto mais cortava, mais bonita ficava, mais serena, mais incrivelmente consciente. Para espanto geral, pela primeira vez, parecia uma mulher integrada à sua identidade, negra e linda.
> Suas pernas foram finalmente descobertas pela meia calça rasgada e o rosto não apresentava mais vestígios da maquiagem, desfeita pela força das águas (EMD, p. 33).

    Diante disso, Socorro assume uma identidade negra. Nesse aspecto, a moça "sentia a dor indescritível do seu nascimento, vivia o seu mistério profundo" (EMD, p. 33). Aqui, assim como em Miriam Alves, a chuva exerce papel primordial, visto que é a água que retira a maquiagem da pele e resgata o cabelo crespo e o corpo negro. Sendo assim, o encontro da protagonista com o motorista Jorge provoca uma transgressão e uma quebra de preconceitos raciais e de gênero: "O prêmio pela peripécia enfrentada até *tornar-se negra*: a conquista do amor, que em nada se aproxima dos príncipes brancos. O amor se aproxima do seu autorreflexo e, inclusive, de um status social abaixo do seu. Ele é motorista e negro" (OLIVEIRA, 2014, 63, grifo da autora). No final do texto de Sobral, a ressignificação de estereótipos negativos confronta um discurso vigente, relembrado ao longo do texto, e o corpo feminino negro, que assume os traços negroides, surge enquanto sinônimo de beleza e liberdade.

Ao refletir sobre corpos negros que resistem e combatem o racismo e suas formas de opressão, torna-se importante desconstruir a ideia cristalizada das pessoas que foram escravizadas como seres passivos. Em "Reexistência negra e escravidão na educação das relações étnico-raciais", Erisvaldo Pereira dos Santos analisa diversas narrativas sobre a atuação e representação do negro no contexto da escravidão. A partir de uma nova perspectiva sobre a resistência negra, contemplando não somente os quilombolas, o pesquisador relê as atuações dos negros naquela época, refletindo sobre suas diversas formas de resistência.

> Em nosso entendimento, quando os/as escravos/as fugiam, escondiam-se, suicidavam, matavam ou roubavam o senhor de engenho e membros de sua "casta", rebelando-se e criando quilombos, eles/as estavam se opondo ao funcionamento do sistema escravista em contextos bem específicos (SANTOS, 2009, p. 16).

É justamente essa forma de resistência que é abordada no conto "Nkala: um relato de bravura", da escritora Cristiane Sobral. Aqui, ela relembra a violência física e psicológica praticada contra aqueles que foram sequestrados de suas terras para serem escravizados, considerando a travessia pelas águas do Atlântico como também um momento de luta dos negros em prol de liberdade: "Viu amigos morrendo na travessia, outros atirados ao mar. A fome e as correntes paralisavam, mas ali não viu nem sombra da submissão. Houve rebelião naquele porão infecto, onde não jorrou apenas o sangue negro" (TV, p. 31).

Na narrativa, o corpo negro feminino mais uma vez aparece violentado, principalmente na representação da protagonista Nkala, princesa do Reino do Congo. Durante a invasão e destruição do seu reino, a moça foi "espancada, acorrentada, sequestrada e jogada em um navio negreiro" (TV, p. 31). Em terras desconhecidas, seu corpo mais uma vez é invadido, mediante exame "pelas mãos imundas e criminosas dos portugueses" (op. cit., p. 32). Da mesma maneira, outros corpos negros também foram tomados, "seus corpos coisificados, seus dentes expostos, braços e pernas avaliados, músculos manipulados, exibidos em troca de dinheiro. Homens, mulheres e crianças, foram levados pelos seus algozes. Acorrentados, arrastados, o que maculava ainda mais os seus corpos já tão feridos" (op. cit., p. 33).

Contudo, Nkala, "conhecida por todos pela beleza do seu dançar" (op. cit., p. 31), faria jus à memória dos seus ancestrais. "Dentro dela, o medo conversava com a coragem. [...] Era uma mulher livre. Soberana. Destinada a reinar. Mostraria a força do seu povo em qualquer circunstância" (op. cit., p. 33). De fato, foi a partir desse momento que a moça reagiu, dançando insistentemente "como dançava na sua aldeia, onde as danças, os cantos e os ritos eram inseparáveis, um contínuo movimento de ligação com a ancestralidade" (op. cit., p. 33-34). Observando aquele corpo negro insubmisso em movimento contínuo de resistência, seu povo também reagiu. Luta injusta, os negros estavam acorrentados, muitos morreram ali em uma tentativa frustrada de libertação, "muitas chibatadas foram desferidas no corpo em movimento de Nkala, ela parecia estar em transe, dançando, dançando" (op. cit., p. 34). A moça ainda resiste, até que finalmente, "tantos homens e uma única mulher vítima do espancamento coletivo. Nkala, brutalmente agredida, ainda flutuou por alguns instantes, em seus derradeiros movimentos" (op. cit., p. 35).

Conforme observado, no conto em estudo, Cristiane Sobral revisita o período da escravidão, expondo os costumes ancestrais, a luta e o confronto – como também, a consequente morte – como formas de resistência dos negros escravizados, dialogando com as observações do professor Erisvaldo Pereira dos Santos: "Os saberes, as crenças, os valores, a lógica, o modo de produção e distribuição, a visão de mundo e a capacidade de criação artística não foram perdidos na travessia do Atlântico – vieram na memória individual e coletiva de cada um" (SANTOS, 2009, p. 17).

Nesse sentido, ao rememorar a condição dos indivíduos que foram escravizados, retomando a imagem do "homem nu" (Cf. GLISSANT, 2005), acerca do papel da memória na manutenção e atualização de tradições e crenças milenares, considero que a literatura negro-brasileira de Sobral, aqui, adquire função necessária e essencial na desconstrução de crenças basilares dos negros escravizados enquanto *tábula rasa*.

Dessa forma, o final do texto, por meio do fragmento: "Nkala não estava sozinha quando as chibatadas insanas rasgaram sua pele até os órgãos e ossos [...]. Liberta da matéria, foi acolhida pelos seus ancestrais" (TV, p. 35), ao considerar a personagem negra como um indivíduo, em um contexto social, juntamente com suas tradições e crenças, a escritora demarca o caráter transgressor dessa literatura, desconstruindo leituras românticas e reducionistas dos negros escravizados.

A proposta de representar o corpo negro de forma humanizada exige revisitar histórias das diferenças racial e social. Em "O outro lado da moeda", texto irônico, Sobral traz a caricata Verônica, mulher branca, de sobrenome alemão, que "tinha muito orgulho da sua linhagem ariana, do seu aspecto caucasiano" (SOBRAL, 2017b,

p. 52)⁴³, como protagonista. "Eu sou descendente de uma família de gente que sempre mandou nesse país, meus antepassados eram senhores de engenho, tiveram e administraram muito bem os seus escravos! Contribuíram para o enriquecimento da nação" (OLM, p. 52). Percebe-se que o conto é construído estrategicamente a partir de uma série de clichês que sustentam as desigualdades.

Nesse processo, através da narrativa, Sobral critica aspectos do Brasil império ainda conservados na contemporaneidade, quando os negros continuam ocupando a base da pirâmide. A escritora ainda analisa a televisão enquanto aliada da conservação e estagnação social, como também propagadora de consumo; a autorização e a credibilidade dos brancos enquanto ocupantes dos mais altos graus de religiões de matrizes africanas, ao mesmo tempo em que negros líderes religiosos da igreja católica são depreciados; e o aceite de pagamentos de fiança para a prática de racismo, como também o suborno para que processos desse tipo sejam arquivados.

Contudo, embora denuncie a recorrência das desigualdades, "O outro lado da moeda", conforme indica o título, traz perspectivas de mudança, sinalizando as conquistas da população negra, a partir da representação de negros ocupando altos escalões de empresas, frequentando diferentes espaços sociais, reivindicando direitos trabalhistas e educacionais, acusando disparidades. Nesse processo, o corpo negro aparece de modo relacional, de forma que, apenas pelo fato de existir ou ocupar o espaço público, consolida-se enquanto um corpo transgressor.

Ao refletir sobre o espaço ocupado pela mulher negra na sociedade, percebe-se que, em suas narrativas, Sobral também se lembra da saúde mental das mulheres, e superar a dor faz do corpo local de força. Nesse sentido, "O conto 'O Buraco negro' tem como fio condutor a experiência de autoconhecimento vivida por uma personagem que passa pela experiência depressiva" (SILVA, 2011,

---

[43] Doravante o texto será referenciado como OLM, seguido do número da página.

p. 10). Dessa forma, a representação de um corpo feminino negro doente, bem como sua superação, é abordada por meio de metáforas, onde "precipício", "lágrimas" e "flores" designam a condição mental da personagem. Assim, resistir também às violências emocionais se faz necessário, e a representação desse corpo feminino negro que sofre, chora e (re)existe consiste em remédio.

Refletir sobre os corpos negros que combatem as diversas violências cotidianas requer pensar em estratégias para desconstruir mecanismos racistas. Dessa forma, recapitulando, em "Pixaim" tem-se uma mulher negra que supera a violência estética sofrida na infância ao tornar-se uma mulher consciente e orgulhosa de sua identidade negra. Já em "Cauterização", Socorro, consegue vencer o "fetiche da brancura" (Cf. SOUZA, 1983), depois de anos camuflando sua negritude. Por falar em resistir, em "Nkala", a protagonista luta em prol de sua liberdade e de outros, recorrendo a saberes ancestrais. Liberdade essa que as personagens de "O outro lado da moeda" tentam usufruir diante do racismo, de forma que resistir significa existir e ocupar todos os lugares possíveis. Finalmente, em "O Buraco Negro", a superação da depressão constitui estratégia de sobrevivência.

Nesse processo, mediante análises dos textos supracitados, percebe-se que Cristiane Sobral traz para a literatura caminhos para modificar a sociedade. As "personagens são vencedor[a]s, em que pesem as derrotas cotidianas e os fracassos humanos. As personagens não representam, elas são. Há uma consciência política, ideológica e estética e uma referência às tradições, à ancestralidade, à contemporaneidade e um protagonismo negro" (SOBRAL, 2017c, p. 255). Nesse quesito, "literatura é ação" (op. cit., p. 254), de forma que corpos negros femininos combatem as diversas formas de controle e são interpretados como ferramentas essenciais na desconstrução de preconceitos, bem como na ressignificação enquanto corpos humanizados.

3.2.2 – "Vivendo o amor": corpos negros que se amam

No último conto de *O Tapete Voador,* Cristiane Sobral brinda o leitor com uma narrativa que oferece à mulher negra o direito ao amor e à afetividade, sem deslocar-se de suas crenças e subjetividades. Antes de ater-me à narrativa, mais uma vez relembro "Vivendo de Amor" de bell hooks: "O amor cura. Nossa recuperação está no ato e na arte de amar" (hooks, 2006, p. 189). Nesse sentido, para pensar o corpo negro resistente e ressignificado, acredito ser necessário atravessar o caminho do consentimento à afetividade, e é justamente por esse viés que pretendo ler o conto "Renascença" de Sobral.

Para esse fim, torna-se importante partir de considerações de hooks sobre o quanto "a opressão e a exploração distorcem e impedem a nossa capacidade de amar" (hooks, 2006, p. 188). Retomo as reflexões da pesquisadora americana, depois de ter revisitado violências direcionadas ao corpo negro feminino – a exemplo do racismo, colorismo, mito da democracia racial e solidão –, através de algumas narrativas de Sobral, para estabelecer uma conexão entre "opressão" e a "capacidade de amar".

Sobre isso, a professora Lívia Maria Natália de Souza, dialogando com hooks e suas "escrevivências" (Cf. EVARISTO, 2007), acrescenta à discussão:

> A palavra amor parece apontar para uma imaterialidade, uma interpretação. Mas nós, pelo contrário, sentimos o peso da sua materialidade cotidianamente, nós diuturnamente imaginamos que não merecemos ser amadas. A experiência do amor romântico nos foi roubada pelo processo de escravização, quando era impossível constituir ligações afetivo-familiares ou a vivência do romance, no entanto, percebemos os seus efeitos ainda hoje, nos aprisionando num lugar extemporâneo: enquanto muitas mulheres brancas querem a emancipação absoluta, inclusive do envolvimento

amoroso, nós ainda precisamos do exercício do afeto, nós não aprendemos a amar (SOUZA, 2016, S/N).

Aqui, a professora lembra o impacto da escravidão na construção e na manutenção do afeto, o que sinaliza um despreparo para praticar a arte do amor, fora (e dentro) dos limites estabelecidos. Ao pensar em limites, ou em espaços demarcados/autorizados, lembrando que estou falando de corpos negros condicionados a padrões estipulados, retomo as reflexões de Lívia Natália sobre as consequências dos operadores de discriminação na construção do auto-ódio: "Nós amamos da maneira errada porque os espelhos não nos abrigam, eles nos machucam. Amamos da maneira errada porque superficializamos nosso autoamor, centrando-o na beleza física e desprezamos a mulher que vive por detrás daquela imagem" (op. cit., p. S/N). E é justamente em cima dessa desconstrução que leio "Renascença".

Na narrativa, Cristiane Sobral traz Teresa, mulher negra, que tem cabelos crespos e sabe-se bonita. Na humanização da personagem, a autora atribui-lhe o direito à afetividade, como também a escolha do seu parceiro, aspectos pertinentes à literatura negrofeminina. No entanto, aquele anseio pelo amor, juntamente com a angústia pela solidão, sinalizados por Lívia Natália, atravessam o texto:

> Sofria, pois para vencer o peso da solidão era preciso descobrir a causa. Bela, elegante, charmosa, era sem dúvida uma mulher interessante, na forma e no conteúdo. O fato é que, naquela comunidade, os homens negros normalmente costumavam casar com mulheres brancas, exibidas como troféus, e as mulheres negras como ela ficavam solteiras. Eram exaltadas como servas do Senhor. Servas. Nunca protagonistas. Não eram consideradas belas, estavam fora do padrão, tinham que se esforçar muito para conseguir um varão. Esforço nem sempre recompensado à altura dos seus desejos (TV, p. 96).

Percebe-se que, mais uma vez, Sobral traz para o espaço literário uma crítica à exigência de um padrão estético imposto às mulheres negras, e esse modelo remete explicitamente a um ideal de mulheres de cor clara e "traços finos".

Também merece atenção a menção à solidão, como também a procura de sua causa, enquanto sintomas do racismo, aproximando as discussões mais uma vez da realidade social, conforme afirmado por Souza: "A experiência do desamor é uma queixa comum entre mulheres negras. A cultura racista e sexista não nos criou como seres dignos de dedicação amorosa e nós, muitas vezes, não conseguimos nos compreender como sujeitos dignos de amor" (SOUZA, L., 2016, S/N). No entanto, a moça, nessa narrativa, não transforma essa violência em auto-ódio. "Teresa tinha um estilo próprio, por exemplo, não alisava os cabelos, o que chocava ainda mais. Além disso, era independente, diferente da maioria das moças da igreja. Teresa não aceitaria um homem que tentasse mudar sua natureza, isso não. Tinha lá sua dose de rebeldia" (TV, p. 95-96).

Nessa discussão, o machismo também é questionado explicitamente na narrativa, enquanto mais uma violência direcionada ao corpo negro feminino, aparecendo aqui na forma de objetificação da mulher, ou seja, para além de classe ou raça, prevalece a imagem de mulher-objeto definida por seus atrativos físicos a serviço do homem.

> As amigas de Teresa, quase todas casadas, diziam que a solteirice era culpa do seu gênio insubmisso. Afinal, tinha emprego e profissão. Uma mulher deveria depender do marido, isso fazia bem ao homem. Ela, ao contrário, passava uma imagem de mulher que talvez não priorizasse o casamento. Nenhuma delas questionava o machismo e o racismo. Machismo, racismo? Onde? Defendiam que talvez devesse acatar a opinião da maioria, inclusive sobre os seus cabelos. Achavam que valia a pena mudar a sua imagem para conquistar um varão e futuramente os seus

> filhos, a sua descendência. Nas palavras das amigas, madeixas lisas transmitiam a imagem da calma, da resignação (TV, p. 96).

Nesse fragmento, machismo e racismo fazem parte de uma mesma estrutura que rejeita o corpo da mulher negra, de forma que as imagens de negrura devem ser camufladas. Kia Lilly Caldwell (2007), ao pensar o lugar ocupado pela mulher negra no Brasil, observa que enquanto configurações dominantes de feminilidade são associadas com a brancura, formas subalternas são associadas à sua ausência. Consequentemente, as mulheres negras têm que se "branquear" para se aproximar das construções dominantes de identidade de gênero feminino (Cf. CALDWELL, 2007, p. 50-51). Voltando à narrativa, nota-se no excerto que, na visão das amigas, é Teresa quem deve se adequar ao modelo de feminilidade vigente. Por exemplo, quanto aos seus cabelos, conforme argumentação, a possível aprovação dos homens deveria ser razão suficiente para que a moça respondesse de forma positiva à opressão racista, desse modo, alisando seus cabelos (hooks, 2005, S/N).

No entanto, a protagonista, que frequentava a igreja católica, manteve suas convicções e acabou encontrando Jorge, seu futuro marido, em uma casa de umbanda. Sobre isso, merece atenção a forma com que Sobral representa o sincretismo religioso. Teresa, por exemplo, cristã, assim como seus pais, "frequentava a igreja aos domingos como um compromisso sagrado. Não falhava" (TV, p. 94), embora, "seu corpo negro também senti[sse] naquele ambiente o peso do preconceito, da discriminação" (op. cit., p. 94). Todavia, o Deus de Teresa era muito diferente daquele adorado pelos outros. "Na tranquilidade do seu lar, em seu quarto, antes de dormir, gostava muito de conversar com o Pai; o Senhor aparecia imponente, negro, sem os ditos olhos azuis e a pele clara. Em seu espaço íntimo, Teresa podia desfrutar da companhia de um Deus à sua imagem e semelhança" (TV, p. 96).

Conceição Evaristo, ao refletir sobre "o ato de fazer, pensar e veicular o texto negro" (EVARISTO, 2009, p. 18), a partir de suas próprias produções literárias e acadêmicas, faz algumas observações sobre literatura negra concernentes a uma subjetividade experimentada por negros e negras brasileiros.

> Tendo sido o corpo negro, durante séculos, violado em sua integridade física, interditado em seu espaço individual e coletivo pelo sistema escravocrata do passado e, ainda hoje, pelos modos de relações raciais que vigoram em nossa sociedade, coube aos brasileiros, descendentes de africanos, inventarem formas de resistência que marcaram profundamente a nação brasileira. Produtos culturais como a música, a dança, o jogo de capoeira, a culinária e certos modos de vivência religiosa são apontados como aspectos peculiares da nação brasileira, distinguindo certa africanidade reinventada no Brasil. Cabe ainda observar que, no campo religioso, as heranças africanas se acham presentes, tanto na fé celebrativa de uma teogonia e de uma cosmogonia negro-africanas, quanto no Candomblé e também nas formas religiosas travestidas de um sincretismo como na Umbanda, em que as divindades africanas, aparentemente encobertas pelas imagens cristãs, se atualizam como memórias não apagadas de uma fé ancestral (EVARISTO, 2009, p. 18-19).

É justamente parte dessa herança ancestral que permeia a literatura de Sobral aqui analisada. No conto em questão, o sincretismo religioso é representado através da identificação de Deus com traços negroides, aproximando-o das características da protagonista. Os sons dos tambores em ritmos desconhecidos, assim como uma intuição ancestral também fazem parte da narrativa no episódio do encontro de Teresa com Jorge. A descrição do terreiro de umbanda "com sua magia e seu encantamento" (TV, p. 99), enquanto um ambiente "cheio de sorrisos, liberdade, havia dança, gente branca, negra, crianças, turbantes, vida, prazer, enfim. Não via peso do pecado nem da culpa" (TV, p. 98), também vem dialogar com uma desconstrução dos estereótipos negativos em relação às religiões de matrizes africanas.

Nesse processo, na narrativa, assim como o corpo feminino negro sentia o peso da rejeição e discriminação na fé de outrora, aqui, "razão, emoção, entusiasmo, tudo estava misturado no seu [novo/velho] corpo" (TV, p. 99). Corpo esse que se conecta com a religiosidade ao mesmo tempo em que vive um amor duradouro. Finalmente, "ela renasceu em um local onde reinavam o orgulho das matrizes africanas, os mistérios da natureza e o corpo negro, totalmente integrado, sem maniqueísmos de bem e mal" (TV, p. 99).

Por último, em "Renascença", têm-se corpos negros vivendo o amor, celebrado em uma religião de matriz africana. Logo, isso dialoga diretamente com as angústias vividas pela protagonista no início do texto, com a não identificação com pessoas e símbolos que exigiam da mesma uma adequação aos padrões vigentes. hooks, em "Alisando o nosso cabelo", finaliza seu ensaio refletindo sobre a importância do contato entre negros e negras como forma de resistência, o que considero uma interlocução com a mensagem de Sobral.

> Em uma cultura de dominação e antiintimidade, devemos lutar diariamente por permanecer em contato com nós mesmos e com os nossos corpos, uns com os outros. Especialmente as mulheres negras e os homens negros, já que são nossos corpos os que frequentemente são desmerecidos, menosprezados, humilhados e mutilados em uma ideologia que aliena. Celebrando os nossos corpos, participamos de uma luta libertadora que libera a mente e o coração (hooks, 2005, S/N).

Corpos negros políticos são representados a partir de uma resistência celebrada em um grande encontro de corpos ressignificados, a partir de autoaceitação, autocuidado, aprendizagem e ancestralidade. Isso, de forma que Teresa (re)nasça, conforme indicação do título, por meio da experiência amorosa. De fato, "o amor cura" (hooks, 2006, 188).

Essa mesma mensagem é retomada no conto "Memórias" da autora. Aqui, o protagonista é um homem negro encantado com as alegrias do nascimento do seu primeiro filho: "A felicidade estava ali, traduzida na nossa realidade de lutas diárias para enfrentar o medo e a inércia do mundo cheio de desafios lá fora" (TV, p. 78). No entanto, é, sobretudo, nas imagens da mãe faxineira, da tia cozinheira e da avó contadora de histórias que o jovem pai alimenta sua memória, articulando memória individual e coletiva (Cf. HALBWACHS, 2003).

> Eu sempre fui o preferido da hora da merenda porque levava lanches preparados pela minha tia, cujas mãos fabricavam a melhor comida do mundo. Seus biscoitos trançados passados no açúcar eram os meus prediletos. Coincidentemente, Tia Olga sempre usava tranças corridas esculpidas nos seus belíssimos cabelos crespos, ela dizia que as tranças eram a síntese da transformação da vida. Gostava muito de cozinhar porque segundo ela, o sucesso consistia em saber misturar as coisas certas na proporção devida (TV, p. 75).

Percebe-se nessa narrativa que a identidade do protagonista é formada no seio de uma família negra, relacionando memória e lugar de enunciação. De fato, o afeto é compartilhado nos gestos simples, de forma que os alimentos oferecem sabor e aprendizagem, uma vez que a tia transmite, pela comida e na sua imagem, um legado ancestral. Dessa forma, conforme afirmado pela professora Florentina Souza (2005), "o trançado dos cabelos será apresentado também como ponto de partida para o trançado de um discurso de inserção do negro na construção de uma identidade nacional heterogênea, constituída também de evocações de uma história, de uma sensibilidade africana que se fixa em outro território" (SOUZA, 2005, p. 196).

Isso posto, nota-se que, em "Memórias", Sobral mais uma vez oferece ao leitor o amor como legado vivido e compartilhado por gerações de uma família negra, através de pequenos atos, diferentemente daquela realidade apontada por hooks, onde "o amor era visto pelos adultos como um luxo. A luta pela sobrevivência era mais importante do que o amor" (hooks, 2006, p. 191). No conto aqui analisado, "o amor é um luxo" que pode ser desfrutado, tanto que na ocasião em que o protagonista ficou internado, o pai tirou o resto do dia de folga para acompanhá-lo; bem como, o amor pode ser sentido e transmitido, e "a ancestralidade se renova e se fortalece a cada descendência" (SILVA, M., 2011, p. 11), conforme convicção do narrador: "o passado vai me ajudar a escrever o presente e projetar o futuro" (TV, p. 78).

"As visitas do meu namorado" também oferece uma leitura perpassada pela ideia do amor como remédio. Aqui, a narradora relembra a importância das visitas do namorado na ocasião em que esteve internada: "A visita mais esperada vinha todas as noites e eu me recuperava a cada dia, para receber o meu homem" (EMD, p. 90).

Nessa narrativa, tem-se um casal negro, os dois não nomeados, contudo, ambos com vozes e ações potentes. A narradora-personagem, com ouvidos e sensações atentos, traz "vozes-mulheres" (EVARISTO, 2017a, p. 24-25) para o enredo, propondo uma sororidade que vai muito além dos laços familiares: "Vozes femininas que estiveram ao meu lado, às vezes em gemidos, em suspiros, em revolta, em silêncio" (EMD, p. 91). Enquanto isso, o homem parece seguir o caminho do respeito e do companheirismo propostos por Lívia Natália, sobre como as mulheres negras devem ser amadas: "Não podemos ser essenciais apenas para encontros fortuitos. Faça com que o afeto seja recíproco, cuidadoso, mas não opressor. Deseje o nosso corpo, precisamos disso, mas acolha tudo que o acompanha, as demandas boas e as ruins (SOUZA, 2016, S/N).

Nesse processo, as palavras de Souza são (re)lidas no texto de Sobral, e um diálogo entre as duas escritoras negras é realçado na voz da protagonista, de modo que "As visitas do meu namorado" faz-se potente na mensagem: "aprender a amar é uma forma de encontrar a cura" (hooks, 2006, p. 198).

De fato, segundo o relato da protagonista,

> os homens não têm muita experiência do cuidar, com o seu caminhar sempre acompanhado pelas mães, tias e avós, com a sensibilidade amordaçada pelo decreto "homem não chora". Entretanto, meu homem era esforçado. Foi ele a banhar meu corpo com cheiro de insônia nas noites impossíveis de encontro com o ringue da dor. Foi ele a me oferecer o abraço, o consolo, o sorriso, marca registrada da sua postura otimista diante da vida. Foi ele a conversar com os médicos, a trazer flores, a suportar a minha histeria frente ao decreto implacável do desespero (EMD, p. 92).

Ao falar de cuidado, observa-se que Sobral problematiza as consequências do machismo na cultura do afeto, principalmente em relação à repressão dos sentimentos. No entanto, conforme percebido anteriormente, perpassa o texto mais uma vez a ideia de que a experiência do cuidado pode ser aprendida. Logo, subentende-se que pilares do machismo podem ser desconstruídos, a exemplo do desígnio "homem não chora".

Ao pensar corpos negros resistentes a partir de corpos que se amam, li Cristiane Sobral sob a ótica de hooks, em "Vivendo de Amor", e Lívia Maria Natália de Souza, em "Eu mereço ser amada", pensando principalmente no amor como remédio. Conforme observado até aqui, Teresa, mulher independente, psicóloga, religiosa, aparece com seu corpo negro politizado, carente de afeto. No entanto, a moça, que questiona machismo e racismo, não abre mão de suas convicções e renasce mediante um duplo encontro, com a umbanda e com Jorge, companheiros de uma relação duradoura. Já em "Memórias", a concretização do amor vem atravessada por uma história de cuidado construída por uma geração de mulheres negras, de forma que o protagonista anseia em passá-lo adiante. Seguindo o mesmo caminho, enveredo-me pela ótica feminina negra d'"As visitas do meu namorado", onde o amor se manifesta nos gestos de cuidado em um hospital. Nessa narrativa, mais uma vez, literalmente "o amor cura" e também desconstrói, e assimilar o afeto é questão de aprendizagem, intuição e expressão.

Nesse processo, os corpos negros femininos respondem aos cuidados, "uma face negra extensão da outra" (EMD, p. 93). Agora se têm três casais negros "vivendo o amor", aspecto bastante atípico quando se trata da realidade social, uma vez que a solidão da mulher negra é questão candente, conforme discutido anteriormente. No entanto, é importante mencionar que, embora atravesse o texto de Sobral uma recorrência de questões relacionadas às identidades negras, em "Vivendo o amor: corpos negros que se amam" não intentou fazer uma panfletagem romantizada em prol de um relacionamento afrocentrado. Conforme sinalizei anteriormente, nos contos aqui analisados, tem-se o amor negro e o autoamor como uma possibilidade de afeto, a partir de uma subjetividade feminina negra.

Contudo, Lívia Natália também problematiza essas possibilidades: "Nós merecemos ser amadas, sim. Mas o amor que qualquer parceiro pode nos dar, passa pela compreensão de que ainda nos amamos pouco e, infelizmente, estamos ainda longe de resolver isso" (SOUZA, 2016, S/N). Por isso, considero a literatura de Cristiane Sobral ferramenta potente nesse processo, ao trabalhar identidades negras, juntamente com as várias questões nelas atravessadas, como a afetividade, por exemplo. Ademais, em entrevista recente, Cristiane Sobral afirma: "Eu tenho a expectativa de apontar caminhos e tentar contribuir para a transformação da nossa realidade" (SOBRAL, 2016a, p. 38). De fato, "Renascença", "Memórias" e "As visitas do meu namorado" funcionam enquanto um possível caminho para questões latentes.

3.2.3 – Corpo político: resistência

Cristiane Sobral, ao discutir questões prementes às identidades femininas negras, traz para o campo literário corpos femininos negros ressignificados. Nesse processo, conforme dito anteriormente, o cabelo é ferramenta fundamental, uma vez que "cabelo crespo e corpo podem ser considerados expressões e suportes simbólicos da identidade negra no Brasil" (GOMES, 2008, p. 20). Os textos da autora, de fato, são permeados por uma ideia de valorização do cabelo crespo, principalmente ao considerar corpos negros femininos. No entanto, levando em conta a realidade social, essa valorização provoca tensões e conflitos dentro e fora dos grupos étnicos, por causa de valores racistas ainda incutidos na sociedade[44]. Isso posto, procura-se aqui compreender esse mesmo corpo enquanto *corpus* político e também como sinônimo de resistência, uma vez que, mais que (re)associar o cabelo crespo ao símbolo de beleza, cabelo e corpo são entendidos enquanto estilos políticos[45].

---

[44] De acordo com Nilma Lino Gomes (2008), "o cabelo crespo original, que é transformado no interior dos salões, quando somado à cor da pele e aos outros sinais diacríticos, compõe-se a totalidade do corpo negro. Esse mesmo corpo tem sido indesejado por negros e brancos brasileiros nas mais diversas situações. Dessa forma, o apelo à beleza negra inspira atenção, pois não somente pode promover a autoestima, mas pode falar de corpos segregados que, por vezes, tomam o corpo do outro como ideal. Mas, ao adjetivar a beleza como negra, os salões também destacam e ajudam a legitimar, das mais diversas maneiras, um padrão estético de raízes africanas, ressignificado na experiência brasileira" (p. 279), e ainda ajudam a promover um sentido "político, cultural, racial e identitário" (p. 281) à beleza negra.

[45] "O cabelo 'afro', também considerado por alguns como *black power*, foi considerado um estilo político pelo movimento de contestação dos negros desencadeado a partir da década de 60. Esse movimento, ao atribuir ao cabelo crespo o lugar da beleza, representava simbolicamente a retirada do negro do lugar da inferioridade racial colocado pelo racismo" (GOMES, 2008, p. 193). Contudo, Nilma Lino Gomes, ainda, alerta: "na sociedade contemporânea, os estilos políticos de cabelo do negro não sofrem somente uma releitura mas, também, passam por um processo de esvaziamento e, muitas vezes, são interpretados e usados como simples 'penteados'. Isso implica que, hoje, nem

É justamente sob esse viés que pretendo discutir o conto "O Tapete Voador", presente na coletânea de mesmo título. Na narrativa, a protagonista é Bárbara, mulher negra, assessora de imprensa de uma grande multinacional, assim descrita: "Era vaidosa, experimentava ao máximo as possibilidades do seu cabelo afro, com presilhas, turbantes, prendedores, faixas, enfim, tudo que pudesse iluminar e exaltar a sua identidade" (TV, p. 7-8). Dessa forma, já no início do texto tem-se uma personagem satisfeita com a sua identidade, dialogando com reflexões de hooks: "O grau em que nos sentimos cômodas com o nosso cabelo reflete os nossos sentimentos gerais sobre o nosso corpo" (2005, S/N). Aqui, o corpo negro feminino exalta a negritude, o que será objeto de conflito.

De acordo com a professora Sandra Regina Goulart Almeida, "em alguns casos, as narrativas da diáspora de autoria feminina falam por meio de um corpo gendrado, bem como elaboram um discurso de resistência por meio do corpo da escrita e também da escrita desse corpo gendrado e diaspórico" (2015, p. 96). Aspecto que pode ser evocado nas narrativas de Sobral, uma vez que escrita e corpo fazem parte de um mesmo posicionamento político.

Nesse processo, "O Tapete Voador" é atravessado por questionamentos relacionados às experiências de negros, aproximando-se da realidade social. No dia da audiência da protagonista com o presidente da empresa, Bárbara, na expectativa de uma promoção, "pensou na incrível experiência de nesta altura da vida, ser *servida por alguém*. Ela, filha de empregada doméstica e porteiro, criada para trabalhar, e trabalhar pesado, tinha orgulho de ter conquistado, naquela renomada empresa, um ofício importante" (TV, p. 7, grifo da autora). Aqui, independentemente do texto

---

sempre o sujeito que adota tal penteado ou aquele que o realiza como intervenção estética está vinculado a um grupo ou organização política em prol da negritude. Além disso, nem sempre esses sujeitos adotam tal comportamento com um sentido consciente de denúncia ao racismo" (2008, p. 202).

não realçar uma empatia pela condição servil da secretária, tem-se uma mulher negra ocupando uma função diferente daquelas representações estereotipadas, que enquadravam mulheres negras a serviços braçais.

A mesma problematização relacionada a mulheres negras ocupando espaços impróprios ao seu "lugar de raça" é retomada no momento em que Bárbara entra na sala do diretor, no entanto, aqui é o homem negro que está "fora do seu lugar": "Não estava sonhando. Estava surpresa! O presidente era um homem negro! Nunca havia visto fotos do presidente, pois só falava por meio do seu porta-voz" (TV, p. 8). Em uma sociedade em que os homens negros são constantemente associados a profissões servis, a alcóolatras ou a bandidos, o estranhamento na ficção, mesmo que na voz da personagem negra, é válido. Nas palavras de Nilma Lino Gomes, "um negro integrado socialmente é ainda visto como alguém fora do seu lugar, pois ainda há uma expectativa social, introjetada em nosso imaginário, de que o único lugar que lhe pertence é o de 'coisa', de negação da subjetividade e, mais ainda, de não-humanidade, imposto pela escravidão" (GOMES, 2008, p. 137).

Porém, nessa narrativa, Sobral ainda vai mais adiante, pois, além do homem presidente da multinacional esconder sua negritude, semelhante Socorro em "Cauterização", ainda repete discursos racistas do opressor, ao sugerir à mulher negra artimanhas para "melhorar" seu *marketing* pessoal, como se lê no excerto: "Já temos bons produtos para minimizar acidentes genéticos desagradáveis, como o cabelo do negro. É um dos seus defeitos. Seu cabelo é péssimo [...]. A cor não precisa ser um fardo para os mais desenvolvidos" (TV, p. 10). Assim, o corpo negro é negado, e a ideia de "rejeitar-se como negro para ser aceito socialmente" (GOMES, 2008, p. 136) constitui discurso potente: "Você precisa aprender a jogar conforme as regras. Para quê insistir em ser negra em um país racista? Quanto menos você declarar a sua negritude, melhor. Veja, por exemplo, o caso de alguns negros bem-sucedidos" (TV, p. 10). Logo, o cabelo crespo simboliza metonimicamente os valores de uma comunidade: se por um lado ele é tido como sinônimo de identidade e liberdade de um grupo, por outro é tido como aquilo que deveria ser rejeitado, o que indica um (não)lugar.

No conto, a autora ainda lembra-se dos casamentos inter-raciais, em que homens negros bem-sucedidos casam-se com mulheres brancas, o que, de acordo com Sueli Carneiro, enquadra também a mulher branca enquanto objeto de ostentação social e denuncia "o desejo de pertencimento e de aliança com um mundo restrito aos homens brancos no qual para adentrar homens negros em suposto processo de ascensão social utilizariam de mulheres brancas como avalistas" (CARNEIRO, 1995, p. 546), fato já discutido anteriormente a partir de Frantz Fanon (2008), problematizando o encontro entre negros e brancos, e Pacheco (2013), atentando para discussões sobre a mulher negra e o mercado matrimonial.

Ainda é importante destacar a não nomeação do homem negro no conto. Mais uma vez, em Cristiane Sobral, a personagem não nomeada "é sujeito do discurso" (Cf. OLIVEIRA, 2014). No entanto, aqui, ela se faz porta-voz de um discurso condescendente com o racismo, autorizado pela realidade social que transforma oprimidos em opressores constantemente.

"O Tapete Voador" finaliza com um discurso de Bárbara – que antes chora, anunciando a recusa do que lhe é imposto –, atravessado pela valorização das identidades negras, muito próximo ao do conto "Pixaim", dessa mesma autora:

> Veja Senhor Presidente, eu sou negra. Negra! Quando acordo, quando durmo, quando amo, quando trabalho. Eu sou apaixonada por um homem negro e sonho em ter filhos negros um dia. Jamais poderei deixar de ser o que sou. Agradeço pela

oportunidade, mas não posso corresponder à expectativa desta empresa. Eu me demito (TV, p. 12).

Nesse excerto, Sobral traz explicitamente a valorização da negritude, a partir de um ponto de vista negro-feminino enquanto um posicionamento político, como também, apresenta o corpo negro feminino assumindo um papel desafiador. Aqui, conforme reflexões de Sandra Goulart, embora faça parte de um outro contexto de análise de escritas negras na diáspora, tem-se uma "forte ligação entre o corpo, claramente gendrado, as vozes poéticas, seus atos de fala e seus posicionamentos. É o corpo que fala: 'falo desse corpo' [...]. É também o corpo que resiste: 'minha política é meu corpo'" (ALMEIDA, 2015, p. 95).

Além disso, Bárbara não só tem consciência da sua identidade negra, como também faz um discurso de contestação ao racismo. E a mensagem final – "foi conquistando oportunidades, desbravando trilhas de afirmação da sua identidade, sempre resistindo às tentações enganosas do embranquecimento" (TV, p. 12) – indica o caminho da resistência e da autoafirmação enquanto veredas possíveis. Aspecto que pode ser associado com as reflexões de hooks, em "Alisando o nosso cabelo": "nem sempre temos que renunciar a nossa capacidade de ser pessoas que se autodefinem para ter sucesso no emprego" (hooks, 2005, S/N).

Somando-se a isso, com relação à resistência, a memória constitui ferramenta fundamental, uma vez que "pela memória os povos constroem, e perpetuam sua identidade para as gerações seguintes" (FIGUEIREDO, 2009, p. 65). Assim, memória e ancestralidade atravessam os textos de literatura negrofeminina trazendo também no corpo negro as marcas de múltiplos tempos. No conto "Das águas", de Cristiane Sobral, presente na coletânea *Olhos de Azeviche* (2017), Omi, menina-mulher-negra, encara a hostilidade do ambiente acadêmico na tentativa de reescrever a história dos seus antepassados. Na narrativa, passado, presente e futuro se misturam no corpo negro da estudante de medicina, como se lê a seguir:

> Uma profecia de sua avó, benzedeira, pouco antes da morte, revelou que ela seria herdeira do seu dom de cura.
> Desde então, Omi resolvera enfrentar a selva das cidades e cursar medicina. Faria tudo por sua gente, por seus saberes, admirava a resistência de seu povo mantenedor de tradições culturais e religiosas ao longo dos séculos, amava profundamente seu quilombo-chão, como amava seu corpo, seu primeiro território (SOBRAL, 2017a, p. 50)[46].

A vontade de continuar os ensinamentos da avó se faz norte na vida da jovem. Para isso, a medicina, mais do que uma profissão de *status*, aparece enquanto uma continuidade de saberes ancestrais. "O presente se alimenta do passado e incorpora alguns elementos num movimento antropofágico, uma vez que reinscreve passado e presente" (FIGUEIREDO, 2009, p. 65). Nesse processo, os chás, as rezas, os banhos de cura são atualizados no exercício da medicina, e a ação de cuidar do próximo manterá Omi ligada aos laços afetivos. Dessa forma, a protagonista tenta "conciliar sua história ancestral [...] com sua história individual" (FIGUEIREDO, 2009, p. 51).

Contudo, isso não se dá de forma harmoniosa, pois desde o primeiro dia de aula, a jovem percebe que não é benquista naquele espaço. "Suas medidas, suas curvas, eram excessivas para os moldes. Sua pele fora tingida com muita melanina. Os cabelos, fortes, crespos, apontavam para o alto, não balançavam com o vento nem estavam na maioria das propagandas de xampu" (DG, p. 49). Nesse processo, o afeto pelo seu corpo não é suficiente para acolher rejeição e dor, oriundas do racismo, preservando o abuso do corpo feminino em prol de uma tradição: "Sentia. Seu corpo estava cansado. O dia não seria fácil, como não eram

---

[46] Doravante o texto será referenciado como DG, seguido do número da página.

descomplicados os instantes de segunda a sexta em horário letivo" (DG, p. 49).

Embora fundamentadas a partir do campo da antropologia, mais uma vez as considerações de Nilma Lino Gomes, em *Sem perder a raiz: corpo e cabelo como símbolos da identidade negra* (2008), podem ser aproximadas dos conflitos vivenciados pela personagem protagonista de Sobral, uma vez que o corpo feminino negro aqui representado traz a tensão rejeição/aceitação relacionada ao corpo negro observada por Gomes. De acordo com a pesquisadora, "o corpo localiza-se em um terreno social e subjetivo conflitivo" (p. 230), desencadeando um jogo duplo de repulsa e atração. Dessa forma, de acordo com a pesquisadora, considerando o contexto brasileiro:

> A construção da(s) identidade(s) negra(s) passa por processos complexos e tensos. Essas identidades foram (e têm sido) ressignificadas, historicamente, desde o processo da escravidão até às formas sutis e explícitas de racismo, à construção da miscigenação racial e cultural e às muitas formas de resistência negra num processo – não menos tenso – de continuidade e recriação de referências identitárias africanas. É nesse processo que o corpo se destaca como veículo de expressão e de resistência sociocultural, mas também de opressão e negação (GOMES, 2008, p. 21).

E é justamente esse conflito que atravessa o conto "Das Águas": Omi "gostava muito de ser como era" (DG, p. 49), no entanto, "ao sair de casa, o preconceito e o racismo já estavam de pé, a sacudir, suas certezas. Ainda não encontrara as armas apropriadas para enfrentá-los e vencer" (DG, p. 50). Nesse processo, o questionamento quanto à certeza de outrora em relação ao seu corpo é o mais evidente, já que, naquele momento, a jovem

> vivia o conflito com os seus espelhos. Sentia-se incompreendida. Ah se pudesse apenas ficar ali! Sozinha no seu quarto gostava de

> estar nua, sentia-se plena, livre. Bela. Reinava em seu mundo. No fundo sabia que esse impasse com as roupas era fútil, sem importância, mas essa verdade não cabia no mundo capitalista lá do lado de fora, pautado pelas aparências. Diante das roupas pensadas em P, M e G, tudo parecia inapropriado ao seu estilo. Como se o mundo lá fora não fosse para ela" (DG, p. 50).

Mediante impasse vivido pela protagonista, a noção da preocupação com as aparências enquanto uma imposição cultural também aparece como questão vigente. Ou seja, "é preciso considerar que o corpo é objeto de alteração exercida pela cultura, sendo por ela modelado e modificado" (GOMES, 2008, p. 234). Assim, a aparência física carrega atributos positivos ou negativos atravessados por um ideal de beleza construído socialmente, o que pode ser desconstruído pelos sujeitos. Nesse sentido, no conto, a escolha de roupas "adequadas" para sentir-se aceita faz parte desse processo. Contudo, a jovem sabe que roupas padronizadas não serão suficientes para driblar o racismo, pois seu corpo e cabelo estão fora daquele padrão acadêmico. E desconstruir isso, sendo "a única aluna negra da turma" (DG, p. 50) aparece como tarefa árdua.

Outro aspecto que deve ser considerado tem relação com o espaço ocupado pela jovem negra. No texto, o espaço privado aparece enquanto lugar de liberdade e aceitação em sintonia com a comunidade onde Omi vivera, como vimos na citação anterior. Enquanto que a cidade, mais uma vez, na literatura negrofeminina brasileira, aparece como ambiente hostil e segregador, principalmente para as mulheres (Cf. DALCASTAGNÈ, 2012), pois a protagonista afirma que "nem de longe as limitações materiais de sua comunidade trouxeram aborrecimentos como os sofridos na cidade grande" (DG, p. 49).

Ao considerar o espaço ocupado pela personagem, há que se considerar também o deslocamento entre a casa e a universidade, trajeto esse cortado por um caudaloso rio, "de águas conhecidas com o cheiro de terra fértil, molhada pelos sonhos vividos em um tempo feliz, onde vivia o afeto dos seus, o axé dos novos e dos mais velhos de sua comunidade" (DG, p. 51), metonimicamente figurando-se como um forte elo entre espaço habitado e de origem.

Além de um deslocamento espacial, a personagem passa por um deslocamento cultural, aspecto característico da condição diaspórica negra, em relação às suas origens africanas (Cf. GILROY, 2012). E é justamente o banho nessas águas que promoverá a simbólica travessia de Omi, alegoricamente aproximada da viagem dos negros pelas águas do Atlântico. No entanto, aqui, o banho promoverá o retorno, o equilíbrio, o encontro do corpo com a ancestralidade:

> Encarou a umidade fria despida. Nas águas buscou respostas. Mirou-se. Para o seu espanto, não viu no reflexo do espelho das águas a sua imagem distorcida pelas lentes da sociedade. Bem de leve, sentiu o toque do líquido convidativo a percorrer suas extremidades e um arrepio na pele a transcorrer sua alma para outra dimensão. Sob as águas, um tom amarelo que a princípio tentou compreender como os raios do sol penetrando o líquido transformador.
> Não, não era o sol. Oxum estava lá. Majestosa e vestida com o mais puro ouro, dançava sobre as águas. Nunca havia visto Oxum, mas sabia que era ela. Não era questão do ver. Sua energia estava ali manifesta, como parteira a anunciar o seu renascimento. Aceitou. Respirou fundo. Mergulhou naquelas águas negras por um tempo incontável aos olhos da ciência. Um espaço-tempo ancestral... Um outro tempo a girar em seus círculos além do corpo físico (DG, p. 51).

Nesse processo, o corpo negro feminino sente os impactos dessa travessia como uma experiência nova, a partir de um tempo outro, fora do relógio. Com o banho nas águas de Oxum, com seu poder de cura, semelhante batismo, Omi se reconecta com a memória dos seus, e o seu corpo sofrido e explorado reconhece outros tempos:

"Ao sair das águas, sentiu-se única, completa. Oxum seguia à sua frente, a abrir caminhos. Não viveria à sombra de qualquer solidão. Fortalecida, Omi estava pronta a ocupar o espaço, o seu lugar na terra" (DG, p. 51). Aqui, finalmente o corpo feminino negro supera conflitos, a condição de estrangeiro é vencida, a ancestralidade é resgatada e o espaço da cidade é reconhecido como legítimo: "Viu seus antepassados em uma terra distante em algum pedaço do imenso solo africano, seu povo guerreiro vivendo em tempos de fartura, de produção de conhecimento e dignidade humana. Sua identidade, antes fragmentada, foi enfim revelada" (DG, p. 51-52). Assim, o encontro simbólico entre passado e presente, espaço de origem e habitado permite "recuperar a beleza roubada" (DG, p. 52).

Percebe-se que no conto "Das águas", além de refletir sobre as identidades negras, ao problematizar os conflitos, oriundos principalmente do racismo, Cristiane Sobral apresenta o corpo feminino negro enquanto símbolo de resistência; da mesma forma que esse mesmo corpo encena conflitos, se impõe pelo simples fato de existir e transitar pelos diferentes espaços. Nesse processo, a escrita e as escolhas linguísticas também se fazem arma de guerra, de maneira que rememorar a religiosidade, a cultura, bem como recuperar os danos causados pelo racismo, também legitimam o caráter político dessa literatura, conforme apontamentos de Conceição Evaristo:

> Pode-se dizer que um sentimento positivo de etnicidade atravessa a textualidade afro-brasileira. Personagens são descritos sem a intenção de esconder uma identidade negra e, muitas vezes, são apresentados a partir de uma valorização da pele, dos traços físicos, das heranças culturais oriundas de povos africanos e da inserção/exclusão que os afrodescendentes sofrem na sociedade brasileira (EVARISTO, 2009, p. 19-20).

Assim, a simples presença da personagem Omi na literatura, como estratégia para "desarticular manifestações de preconceito explícito e camuflado" (FONSECA, 2000, p. 95), faz parte desse processo, pois "na medida em que algumas mulheres negras sentem-se mais satisfeitas com a sua própria aparência, elas são impulsionadas em direção à afirmação da negritude" (GOMES, 2008, p. 260). Além do mais, a situação de racismo vivenciada pela jovem na universidade aproxima-se da realidade, principalmente quando se consideram cursos elitizados.

Dessa maneira, uma vez que essa discussão é atravessada por questões relacionadas à conquista de território – não só físico, mas também simbólico –, é interessante mencionar a observação da professora Regina Dalcastagnè, de que "é preciso lançar luz sobre aquelas personagens que, ignorando o seu devido lugar, avançam sobre um território que não lhes é destinado" (DALCASTAGNÈ, 2012, p. 111-112, grifo da autora), porque esse agenciamento na literatura provoca reflexões, no sentido de reavaliar e mudar a realidade.

Por falar em conquista de territórios enquanto ato político, "Elevador a serviço" traz a protagonista Malena, mulher, negra e cantora, cuja presença por si só, como moradora de um prédio de luxo, já indica (re)existência: "Não havia moradores negros no prédio. Negros? Só os motoristas, porteiros e empregados. Mas não acreditava em lugares interditados em parte alguma do planeta. Era uma mulher livre" (TV, p. 29, grifo da autora).

Sobre isso, Sobral, em entrevista à revista Estudos de Literatura Brasileira Contemporânea, ao ser interpelada sobre o vínculo entre produção literária e ato político, destaca: "Como escritora, creio na estética literária afro-brasileira como um discurso consciente, um manifesto de sobrevivência e resistência do povo negro. [...] Essa linguagem tem um compromisso com o leitor, com os afetos, deseja afetar e ser afetada" (SOBRAL, 2017c, p. 256). Aqui, percebe-se a escritora e intelectual consciente do seu fazer literário enquanto fator transformador de uma realidade em crise. Nesse sentido, entendo a escolha do verbo "afetar" como uma indicação de alguém que anseia por mudanças.

Sendo assim, é a partir desse viés que observo a narrativa "Elevador a Serviço". Já no início do conto, um narrador onisciente revela o desejo da jovem cantora de "montar um show com repertório de músicas da Jovelina[47], Clementina de Jesus[48], Dona Ivone Lara[49] e outras cantoras e compositoras negras que mereciam e deviam mesmo ser homenageadas como pilares do nosso patrimônio cultural" (TV, p. 26). Note que as cantoras mencionadas fazem parte de uma tríade que exaltou a cultura negra através da música[50], logo o resgate de seus nomes na narrativa já provoca reflexões.

Percebe-se que, uma vez mais, a narrativa de Sobral é atravessada por aquele "sentimento positivo de etnicidade" mencionado por Conceição Evaristo, fazendo com que "Esses processos de construção de personagens e enredos destoem dos modos estereotipados ou da invisibilidade com que negros e mestiços são tratados pela literatura brasileira, em geral" (EVARISTO, 2009, p. 20). Além de colocar o corpo feminino negro em evidência, frequentando diferentes espaços sociais, a escritora ainda problematiza o racismo cotidiano, como no fragmento seguinte:

> – Nossa! Não tinha reparado como você é simpática. E bonita! Parabéns pelo seu cabelo! Acho o máximo quando **as mulatas** assumem a sua raça. É um sinal de evolução [...].
> – Desculpe o meu mau jeito, a intromissão... Mas sabe o que é? Será que você não poderia me indicar alguém assim como você para trabalhar em minha casa? Preciso tanto de uma empregada! Quero dizer... Sem preconceito algum. Na minha família nunca houve isso. Tive uma empregada que **herdei** dos meus pais; cuidou de todos lá em casa. Ela foi **minha mãe de leite**. Infelizmente faleceu recentemente. Mas cuidamos de tudo, já que não tinha família nem teve filhos. Uma mulher muito valiosa. O caso típico da alma

---
[47] Jovelina Farias Belford (1944-1988), mais conhecida como Jovelina Pérola Negra.
[48] Clementina de Jesus (1901-1987).
[49] Yvonne Lara da Costa (1921), também conhecida como A Rainha do Samba.
[50] Sobre isso, destaco a letra da música *Elos da Raça*, de Jovelina, inclusive parte da letra consta no final do conto de Sobral; *Rainha Negra*, de Clementina; e *Sorriso Negro*, de Dona Ivone Lara.

> branca, rara hoje em dia. Muitos primos meus **brigavam para tê-la em casa**. Não sei se encontraremos mais alguém tão dedicado. Está tão difícil contratar! Não entendo essa confusão toda (TV, p. 28, grifo meu).

Aqui, o preconceito racial foi manifestado dentro do elevador do prédio. Ambas as mulheres, uma delas branca de meia-idade, estão no elevador de serviço, uma vez que o outro estava indisponível, o que é o suficiente para a outra mulher, uma jovem negra, ser associada a funções servis. Conforme mencionado anteriormente, Cláudia Pons Cardoso, ao discutir objetivação da mulher negra, reflete sobre a constante associação de mulheres negras a empregadas domésticas, mães de leite ou mulatas, representações "decorrentes da articulação entre racismo e sexismo" (CARDOSO, 2012, p. 125). Ainda de acordo com a professora, essas categorias "são representações resultantes de construções racializadas de gênero" (CARDOSO, 2012, p. 132). Isso fica nítido no texto a partir dos marcadores linguísticos, pois em momento algum a senhora branca menciona que a mulher que trabalhou anos em sua casa era negra.

Outro aspecto que evidencia a objetivação da mulher negra está no fato de a empregada ter sido "herdada" dos pais e ter sido "objeto" de briga entre os primos, o que "chama a atenção para a permanência das atribuições vinculadas ao período escravista e ao exercício de funções vinculadas à casa grande, incluindo a exposição à violência sexual dos empregadores" (CARDOSO, 2012, p. 126).

Contudo, conforme mencionado anteriormente, Malena, educada desde criança "com palavras de exaltação à cultura negra" (TV, p. 27), não se intimida diante do preconceito e rebate:

> – Muito obrigada pelos elogios. Não é todo dia que recebemos notícias de pessoas que oferecem empregos em elevadores, não é? Realmente, os tempos são outros. Mas veja a coincidência! Sabe, eu também estou procurando

> alguém que possa me atender profissionalmente, assessorar quero dizer. Será que a senhora não teria alguma indicação? Uma filha, uma sobrinha ou afilhada? (TV, 29).

Percebe-se no excerto que a jovem responde à mulher recuperando o contexto de transformações da sociedade atual que permite que negros ocupem espaços diferentes de outrora, em que relações trabalhistas devem ser estabelecidas e respeitadas, "para evitar equívocos, principalmente em um país como o Brasil, com séculos de herança escravocrata" (TV, p. 29). E a frase final – "Não é tempo de repetir antigos erros" (TV, p. 29) – censura o racismo cotidiano.

Sobre essa problemática, relacionada a ações em prol da desconstrução do racismo na literatura, Maria Nazareth Soares Fonseca contribui com as discussões:

> É preciso que se ressaltem outras posturas mais radicais na denúncia do preconceito racial que se mostra entranhado nos atos mais corriqueiros e que demonstra quão pouco cordial é a relação entre brancos e negros, numa sociedade que se diz isenta de racismo (FONSECA, 2000, p. 95).

Dessa forma, no desmanche do racismo, Cristiane Sobral ainda vai além. Consciente do seu papel de formadora enquanto intelectual, ela não só denuncia, mas também indica o caminho: "Não bastava ser contra o racismo. Isso não era o suficiente, não mudaria o estado das coisas. Era uma questão de ação, de defender as razões da cor com alegria" (TV, p. 30, grifo da autora). Para isso, Malena agiria fazendo um show evocando a memória dos seus ancestrais, e a canção Elos de Raça, de Joselina Pérola Negra, abriria o caminho: "Agora é formar a corrente/ com elos resistentes daqueles/ que levam um bom tempo/ para arrebentar.../ é ou não é??/ é o espaço deixa caminhar com seus passos/ essa nova geração/ e dar condições a essa raça/ de terminar com a farsa/ deixar esse povo sofrido mostrar seu valor" (TV, p. 30).

É notório, nas três narrativas aqui analisadas, que ações efetivas para desconstruir o racismo se fazem necessárias. Atuação essa observada por Sandra Almeida, sobre as maneiras com que escritoras contemporâneas lidam com as imagens do corpo, "preferindo, em sua maioria, optar por uma visão transformadora e agenciadora do que permanecer confinadas a um discurso que esvazia as formas de ação e sepultam os sujeitos no espaço paralisante da vitimização" (ALMEIDA, 2015, p. 106). Nesse processo, têm-se três mulheres negras, alvos do racismo; portanto, é o corpo feminino negro que recupera a conexão entre essas mulheres. Retomando, em "O Tapete Voador", Bárbara resiste ao racismo, confrontando-o, não renunciando à sua identidade. Já em "Das Águas", Omi enfrenta essa mesma estrutura a partir do retorno à ancestralidade, permanecendo na Faculdade de Medicina. Finalmente, Malena, em "Elevador a Serviço", combate o racismo através das músicas que a conectam com a cultura negra. Logo, aqui, a valorização das identidades negras é palavra de ordem no combate ao racismo. Também se percebe que as três personagens "agem para modificar o estado das coisas" (TV, p. 14), de forma que passado, presente e futuro aparecem interligados para que aconteça a sonhada mudança.

Finalmente, a partir dos textos analisados, é incontestável o caráter político da literatura de Sobral, estando mais nitidamente presente na representação do constante embate racial experienciado pelas diversas personagens. Conforme ela mesma mencionou sobre sua produção: "Apresentar a personagem negra como ser humano é um grande desafio no Brasil, porque nós somos muito acomodados aos nossos estereótipos e nossas caricaturas" (SOBRAL, 2016a, p. 37). Dessa forma, "isso não pode ficar apenas na dimensão do realismo. Teremos que representar a realidade e, para a realidade que queremos construir, é uma escrita e uma representação com contornos políticos, não tenho dúvida" (op. cit., p. 37).

A LITERATURA ENQUANTO ESPAÇO DE LUTA:
À GUISA DE CONCLUSÃO

Ao finalizar minhas reflexões sobre a mulher negra enquanto intelectual, através da literatura negrofeminina contemporânea, o questionamento "O que é o lugar de fala?", da filósofa negra Djamila Ribeiro, parece-me bastante apropriado. Isso porque, de acordo com a pesquisadora, "pensar em lugar de fala [a partir do ponto de vista feminista negro] seria romper com o silêncio instituído para quem foi subalternizado" (RIBEIRO, 2017, p. 90). Nesse sentido, considero que perceber Miriam Alves, Conceição Evaristo e Cristiane Sobral como intelectuais é refletir sobre o lugar de fala da mulher negra letrada, que, a meu ver, consoante Ribeiro, perpassa também o lugar de "divulgar a produção intelectual de mulheres negras, colocando-as na condição de sujeitos e seres ativos que, historicamente, vêm pensando em resistências e reexistências" (RIBEIRO, 2017, p. 14).

Nesse processo, retomo as reflexões de bell hooks sobre o fato de as mulheres negras serem "consideradas só corpo, sem mente" (hooks, 1995, p. 469), ou seja, raramente serem concebidas enquanto intelectuais. "Para além disso, a própria conceituação ocidental branca do que seria uma intelectual faz com que esse caminho se torne mais difícil para mulheres negras" (DJAMILA, 2017, p. 28). Confrontando esse enquadramento, hooks alia trabalho intelectual à política do cotidiano, ou seja, aproxima teoria e prática, para entender a realidade, bem como perceber a intelectual negra a partir de outra perspectiva. Isso indica que "trabalho intelectual pode nos ligar a um mundo fora da academia, aprofundar e enriquecer nosso senso de comunidade" (hooks, 1995, p. 476). E é justamente a partir dessa lógica que alvitrei compreender as escritoras aqui analisadas: enquanto pensadoras que contribuem para um projeto de transformação social.

Levando em consideração os apontamentos de hooks, como também as discussões de Michelle Perrot (2005) sobre os espaços públicos e privados enquanto fronteiras variáveis e espaços políticos, o livro foi dividido em três capítulos que, ao pensar o papel da mulher negra intelectual a partir da prosa negrofeminina, foram atravessados pela concepção do cotidiano inserido em relações de poder.

Nessa discussão, a denúncia da violência vivenciada pelos corpos negros torna-se aspecto candente, de maneira que, por vezes, essa se faz personagem, estreitando ainda mais os limites entre vida e morte. Nesse aspecto, as discussões de Heleieth Saffioti (2015) foram imprescindíveis, uma vez que a violência de gênero perpassa as narrativas das três escritoras aqui analisadas. No capítulo I, "Políticas da afetividade na prosa de Miriam Alves", racismo e machismo permeiam as relações afetivas e independem de classe social. No conto "Os olhos verdes de Esmeralda", por exemplo, Esmeralda e Marina são agredidas e estupradas por causa de sua raça e orientação sexual. Se aqui a agressão se ampara no fato de as meninas manterem uma relação lesboafetiva, em "Alice está morta", a mulher negra que dá nome ao conto é assassinada pelo próprio companheiro. Também sentem o peso de uma cultura machista as jovens Irene, Verônica e Cláudia, de "Xeque-Mate". Na narrativa, as três são silenciadas em virtude de suas condições de gênero e classe. Enquanto isso, em "Um só gole", Maria Pretinha é mais uma vítima do racismo e da violência simbólica e a vontade de não viver marginaliza o corpo feminino negro. Por falar em violência, os contos "Cinco Cartas para Rael" e "Minha flor, minha paixão" trazem duas mulheres negras protagonistas, não nomeadas, abandonadas e rejeitadas por seus parceiros, marcando a solidão como mais uma agressão ao corpo feminino negro.

No entanto, a intelectual Miriam Alves também faz de sua literatura potência, ao representar a população negra de maneira positiva. Além de algumas personagens negras serem de classe média, possuírem curso superior, em *Bará na trilha do vento* há uma família majoritariamente negra mudando de status social. Aqui, Alves recorre à ancestralidade para aproximar passado e presente, visando transformações futuras, de forma que a relação afetiva da família protagonista é representada a partir da manutenção de tradições familiares e do respeito mútuo, apesar de o texto ser atravessado também por vestígios de opressão. Todavia, o passado violento e as agruras do presente da população negra dão lugar a uma nova história, construída a partir de uma linhagem de mulheres fortes e guardiãs da memória ancestral, de forma que a descendência negra faz-se presente e necessária para a manutenção e repasse da tradição familiar.

No capítulo II, "'Políticas do cotidiano' em Conceição Evaristo", semelhante capítulo anterior, as diversas violências cotidianas experienciadas por mulheres negras são aspectos preponderantes. No entanto, enquanto, em Alves, racismo e machismo se manifestam em mulheres negras de diferentes extratos sociais, aqui, majoritariamente pobreza e violência sustentam a exclusão social. Nesse quesito, as personagens Filó Gazogênia, Outra, Cidinha-Cidoca e Duzu-Querência representam as consequências do (não)viver no ambiente hostil da margem, de forma que morrer passa a ser a solução possível para agruras cotidianas. Como se não bastasse a violência do nada ter, outras mulheres também são vítimas daqueles que deveriam protegê-las, a exemplo da menina Fuizinha e de Custódia. Nesses casos, as violências física, psicológica e de gênero se fazem presentes, refletindo as consequências da negligência estatal – a mãe de Fuizinha, por exemplo, foi vítima de feminicídio, fato esse que não impediu que o homem estendesse as agressões à filha. Nesse território hostil, o racismo também é denunciado, tanto explicitamente, a partir da vida miserável de Ditinha, como implicitamente, quando aproxima a população negra de um território de discriminação e exclusão, uma vez que a violência aqui tem destino certo: os corpos negros.

Todavia, a intelectual Conceição Evaristo não apenas denuncia a situação de subsistência da população negra, mas também aponta um caminho de intervenção social, a partir da educação. Nesse sentido, a personagem Maria-Nova, de *Becos da memória*, cumpre um papel essencial, uma vez que faz da escrita ferramenta subversiva e ocupa um lugar de detentora do saber, ao articular memória individual e coletiva. No entanto, embora haja um discurso no livro, relativo à importância da leitura, da escrita e do conhecimento, enquanto sinônimos de libertação (sim, afinal a escrita aparece como meio para a manutenção da memória e de uma tradição ancestral negra!), a oralidade também é revalorizada e a personagem Dora, de *Becos da Memória*, aparece como figura proeminente, sinalizando a importância do conhecimento do mundo, da conquista de uma subjetividade forte, através de experiências vividas.

Já no capítulo III, "Políticas do corpo em Cristiane Sobral", o corpo feminino racializado e violado perpassa as várias análises. Nesse processo, protagonistas negras não nomeadas carregam a marca da exclusão, até que duas delas encontram alívio no suicídio. Em Sobral, a indústria da beleza aparece enquanto vilã, ao preterir corpos negros e disseminar ideais de beleza quase sempre fora da realidade. Além disso, a escritora problematiza a aparência física trazendo também o corpo da mulher negra obesa para a cena. Ao refletir sobre as diversas violências direcionadas ao corpo negro, a denúncia contra o racismo aqui é estratégia constante, atravessando quase todas as narrativas. Dessa forma, as vítimas são muitas, de forma que as personagens Socorro, Ióli, Jupira, Lulília, Maria Clara, Nkala, Teresa, Bárbara, Omi, Malena e outras tantas não nomeadas tentam sobreviver em meio ao caos. Ademais, as desigualdades social e de gênero também são problematizadas, e o conto "Bife com batata-frita" aparece enquanto exemplo sintomático. Nessa narrativa, mãe e filha são vítimas de um mesmo processo que exclui e predetermina o (não) lugar da mulher negra na sociedade.

A literatura de Sobral, percebida enquanto espaço de intervenção numa realidade social em crise, também traz o corpo negro feminino (re)existente e ressignificado. Em "Corpo político" há três mulheres negras vítimas do racismo superando a exclusão. Nesse processo, Bárbara, Omi e Malena combatem o racismo através da valorização das identidades negras, seja por meio da autoafirmação, seja pela permanência em curso superior, ou pelo resgate da cultura negra.

Ao politizar os espaços público e privado na leitura das narrativas negrofemininas aqui analisadas, nessas representações, é possível empreender a denúncia do estereótipo do corpo negro, principalmente o feminino, tido como sujo e violado, por isso, ocupando o espaço das margens ou da submissão. A partir de um protagonismo feminino negro, percebe-se que *Becos da Memória*, *Olhos d'água*, *Mulher Mat(r)iz*, *O Tapete Voador* e *Espelhos, Miradouros e dialéticas da percepção* se abrem em ruínas ao problematizar os diferentes espaços ocupados por mulheres negras. Em Miriam Alves, independentemente de classe social, a representação do (não)lugar da negra é (de)marcado, ora vivendo no subúrbio, à beira de rios fétidos, no buracão de desova de cadáveres, ora no (não)lugar simbólico, representado pelo não direito aos seus corpos, tendo suas vozes silenciadas em relacionamentos abusivos e/ou pelo poder hegemônico. Conceição Evaristo aponta para essa mesma direção ao trazer para o espaço literário o ambiente das favelas, subemprego, desemprego, prisão, desencadeando reflexões sobre o mesmo espaço pouco palatável da mulher negra na sociedade brasileira. Assim como as outras duas, Cristiane Sobral também denuncia a marginalização dos corpos negros, seja a partir da representação do corpo da recém-nascida, Maria Clara, jogado na caçamba de lixo, seja no (não)lugar no mercado afetivo – relembro a representação de duas protagonistas suicidas não nomeadas –, apontando a necessidade urgente de ressignificar os corpos negros, cotidianamente massacrados. Nesse processo, percebe-se, na escrita feminina negra, uma tentativa de compartilhar e questionar a violência presente em tantas experiências do cotidiano dessas mulheres.

No que concerne à proposta de ressignificar o corpo negro feminino, problematizando os espaços por ele ocupado, bem como considerando os impactos do racismo e sexismo no cotidiano das mulheres negras, observa-se a aproximação dessa literatura negrofeminina com a agenda do feminismo negro, aspecto que considerei primordial nas análises feitas, uma vez que tal ponto de vista possibilitou observar as relações assimétricas de poder intersectando os eixos gênero, raça e classe, principalmente no que tange à desessencialização da categoria "mulher". Por exemplo, ao analisar relações desiguais, mesmo entre as mulheres – como a de Cecília e Flora, em Miriam Alves; a de Ditinha e D. Laura, em Conceição Evaristo; e das meninas Ióli e Verônica, em Cristiane Sobral –, foi possível refletir, conforme sinalizado por Djamila Ribeiro, "o quanto raça, gênero, classe e sexualidade se entrecruzam gerando formas diferentes de experenciar opressões" (DJAMILA, 2017, p. 71). Tal contestação de uma "competição das opressões" indica a necessidade de "pensar ações políticas e teóricas que deem conta de pensar que não pode haver prioridades, já que essas dimensões não podem ser pensadas de forma separada" (op. cit., p. 71). E é justamente essa perspectiva suplementar que considero atravessar os textos dessas escritoras.

Como por exemplo, as reflexões sobre o papel da escrita, da educação, da memória, do mercado matrimonial e do mercado de trabalho para as mulheres negras.

Nesse processo, ao pensar na potência da escrita negrofeminina, a memória constituiu papel fundamental, visto que, conforme Fernanda Figueiredo, cujas reflexões foram imprescindíveis para esta pesquisa, "a escrita afro recorrerá à memória para dela extrair a força da identidade ancestral a protagonizar as lutas do presente, que se alimenta do passado para recriá-lo, reescrevê-lo, processá-lo como elemento de luta" (FIGUEIREDO, 2009, p. 66), e tal aspecto pode ser observado nas narrativas das três escritoras. Consoante isso, de acordo com Halbwachs, "uma 'corrente de pensamento' social normalmente é tão invisível quanto a atmosfera que respiramos" (2003, p. 46). No livro *Becos da Memória*, de Conceição Evaristo, essa corrente se concretiza no desejo de mudança expresso por Maria-Nova. A menina, que também sofria de banzo, acolhe as histórias dos seus na promessa da escrita e de construção de uma história outra. Em *Bará na trilha do vento*, de Miriam Alves, Acotirene, filha de Bárbara, reacende a promessa de manutenção e continuidade de uma tradição negra. Da mesma forma que, em "Elevador a serviço", de Cristiane Sobral, a cantora Malena reafirma as identidades negras a partir do resgate da música negra para combater o racismo.

Refletindo a partir das considerações de Glissant, e retomando a imagem do "homem nu", pode-se considerar que as protagonistas Maria-Nova, Bárbara e Malena, ao contar a história de seu povo, "despojado de tudo", "recompõe[m] através de *rastros/ resíduos*" (GLISSANT, 2005, p. 19, grifo do autor) a sua história e a de seu grupo por meio da memória, visto que a construção de uma nova e outra história, que os considerasse, se fazia urgente e necessária. Ao mesmo tempo que, conforme mencionei anteriormente, essa mesma imagem do "homem nu" deva ser desassociada dos negros a partir da escrita de outras narrativas que resgatem a história dos negros no Brasil a partir de um ponto de vista negro.

Nesse sentido, o processo de escrita aparece como elemento fundamental, em Conceição Evaristo. No entanto, há uma manutenção de uma tradição oral, uma vez que foi através dela que Maria-Nova ouviu traços pontuais da história de negros. Da mesma forma que essa mesma tradição oral se faz potente nos desejos das protagonistas Bárbara e Malena, de Miriam Alves e Cristiane Sobral, respectivamente.

Dessa forma, a retomada das reflexões iniciais sobre o lugar de fala, articuladas com a proposta de pensar as mulheres negras intelectuais a partir da prosa negro-brasileira, aproxima-se diretamente de um agenciamento que considera, conforme afirmado por Conceição Evaristo, em entrevista à *Carta Capital*, escrever e publicar para mulheres negras como um ato político (EVARISTO, 2017). Nesse contexto, como argumentei até aqui, a prosa dessas intelectuais é atravessada por um aspecto político que anseia por transformações na realidade.

Nessa perspectiva, ao pensar a mulher negra intelectual na contemporaneidade, Miriam Alves, Conceição Evaristo e Cristiane Sobral merecem ser consideradas/destacadas, uma vez que a literatura negrofeminina por elas apresentada funciona como um lugar para repensar a realidade social em crise e, ainda mais, atua como espaço de reflexão para problematizar as relações sociais e culturais assimétricas e iníquas que têm perpetuado divisões de gênero e étnico-raciais ao longo da história do Brasil.

REFERÊNCIAS

Referências: autoras estudadas

ALVES, Miriam. Entrevista. In: DUKE, Dawn. *A Escritora Afro-Brasileira*: ativismo e arte literária. Belo Horizonte: Nandyala, 2016, p. 171-179.

_____. *Bará na trilha do vento*. Salvador: Editora Ogum's Toques Negros, 2015.

_____. *Mulher Mat(r)iz*. Belo Horizonte: Nadyala, 2011.

_____. *BrasilAfro autorrevelado*: Literatura Brasileira contemporânea. Belo Horizonte: Nandyala, 2010.

_____. Cadernos Negros I – o postulado de uma trajetória. In: DUARTE, Constância Lima; DUARTE, Eduardo de Assis; BEZERRA, Kátia da Costa (Orgs.). *Gênero e representação*: teoria, história e crítica. Belo Horizonte: UFMG, 2002, p. 67-73.

_____. *Estrelas de Dedo*. São Paulo: Do Autor, 1985.

EVARISTO, Conceição. Conceição Evaristo: "Nossa fala estilhaça a máscara do silêncio". [13 de maio de 2017]. São Paulo: *Carta Capital*. Entrevista concedida à Djamila Ribeiro.

_____. *Poemas da recordação e outros movimentos*. Rio de Janeiro: Malê, 2017.

_____. Entrevista. In: DUKE, Dawn. *A Escritora Afro-Brasileira*: ativismo e arte literária. Belo Horizonte: Nandyala, 2016, p. 89 - 110.

_____. *Olhos d'água*. Rio de Janeiro: Pallas, 2014a.

_____. Nos gritos d'Oxum quero entrelaçar minha escrevivência. In:

DUARTE, Constância Lima; MAIA, Cláudia; ABREU, Laile Ribeiro de; BARROCA, Iara Christina Silva; PERES, Maria de Fátima Moreira. *Arquivos Femininos*: Literatura, valores, sentidos. Florianópolis: Ed. Mulheres, 2014b, p. 25-33.

_____. Literatura negra: uma poética de nossa afro-brasilidade. In: *Scripta*, Belo Horizonte, v.13, n.25, dez. 2009, p. 17-31. Disponível em: <http://periodicos.pucminas.br/index.php/scripta/article/view/4365>. Acesso em 14 de 10 de janeiro de 2016.

_____. Da grafia-desenho de minha mãe, um dos lugares de nascimento de minha escrita. In: ALEXANDRE, Marcos Antônio (Org.). *Representações performáticas brasileiras:* teorias, práticas e suas interfaces. Belo Horizonte: Mazza, 2007. Disponível em: <http://nossaescrevivencia.blogspot.com.br/2012/08/da-grafia-desenho-de-minha-mae-um-dos.html>. Acesso em agosto 20 de agosto de 2015.

_____. *Becos da memória*. Belo Horizonte: Mazza Edições, 2006.

_____. Da representação a autorepresentação da mulher negra da mulher negra na literatura brasileira. *Revista Palmares*: Cultura Afro-brasileira, ano 1, n. 1, ago. 2005, p. 52-57. Disponível em: < http://www.palmares.gov.br/sites/000/2/download/52%20a%2057.pdf>. Acesso em 21 de março de 2015.

SOBRAL, Cristiane. Das Águas. In: AMARO, Vagner (Org.). *Olhos de azeviche:* dez escritoras negras que estão renovando a literatura brasileira – contos e crônicas. Rio de Janeiro: Malê, 2017a, p. 49 - 52.

_____. O Outro Lado da Moeda. In: AMARO, Vagner (Org.). *Olhos de azeviche:* dez escritoras negras que estão renovando a literatura brasileira – contos e crônicas. Rio de Janeiro: Malê, 2017b, p. 53 - 60.

_____. "Quem não se afirma não existe": entrevista com Cristiane

Sobral. In: FREDERICO, Graziele; MOLLO, Lúcia Tormin; DUTRA, Paula Queiroz. *Estudos de Literatura Brasileira Contemporânea*. Brasília, n. 51, maio/ago. 2017c, p. 254-258.

_____. Entrevista. In: DUKE, Dawn. *A Escritora Afro-Brasileira*: ativismo e arte literária. Belo Horizonte: Namdyala, 2016a, p. 33 - 48.

_____. *O Tapete Voador*. Rio de Janeiro: Malê, 2016b.

_____. *Só por hoje vou deixar o meu cabelo em paz*. Brasília: Editora, 2014.

_____. *Espelhos, Miradouros, Dialéticas da Percepção*. Brasília: Editora Dulcina, 2011.

_____. *Não vou mais lavar os pratos*. Brasília: Athalaia, 2010.

Outras referências:

ABOIM, Sofia. Do público e do privado: uma perspectiva de género sobre uma dicotomia moderna. In: *Revista Estudos Feminista*. Florianópolis, n. 1, 2012, p. 95-117.

AKINRULI, Olusègùn Michael. Gelede: o poder feminino na cultura africana-yoruba. IN: *Revista África e Africanidades*. Rio de Janeiro, n. 12, 2011. Disponível em: < http://www.africaeafricanidades.com.br/documentos/12022011_19.pdf> Acesso em 15 de fevereiro de 2017.

ALMEIDA, Elisa Sales de. História da educação escolar de mulheres negras: as políticas públicas que não vieram. *InterMeio: Revista do Programa de Pós-Graduação em Educação-UFMS*, v. 15, n. 30, 2009, p. 219-232.

ALMEIDA, Sandra Regina Goulart. *Cartografias contemporâneas*: espaço, corpo, escrita. Rio de Janeiro: 7Letras, 2015.

APPIAH, Kwwame Anthony. *Na casa de meu pai*: A África na filosofia da cultura. Tradução Vera Ribeiro - Revisão de tradução: Fernando Rosa Ribeiro. Rio de Janeiro: Contraponto, 1997.

ARTIÈRES, Philippe. Arquivar a própria vida. In: *Revista Estudos Históricos*, v. 11, n. 21, 1998, p. 9-34. Disponível em: <http://bibliotecadigital.fgv.br/ojs/index.php/reh/article/view/2061 > Acesso em 21 de junho de 2016.

AUGÉ, Marc. *Não-lugares*: introdução a uma antropologia da supermodernidade. Tradução de Maria Lúcia Pereira. Campinas: Papirus, 1994.

AUGEL, Moema Parente. *"E Agora Falamos Nós"*: Literatura Feminina Afro-brasileira. Disponível em: <http://150.164.100.248/literafro/data1/artigos/artigomoema03.pdf>. Acesso em: 20 de setembro de 2016.

_____. Na trilha de Miriam Alves. In: ALVES, Miriam. *Bará na trilha do vento*. Salvador: Editora Ogum's Toques Negros, 2015, p. 6-14.

_____. Prefácio: "Eu sou a fala do meu melhor". In: ALVES, Miriam. *Mulher Mat(r)iz*. Belo Horizonte: Nandyala, 2011, p. 11-20.

BAIRROS, Luiza. Nossos feminismos revisitados. In: *Revista Estudos Feministas*. Florianópolis, v. 3, n. 2, jan. 1995, p. 458-463. Disponível em: <https://periodicos.ufsc.br/index.php/ref/article/viewFile/16462/15034 >. Acesso em: 11 de julho de 2016.

BEAUVOIR, Simone de. *O segundo sexo*. 2 v. Tradução Sérgio Milliet. Rio de Janeiro: Nova Fronteira, 1990.

BENJAMIN, Walter. O narrador: Considerações sobre a obra de Nikolai Leskov. In: _____. *Magia e técnica, arte e política*: ensaios sobre literatura e história da cultura. Tradução Sérgio Paulo Rouanet. 7. ed. São Paulo: Brasiliense, 1994, p. 197-221.

BERND, Zila. *Introdução a Literatura Negra*. São Paulo: Brasilense, 1988.

BHABHA, Homi k. *O local da cultura*. Tradução de Myriam Ávila, Eliane Lourenço de Lima Reis, Gláucia Renate Gonçalves. Belo Horizonte: Editora UFMG, 2013.

BOSI, Ecléa. Halbwachs, ou a reconstrução do passado. In: _____. *Memória e sociedade*: lembranças de velhos. 3. ed. São Paulo: Companhia das Letras, 1994, p. 53-59.

BOURDIEU, Pierre. *A dominação masculina*. Tradução de Maria Helena Kuhner. Rio de Janeiro: Bertrand Brasil, 2012.

BRASIL. LEI n. 11.340 de 7 de agosto de 2006. Cria mecanismos para coibir a violência doméstica e familiar contra a mulher. *Diário Oficial da União*. Brasília, 7 agost. 2006. Disponível em < http://www.planalto.gov.br/ccivil_03/_ato2004-2006/2006/lei/l11340.htm> Acesso em 05 de maio de 2006.

CALDWELL, Kia Lilly. Women in and out of Place: Engendering Brazil's Racial Democracy. In: _____. *Negras in Brazil*: Re-envisioning black women, citizenship, and the politics of identity. Rutgers University Press, 2007, p. 50 - 77.

_____. Fronteiras da diferença: raça e a mulher no Brasil. *Revista de Estudos Feministas*, v. 8, n. 2, 2000, p. 91-108. Disponível em: <http://www.alainet.org/images/Fronteiras-da-diferencas.pdf >. Acesso em 20 de março de 2016.

CAMPELLO, Eliane. Corpos Tatuados, em *Becos da Memória*, de Conceição Evaristo. In: *La lengua portuguesa*. Salamanca, n. 1, julho, 2014, p. 463-470.

CAMPOS, Maria Consuelo Cunha. Escrita e militância: a escritora negra e o movimento negro brasileiro. In: PEREIRA, Edimilson de Almeida (Org.). *Um tigre na floresta de signos* – estudos sobre poesia e demandas sociais no Brasil. Belo Horizonte: Mazza Edições, 2010, p. 256 - 263.

CARDOSO, Cláudia Pons. Amefricanizando o feminismo: o pensamento de Lélia Gonzalez. In: *Revista Estudos Feministas*, v. 22, n. 3, setembro-dezembro. 2014, p. 965-986. Disponível em: <https://periodicos.ufsc.br/index.php/ref/article/view/36757>. Acesso em: 12 de julho de 2016.

_____. *Outras falas*: feminismos na perspectiva de mulheres negras brasileiras (2012). Tese. (Programa de Pós-graduação em estudos Interdisciplinares sobre mulheres, gênero e feminismo) – Faculdade de Filosofia e Ciências Humanas, Universidade Federal da Bahia. Salvador, 2012.

CARNEIRO, Sueli. Enegrecer o feminismo: a situação da mulher negra na América Latina a partir de uma perspectiva de gênero. In: ASHOKA EMPREENDIMENTOS SOCIAIS; TAKANO CIDADANIA (Orgs.). *Racismos contemporâneos*. Rio de Janeiro: Takano Editora, 2003a, p. 49-58.

_____. Mulheres em movimento. In: *Estudos avançados*, São Paulo, n. 49, p. 117-133, 2003b.

_____. Gênero, Raça e Ascenção Social. In: *Revista Estudos Feministas*. Florianópolis, v. 3, n. 2, jan. 1995, p. 544-552. Disponível em: <https://periodicos.ufsc.br/index.php/ref/article/view/16472>. Acesso em: 11 de julho de 2016.

CÔRTES, Cristiane. Diálogos sobre Escrevivência e silêncio. In: DUARTE, Constância Lima; CÔRTES, Cristiane; PEREIRA, Maria do Rosário A. (Orgs.). *Escrevivências:* Identidade, gênero e violência na obra de Conceição Evaristo. Belo Horizonte: Idea, 2016, p. 51-60.

COLLINS, Patrícia Hill. Aprendendo com a *outsider within*: a significação sociológica do pensamento feminista negro. Tradução de Juliana de Castro Galvão. In: *Revista Sociedade e Estado,* v. 31, n. 1, janeiro/abril 2016, p. 99-127. Disponível em: <http://www.scielo.br/pdf/se/v31n1/0102-6992-se-31-01-00099.pdf >. Acesso em: 14 de outubro de 2017.

COSTA, Dione Ribeiro. *Resistência e valorização da identidade negra infantil em "Pixaim" e A cor da ternura.* Disponível em: <http://www.editorarealize.com.br/revistas/enlije/trabalhos/d385a7aee459 230919936a530d 677b7b_245_116_.pdf>. Acesso em 18 de agosto de 2017.

COSTA, Jurandir Freire. Da cor ao corpo: a violência do racismo. In: SOUZA, Neuza Santos. *Tornar-se Negro:* as vicissitudes da identidade do negro brasileiro em ascenção social. Rio de Janeiro: Edições Graal, 1983, p. 1-16.

COUTINHO, Afrânio. Ensaio e Crônica. In: _____. *A Literatura no Brasil.* São Paulo: 2004, p. 117-143.

COUTO, Sonia Maria Araújo. A violência e a agressividade. In: COUTO, Sônia. *Violência doméstica – uma nova intervenção terapêutica.* Belo Horizonte: Autêntica/FCH-FUMEC, 2005, p. 21-30.

CRUZ, Adélcio de Sousa. Três visões literárias da violência: Clarice Lispector, Conceição Evaristo e Patrícia Melo. In: *Fazendo Gênero 9* - Diásporas, Diversidades, Deslocamentos. Florianópolis, 2010, p. 1-10. Disponível em: <http://www.fazendogenero.ufsc.br/9/resources/anais/1278296729_ARQUIVO_TresvisoesliterariasdaviolenciaARTIGOFAZENDOGENERO9formdef.pdf >. Acesso em: 25 de julho de 2017.

CULLER, Jonathan. Literatura e Estudos Literários. In: _____. *Teoria Literária:* Uma introdução. São Paulo: Beca produções Culturais LTDA, 1999, p. 48-58.

CUTI (Luiz Silva). O leitor e o texto afro-brasileiro. In: FIGUEIREDO, Maria do Carmo Lanna; SOARES, Maria Nazareth (Orgs.). *Poéticas afro-brasileiras*. Belo Horizonte: Mazza; PUC Minas, 2012, p. 19-36.

_____. Depoimentos. In: DUARTE, Eduardo de Assis; FONSECA, Maria Nazareth Soares (Orgs.). *Literatura e afrodescendência no Brasil: antologia crítica*. Vol. 4. Belo Horizonte: Editora UFMG, 2011, p. 45 - 70.

_____. *Literatura negro-brasileira*. São Paulo: Selo Negro, 2010.

DALCASTAGNÈ, Regina. Para não ser trapo no mundo: As mulheres negras e a cidade na narrativa brasileira contemporânea. In: *Estudos de literatura brasileira contemporânea*. Brasília, n. 44, jul./dez. 2014, p. 289-302. Disponível em: <http://www.scielo.br/pdf/elbc/n44/a14n44.pdf>. Acesso em 13 de março de 2015.

_____. *Literatura brasileira contemporânea*: um território contestado. Vinhedo: Editora Belo Horizonte, 2012.

_____. Entre silêncios e estereótipos: relações raciais na literatura brasileira contemporânea. In: *Estudos de literatura brasileira contemporânea*. Brasília, n. 31. janeiro-junho de 2008, p. 87-110. Disponível em: <http://www.repositorio.unb.br/bitstream/10482/9620/1/ARTIGO_SilencioEstereotiposRelacoes.pdf>. Acesso em 13 de março de 2015

DALSGAARD, Anne Line. *Vidas e esperanças*: esterilização feminina no Nordeste. UNESP, 2006.

DAVIS, Angela. *Mulheres, raça e classe*. Tradução de Heci Regina Candiani. São Paulo: Boitempo, 2016.

DIAS, Camila Sodré de O.; GARCIA, Paulo César. Entre corpos negros e a lesbianidade na narrativa. New York, de Miriam Alves. In: *III Seminário Internacional Enlaçando Sexualidades, 2013*. Salvador: UNEB. Disponível em: <http://www.uneb.br/enlacandosexualidades/files/2013/06/Entre-corpos-negros-e-a-lesbianidade-na-narrativa-New-York-de-Miriam-Alves.doc >. Acesso em 07 de fevereiro de 2016.

DIAS, Maria Odila. Resistir e Sobreviver. In: PINSKY, Carla Bassanezi; PEDRO, Joana Maria (Orgs.). *Nova História das Mulheres no Brasil*. São Paulo: Contexto, 2012, p. 360-381.

DJOKIC, Aline. *Colorismo, o que é, como funciona*. Disponível em: <http://blogueirasnegras.org/2015/01/27/colorismo-o-que-e-como-funciona/>. Acesso em 25 de outubro de 2017.

DOMINGUES, Petrônio. Movimento da negritude: uma breve reconstrução histórica. Mediações – Revista de Ciências Sociais. Londrina, v. 10, n.1, p. 25-40, jan.-jun. 2005. Disponível em: <http://www.uel.br/revistas/uel/index.php/mediacoes/article/download/2137/2707>. Acesso em 15 de janeiro de 2018.

DUARTE, Constância Lima. *Imprensa feminina e feminista no Brasil*. Belo Horizonte: Autêntica Editora, 2016.

_____. Gênero e Violência na literatura afro-brasileira. In: DUARTE, Constância Lima; DUARTE, Eduardo de Assis; ALEXANDRE, Marcos Antônio (Orgs.). *Falas do Outro:* Literatura, gênero, etnicidade. Belo Horizonte: Nadyala; NEIA, 2010, p. 226-233.

DUARTE, Eduardo de Assis. Literatura e Afro-descendência. In: PEREIRA, Edimilson de Almeida (Org.). *Um tigre na floresta de signos*: estudos sobre poesia e demandas sociais no Brasil. Belo Horizonte: Mazza Edições, 2010a, p. 73-85.

_____. Mulheres Marcadas: literatura, gênero, etnicidade. In: DUARTE, Constância Lima; DUARTE, Eduardo de Assis; ALEXANDRE, Marcos Antônio (Orgs.). *Falas do Outro:* Literatura, gênero, etnicidade. Belo Horizonte: Nadyala; NEIA, 2010b, p. 24-37.

_____. Literatura afro-brasileira: um conceito em construção. Estudos de Literatura Brasileira Contemporânea, nº 31. Brasília, janeiro-junho de 2008, p. 11-23. Disponível em: <http://periodicos.unb.br/index.php/estudos/article/view/2017>. Acesso em: 12 de maio de 2015.

DUARTE, Rachel. *'Estupro corretivo' vitimiza lésbicas e desafia poder público no Brasil.* Disponível em: <http://www.sul21.com.br/jornal/estupro-corretivo-vitimiza-lesbicas-e-desafia-autoridades-no-brasil/>. Acesso em 16 de fevereiro de 2017.

FANON, Frantz. *Pele negra, máscaras brancas.* Tradução Renato da Silveira. Salvador: EDUFBA, 2008.

_____. Sobre a violência. In: FANON, Frantz. *Os Condenados da Terra.* Tradução Enilce Albergaria Rocha e Lucy Magalhães. Juiz de Fora: UFJF, 2005, p. 49 - 126.

FIGUEIREDO, Fernanda Rodrigues de. *A mulher negra nos Cadernos Negros*: autoria e representações. Dissertação. (Programa de Pós-Graduação em Letras) - Faculdade de Letras, Universidade Federal de Minas Gerais. Belo Horizonte – MG, 2009.

FIGUEIREDO, Ticiane. *Lésbicas*: invisibilidades e violências. Disponível em: <http://agenciapatriciagalvao.org.br/site-antigo/mulheres-de-olho-antigo/28082013-lesbicas-invisibilidades-e-violencias>. Acesso em 15 de junho de 2017.

FONSECA, Maria Nazareth Soares; SOUZA, Florentina da Silva (Orgs.). *Literatura Afro-brasileira*. Salvador: CEAO, 2006.

FONSECA, Maria Nazareth Soares. Visibilidade e ocultação da diferença. In FONSECA, Maria Nazareth Soares (Org.). *Brasil Afro-Brasileiro*. Belo Horizonte: Autêntica, 2000.

FOUCAULT, Michel. Os intelectuais e o poder. In: _____. *Microfísica do poder*. Rio de Janeiro: Paz e Terra, 2017.

GIACOMINI, Sônia Maria. *Mulher e escrava*: uma introdução ao estudo da mulher negra no Brasil. Petrópolis: Vozes, 1988.

GILROY, Paul. *O Atlântico Negro*: modernidade e dupla consciência. Tradução de Cid Knipel Moreira. São Paulo: Editora 34, 2012.

GLISSANT, Édouard. *Introdução a uma poética da diversidade*. Tradução de Enilce Albergaria Rocha. Juiz de Fora: Editora da UFJF, 2005.

GOMES, Heloisa Toller. Prefácio: "Minha mãe sempre costurou a vida com fios de ferro". In: EVARISTO, Conceição. *Olhos d'água*. Rio de Janeiro: Pallas, 2014, p. 09-11.

GOMES, Nilma Lino. *O Movimento Negro Educador*: Saberes construídos nas lutas por emancipação. Petrópolis, RJ: Vozes, 2017.

_____. Relações étnico-raciais, educação e descolonização dos currículos. *Currículo sem Fronteiras*, v.12, n.1, Jan/Abr 2012, p. 98-109. Disponível em: <http://www.apeoesp.org.br/sistema/ck/files/5_Gomes_N%20L_Rel_etnico_raciais_educ%20e%20descolonizacao%20do%20curriculo.pdf>. Acesso em 15 de novembro de 2015.

_____. *Sem perder a raiz*: corpo e cabelo como símbolos da identidade negra. Belo Horizonte: Autêntica, 2008.

_____. Educação, raça e gênero: relações imersas na alteridade. *Cadernos Pagu*, n. 6/7, p. 67-82, 1996. Disponível em: <http://periodicos.sbu.unicamp.br/ojs/index.php/cadpagu/article/view/1862.> Acesso em 15 de fevereiro de 2016.

GONZALEZ, Lélia. A categoria político-cultural de amefricanidade. In: *Revista Tempo Brasileiro*. Rio de Janeiro, n. 92/93, p. 69-82, jan./jun. 1988. Disponível em: <https://negrasoulblog.files.wordpress.com/2016/04/a-categoria-polc3adtico-cultural-de-amefricanidade-lelia-gonzales1.pdf>. Acesso em: 05 de fevereiro de 2017.

_____. Racismo e sexismo na cultura brasileira. In: *Ciências sociais hoje*. São Paulo, ANPOCS, v. 2, 1984, p. 223-244. Disponível em: <http://xa.yimg.com/kq/groups/17805790/1123062368/name/RACISMO+E+SEXISMO+NA+CULTURA+BRASILEIRA.pdf>. Acesso em: 07 de fevereiro de 2017.

GROSSI, Miriam Pillar. Novas/Velhas violências contra a mulher no Brasil. In: *Revista de Estudos Feministas,* v. 2, 1994, p. 473-483. Disponível em: <http://miriamgrossi.paginas. ufsc.br/files/2012/03/16179-49803-1-PB.pdf>. Acesso em 05 de março de 2016.

HALL, Stuart. Estudos culturais e seu legado teórico. In: _____. *Da diáspora*: identidades e mediações culturais. Tradução de Adelaine LaGuardia Resende. Belo Horizonte: Editora UFMG, 2003, p. 199-218.

_____. "Quem precisa da identidade?" In: SILVA, Tomaz Tadeu (Org. e Trad.). *Identidade e diferença*: a perspectiva dos estudos culturais. Petrópolis: Vozes, 2000. p. 103-133.

HALBWACHS, Maurice. Memória individual e memória coletiva. In: _____. *A memória coletiva.* Tradução Beatriz Sidou. São Paulo: Centauro, 2003, p. 29-70.

hooks, bell. Vivendo o amor. In. WERNECK, Jurema; MENDONÇA, Maisa; WHITE, Evelyn C. (Orgs.). *O Livro da Saúde das Mulheres negras*: nossos passos vêm de longe. Rio de Janeiro: Pallas/ Criola, 2006.

_____. *Alisando o nosso cabelo.* Revista Gazeta de Cuba – Unión de escritores y Artista de Cuba, janeiro-fevereiro de 2005. Tradução do espanhol de Lia Maria dos Santos. Disponível em: <coletivomarias.blogspot.com/ … /alisando-onossocabelo.html> Acesso em: 25 de junho de 2017.

_____. Intelectuais Negras. Tradução de Marcos Santarrita. In: *Estudos feministas*, ano 3, n.2, p. 464-478, 1995. Disponível em: <www.ieg.ufsc.br/admin/downloads/ … /10112009-123904hooks.pdf>. Acesso em 30 de maio de 2015.

_____. *Black Looks*: Race and Representation. Cambridge: South End Press, 1992.

JESUS, Carolina Maria de. *Quarto de despejo.* São Paulo: 2000.

LEJEUNE, Philippe. A quem pertence uma carta?. In: _____. *O pacto autobiográfico*: de Rousseau à Internet. Organização Jovita Maria Gerheim Noronha. Belo Horizonte: UFMG, 2014. p. 291-294.

MARTINS, Leda Maria. O feminino corpo da negrura. *Revista de Estudos de Literatura*. Belo Horizonte, v. 4, Out, 1996, p. 111 -121. Disponível em: <http://www.periodicos.letras.ufmg.br/index.php/aletria/article/view/1137/1238>. Acesso em 10 de maio de 2017.

MATOS, Sônia Missagia. Repensando Gênero. In: AUDA, Sylvia. *Mulher*: Cinco Séculos de desenvolvimento na América. Belo Horizonte: CREZ, 1999, p. 19-57.

MUNANGA, Kabengele. *Negritude*: usos e sentidos. 3ª edição. Belo Horizonte: Autêntica, 2009.

_____. Algumas considerações sobre a diversidade e a identidade negra no Brasil. In: BRASIL, Ministério da Educação. *Diversidade na educação*: reflexões e experiências. Brasília: Secretaria de Educação Média e Tecnológica, 2003a, p. 35-49.

_____. *Uma abordagem conceitual das noções de raça, racismo, identidade e etnia*, 2003b. Disponível em: <www. geledes. org. br/ ... /por-kabengele-munanga-uma-abordagem-conceitual-das-nocoes-de-raca-racismo-identidade-e-etnia. htm>. Acesso em 29 de dezembro/2016.

_____. *Rediscutindo a mestiçagem no Brasil*: identidade nacional *versus* identidade negra. Petrópolis, RJ: Vozes, 1999.

NASCIMENTO, Abdias. *O genocídio do povo brasileiro*: processo de um racismo mascarado. São Paulo: Perspectiva, 2017.

NASCIMENTO, Beatriz. A mulher negra e o amor. In: RATTS, Alex (Org.). *Eu sou Atlântica*: sobre a trajetória de vida de Beatriz Nascimento. São Paulo: Instituto Kuanza/ Imprensa Oficial, 2006, p. 126-129.

NOGUEIRA, Isildinha Baptista. O corpo da mulher negra. In: *Pulsional Revista de Psicanálise*, ano XIII, n. 135, 1999, p. 40-45. Disponível em: <http://www.editoraescuta.com.br/pulsional/135_04.pdf> Acesso em 20 de novembro de 2017.

NOGUEIRA, Oracy. Preconceito racial de marca e preconceito racial de origem: Sugestão de um quadro de referência para a interpretação do material sobre relações raciais no Brasil. In: *Tempo Social*, revista de sociologia da USP, v. 19, n. 1, 2006, p. 287-308. Disponível em: <https://www.google.com.br/search?client=opera&q=Preconceito+racial+de+marca+e+preconceito+racial+de+origem+oracy+nogyeira&sourceid=opera&ie=UTF-8&oe=UTF-8>. Acesso em: 12 de novembro de 2017.

NOGUEIRA, Regina. Mulher Negra e Obesidade. In. WERNECK, Jurema; MENDONÇA, Maisa; WHITE, Evelyn C. (Orgs.). *O Livro da Saúde das Mulheres negras*: nossos passos vêm de longe. Rio de Janeiro: Pallas/ Criola, 2006.

OLIVEIRA, Bárbara Maria de Jesus; OLIVEIRA Maria Anória de Jesus. Cadernos negros: poéticas da resistência e a temática dos Cabelos crespos em pixaim e afagos. In: *Pontos de Interrogação*, v. 5, n. 2, jul./dez., 2015. Disponível em: <https://www.revistas.uneb.br/index.php/pontosdeint/article/view/2168>. Acesso em 12 de novembro de 2017.

OLIVEIRA, Bárbara Maria de Jesus. *Cadernos Negros (contos)*: fortalecendo negras raízes? Dissertação. (Programa de Pós-Graduação em Crítica Cultural) - Faculdade de Educação, Universidade do Estado da Bahia. Alagoinhas-BA, 2014.

OLIVEIRA, Rubenil da Silva; SOUZA, Elio Ferreira de. Mulheres negras na contística feminina afro-brasileira: Conceição Evaristo e Miriam Alves. In: *Interdisciplinar*-Revista de Estudos em Língua e Literatura. Sergipe: UFS, 2015.

PACHECO, Ana Cláudia Lemos. *Mulher Negra*: Afetividade e Solidão. Salvador: Edufba, 2013.

PAIXÃO, Marcelo. Relações Raciais, desigualdade social e desenvolvimento econômico no Brasil. In: LAHNI, Cláudia Regina (Org.). *Cultura e diásporas africanas*. Juiz de Fora: Editora UFJF, 2009. p. 67-78.

PAIXÃO, Marcelo; GOMES, Flávio. Histórias das diferenças e das desigualdades revisitadas: notas sobre gênero, escravidão, raça e pós-emancipação. *Estudos Feministas*, v. 16, n. 3, p. 949-964, 2008. Disponível em: <http://www.scielo.br/scielo.php?script=sci_arttext&pid=S0104-026X2008000300014.> Acesso em 12 de fevereiro de 2016.

PASINI, Elisiane. *Prostituição e a Liberdade do Corpo*. CLAM - AMB/ 2005. Disponível em: <http://www.clam.org.br/pdf/Elisiane.pdf>. Acesso em 05 de março de 2016.

PAULA, Marise Vicente de. De escrava à empregada doméstica: o fenômeno da (in) visibilidade das mulheres negras. In: *Revista Latino-Americana de Geografia e Gênero*. Ponta Grossa, n. 2, 2012, p. 155-164.

PEREIRA, Edimilson de Almeida. Negociação e conflito na construção das poéticas brasileiras contemporâneas. In: _____. *Um tigre na floresta de signos*: estudos sobre poesia e demandas sociais no Brasil. Belo Horizonte: Mazza Edições, 2010, 15 - 40.

PEREIRA, João Baptista Borges. Diversidade e pluralidade: o negro na sociedade brasileira. *Revista USP*, n. 89, p. 285-291, 2011. Disponível em: <http://rusp.scielo.br/scielo.php?script=sci_arttext&pid=S0103-99892011000200019&lng=pt&nrm=isso>. Acesso em 15 de dezembro de 2015.

PERROT, Michelle. Público e Privado e relações entre os sexos. In:_____. *As mulheres ou os silêncios da história*. Tradução de Viviane Ribeiro. Bauru, SP: EDUSC, 2005.

PESTANA, Cristiane Veloso de Araújo. *A mulher negra nos poemas de Cristiane Sobral*: Luta, Valorização e Empoderamento. Dissertação. (Programa de Pós-Graduação em letras) – Faculdade de Letras, Universidade Federal de Juiz de Fora. Juiz de Fora, 2017.

PIMENTEL, Clara Alencar Villaça. *"Eu vim de lá pequenininho, alguém me avisou pra pisar neste chão devagarinho"*: Diálogos Diaspóricos entre *Um Defeito de Cor*, de Ana Maria Gonçalves e *Beloved*, de Toni Morrison. Dissertação. (Programa de Pós-Graduação em letras) – Faculdade de Letras, Universidade Federal de Juiz de Fora. Juiz de Fora, 2011.

PISCITELLI, Adriana. Reflexões em torno do gênero e do feminismo. In: COSTA, Claudia de Lima; SCHIMIDT, Simone Pereira (Orgs.). *Poéticas e Políticas feministas*. Florianópolis: Ed. Mulheres, 2005, p. 43-66.

POLLAK, Michael. Memória, esquecimento, silêncio. In: *Revista Estudos Históricos*, v. 2, n. 3, p. 3-15, 1989.

RIBEIRO, Alan Augusto Moraes. Blackness: identidades, racismo e masculinidades em bell hooks. In: *Seminário Internacional Fazendo Gênero 10 (Anais Eletrônicos)*. Florianópolis, 2012. ISSN 2179-510X. Disponível em: <http://www.fazendogenero.ufsc.br/10/resources/anais/20/1383927814_ARQUIVO_AlanAugustoMoraesRibeiro.pdf> Acesso em 01 de julho de 2016.

RIBEIRO, Djamila. *O que é o lugar de fala?* Belo Horizonte: Letramento: Justificando, 2017.

RIBEIRO, Matilde. Relações Raciais nas Pesquisas e nos Processos Sociais: em busca de visibilidade para as mulheres negras. In: VENTURI, Gustavo *et al*. (Org.). *A mulher brasileira nos espaços público e privado*. São Paulo: editora da Fundação Perseu Abramo, 2004, p. 86 - 105.

ROCHA, Denise. Um canto à maternidade: eu-mulher, de Conceição Evaristo. IN: DUARTE, Constância Lima *et. al.* (Org.). *Arquivos Femininos*: Literatura, valores, sentidos. Florianópolis: Ed. Mulheres, 2014, 253-263.

ROLAND, Edna. Direitos reprodutivos e racismo no Brasil. In: *Estudos Feministas*, v. 3, n. 2, 1995, p. 506 - 514.

RUIZ, Bibian Pérez. *Maternidade na literatura africana*: Mãe África. Disponível em: <http://www.alem-mar.org/cgi-bin/quickregister/scripts/redirect.cgi?redirect=EkyZZpyuyAftFaWJeL> Acesso em 15 de fevereiro de 2017.

SABINO, Ignez. Na Thebaida. IN: ALMEIDA, Presciliana Duarte de. *A MENSAGEIRA*: Revista literaria dedicada á mulher brasileira (1897-1900). Edição fac-similar. São Paulo: Imprensa Oficial do estado/ Secretaria de Estado da cultura, vol. 1, 1987, p. 58-60.

SAFFIOTI, Heleieth. *Gênero, Patriarcado, Violência*. São Paulo: Expressão Popular: Fundação Perseu Abramo, 2015.

SAID, Edward W. *Representações do intelectual*: as conferências Reith de 1993. Tradução Miltom Hatoum. São Paulo: Companhia das Letras, 2005.

SALES. Cristian Souza de. Na ciranda da nossa ancestralidade. In: ALVES, Miriam. *Bará na trilha do vento*. Salvador: Editora Ogum's Toques Negros, 2015, p. 18 - 27.

_____. Pensamentos da Mulher Negra na Diáspora: Escrita do Corpo, Poesia e História. In: *Sankofa. Revista de História da África e de Estudos da Diáspora Africana,* Ano V, Nº IX, Julho/2012. Disponível em: <https://www.revistas.usp.br/sankofa/article/viewFile/88889/91763>. Acesso em 05 de outubro de 2017.

SANTIAGO, Silviano. Leitor e Cidadania. In:_____. *O cosmopolitismo do pobre*: crítica literária e crítica cultural. Belo Horizonte: UFMG, 2004, p. 168-193.

SANTOS, Erisvaldo Pereira dos. Reexistência negra e escravidão na educação das relações étnico-raciais. In: DALBEN, Ângela Imaculado L. de F.; GOMES, Maria de Fátima C. *Formação continuada de docentes da educação básica*: construindo parcerias (LASEB). Belo Horizonte: Autêntica, 2009.

SANTOS, Gislene Aparecida dos. *A invenção do ser negro*: um percurso das ideias que naturalizaram a inferioridade dos negros. São Paulo: Educ/FAPESP; Rio de Janeiro: Pallas, 2006.

_____. *Mulher negra, homem branco*. Rio de Janeiro: Pallas, 2004.

SANTOS, Joel Rufino dos. *Saber do Negro*. Rio de Janeiro: Pallas, 2015.

SANTOS, Regina Coeli Benedito dos; GÓIS, João Bôsco Hora. Gênero, raça e solidariedade: um estudo da organização política de lésbicas negras. In: *Revista Gênero*, v. 8, n. 1, 2012.

SCHMIDT, Simone Pereira. Sobre favelas e musseques. In: *Ipotesi*. Juiz de Fora, v. 14, n.2, p. 207-214, jul./dez., 2010. Disponível em: <http://www.ufjf.br/revistaipotesi/files/2011/04/17_sobre_favelas_e_musseques.pdf>. Acesso em 12 de fevereiro de 2016.

SCHWARCZ, Lilia Moritz. Nem preto nem branco, muito pelo contrário: cor e raça na intimidade. In:_____ (Org.). *História da Vida Privada no Brasil*: Contrastes da intimidade contemporânea. São Paulo: Companhia das Letras, 2012, p. 173-244.

SCOTT, Joan Wallach. Gênero: uma categoria útil de análises histórica. *Educação e realidade*. Porto Alegre, vol. 20, n. 2, jul./dez. 1995, p. 71-99.

SILVA, Fernanda Felisberto da. *Escrevivências na Diáspora*: escritoras negras, produção editorial e suas escolhas afetivas, uma leitura de Carolina Maria de Jesus, Conceição Evaristo, Maya Angelou, Zora Neale Hurston. Tese de Doutorado. (Programa de Pós-graduação em Letras) – Faculdade de Letras, Universidade do Estado do Rio de Janeiro. Rio de Janeiro, 2011.

SILVA, Marcos Fabrício Lopes da. Apresentação. In: SOBRAL, Cristiane. *Espelhos, Miradouros, Dialética da Percepção*. Brasília: Editora Dulcina, 2011, p. 9-14.

SILVA, Tainan Silva e. O colorismo e suas bases históricas discriminatórias. *Direito UNIFACS* – Debate Virtual. Salvador, n. 201, 2017. Disponível em: <http://www.revistas.unifacs.br/index.php/redu/article/view/4760/3121>. Acesso em 25 de outubro de 2017.

SILVA, Tomaz Tadeu da. A produção social da identidade e da diferença. In: _____ (Org.). *Identidade e Diferença*: a perspectiva dos Estudos Culturais. Petrópolis, RJ: Vozes, 2011, p. 73-102.

SOUZA, Adriana Soares de. *Costurando um tempo no outro*: vozes femininas tecendo memórias no romance de Conceição Evaristo. Dissertação. (Programa de Pós-graduação em Literatura) – Faculdade de Letras, Universidade federal de Santa Catarina. Santa Catarina, 2011.

SOUZA, Claudete Alves da Silva. *A solidão da mulher negra*: sua subjetividade e seu preterimento pelo homem negro na cidade de São Paulo. Dissertação. (Programa de Pós-graduação em Ciências Sociais) - Faculdade de Ciências Sociais, Universidade Católica de São Paulo. São Paulo, 2008.

SOUZA, E. R.; MELLO JORGE, M. H.; LIMA, C. A. Impacto da violência na infância e adolescência brasileiras: magnitude da morbimortalidade. *Violência faz mal à saúde*, 2006. Disponível em: <http://bibliotecadigital.puc-campinas.edu.br/services/e-books-MS/06_0315_M.pdf#page=23 >. Acesso em 05 de março de 2016.

SOUZA, Florentina. Autorrepresentação e intervenção cultural em textualidades afro-brasileiras. In: *Revista da ABPN*, v. 1, n. 2, julho-outubro de 2010, p. 183-194. Disponível em: < https://abpn1.websiteseguro.com/Revista/index.php/edicoes/article/view/88/66>. Acesso em 10 de junho de 2015.

_____. *Afro-descendência em Cadernos Negros e Jornal do MNU*. Belo Horizonte: Autêntica, 2005.

SOUZA, Jane Alves Bezerra. A Lei federal 11.645/08 da teoria à prática: uma leitura do conto "Pixaim" em sala de aula. In: LIMA, Tania et al (Orgs.). *GRIOTS Culturas africanas*: Linguagem, Memória, Imaginário. Natal: Lucgraf, 2009.

SOUZA. Lívia Maria Natália de. "Eu sou uma mulher negra escrevendo": entrevista com Lívia Natália. In: FREDERICO, Graziele; MOLLO, Lúcia Tormin; DUTRA, Paula Queiroz. *Estudos de Literatura Brasileira Contemporânea*. Brasília, n. 51, maio/ago. 2017, p. 281 - 285.

_____. Eu mereço ser amada. *Favela potente,* 11 de abril de 2016. Disponível em: <https://favelapotente.wordpress.com/2016/04/11/eu-mereco-ser-amada/ >. Acesso em: 15 de abril de 2017.

_____. Negropoéticas e negropolítcas na Literatura negro-feminina brasileira contemporânea. *Tabuleiro de Letras*. Salvador, v. 9, n. 2, 2015, p. 83-101. Disponível em: < http://www.revistas.uneb.br/index.php/tabuleirodeletras/article/view/1498> Acesso em 03 de junho de 2016.

SOUZA, Neuza Santos. *Tornar-se Negro*: as vicissitudes da identidade do negro brasileiro em ascenção social. Rio de Janeiro: Edições Graal, 1983.

SOUZA, Ricardo Silva Ramos de. *Afirmando outras versões da história...* Memória e identidade nas poéticas de Éle Semog e José Luis Hopffer Almada. Dissertação. (Programa de Pós-graduação em Relações Etnicorraciais) – Centro Federal de Educação Tecnológica Celso Suckow da Fonseca. Rio de Jeneiro, 2014.

SPIVAK, Gayatri Chakravorty. *Pode o subalterno falar?* Tradução Sandra Goulart Almeida *et al.* Belo Horizonte: Editora UFMG, 2010.

_____. Quem reivindica a alteridade? Tradução de Patrícia Silveira de Farias. In: HOLLANDA, Heloísa Buarque de. (Org.). *Tendências e impasses*: o feminismo como crítica da cultura. Rio de Janeiro: Rocco, 1994, p. 187-205.

TRAVANCAS, Isabel. *O Livro no Jornal.* São Paulo: Ateliê Editorial, 2001.

WOOLF, V. *Um teto todo seu.* Tradução de Vera Ribeiro. Rio de Janeiro: Nova Fronteira, 1985.

XAVIER, Giovana. *Catálogo Intelectuais Negras Visíveis* [livro eletrônico]. Rio de Janeiro: Malê, 2017.

Malê Editora e Produtora Cultural Ltda.
www.editoramale.com
contato@editoramale.com.br

Esta obra foi composta em Arno Pro Light (miolo),
impressa na gráfica PSI sobre papel pólen bold 90g,
para a Editora Malê, em São Paulo, em outubro de 2018.